[新编播音员主持人训练手册]

新编播音员主持人训练手册

语音发声科学训练

[第2版]

SCIENTIFIC
APPROACHES TO
PHONETIC
LOCALIZATION FOR
BROADCASTERS
& PRESENTERS

王 峥 编著

中国传媒大学出版社
·北京·

第 2 版修订说明

《语音发声科学训练》自2009年出版以来,已五年有余。在这五年里,我对播音主持语音发声教学有了许多新的认识与体会,不断尝试调整教学方法。得益于我所在的中国传媒大学播音主持艺术学院为我们师生营造的优越的专业氛围,我特别加大了对传统曲艺,特别是北京鼓曲艺术用声、用气、咬字等方法的研究,用心习唱,虚心向名家求教,并尝试将传统练声方法与播音发声教学相结合,在课堂里收到很好的教学效果。我愿意借这次修订的机会与读者分享这些有益的经验。我也将自己作词,由著名弦师孙鸿宴老师编曲的岔曲习作发表在第2版里,供大家批评指正。

在这五年的时间里,国家和社会大环境变化很大,人们的精神面貌和心态也较几年前有很大差异。原先的许多新闻消息、热点话题很难适应当前教学训练的需要,有必要及时修订。同时,这些年这本书得到专家的认可与指正,收到热心读者的反馈与建议,也为本书的修订提供了很好的思路,在此特表感谢!

2013年9月,我的硕士生导师李钢先生因病永远离开了。李钢老师为本书的框架结构以及理论部分的观点做了关键的工作,对一些容易混淆的概念做出不同以往的、清晰的表述,在声音拓展训练以及语音问题矫治等多个方面总结出独到、高效的方法,并亲自示范朗读普通话声韵配合表。金声玉振,音犹在耳。在本书修订之际,我特向导师表达深深的感谢与敬意!

感谢责任编辑赵欣的督促、建议和辛勤工作!是她的"执行力"迫使我启动和完成本次修订。

目 录

习"声"成"音"(代序) /1

使用指南 /1

第一部分　普通话语音训练 /1
　普通话语音训练概说 /3
　第一单元　声母 /7
　第二单元　韵母 /30
　第三单元　声调 /74
　第四单元　语流音变 /90
　　第一节　普通话轻声 /90
　　第二节　普通话儿化 /96
　　第三节　变调 /102
　　第四节　语气词"啊"的音变 /106
　　第五节　轻重格式 /108
　第五单元　语音问题矫治 /111
　　第一节　语音问题矫治要则 /111
　　第二节　声母问题矫治 /113
　　第三节　韵母问题矫治 /123

第二部分　播音发声训练　/133

播音发声训练概说　/135

第一单元　呼吸控制　/136
第一节　呼吸控制的要领　/137
第二节　呼吸控制应注意的问题　/142
第三节　呼吸控制训练　/144

第二单元　口腔控制　/160
第一节　咬字器官的配合要领　/160
第二节　吐字归音　/169
第三节　吐字归音训练　/173

第三单元　喉部控制　/188
第一节　喉部控制的要领　/188
第二节　发声能力拓展训练　/191

第四单元　共鸣控制　/201
第一节　播音共鸣的特点和控制要领　/201
第二节　共鸣控制的训练　/203

第五单元　声音弹性　/209
第一节　声音弹性及其获得　/209
第二节　声音弹性训练　/211

第六单元　发声问题矫治　/226
第一节　发声问题矫治要则　/226
第二节　发声问题矫治　/228

第七单元　练声与嗓音保护　/242
第一节　练声应注意的问题　/242
第二节　嗓音保护　/245

第三部分　推荐练声材料　/253

推荐练声材料概说　/255

第一单元　绕口令、贯口词　/257

第二单元　诗歌散文　/272

第三单元　故事类稿件　/294

第四单元　新闻类稿件　/305

第五单元　主持类稿件　/328

第六单元　朗诵稿　/337

第七单元　演讲稿　/355

第八单元　即兴口语表达语音发声训练　/368

附录　/381

一、易读错的字　/383

二、易读错的成语　/386

三、易读错的地名　/390

四、易读错的中药名　/395

五、易读错的姓氏、少数民族名称　/397

参考书目　/399

后记　/400

主要训练篇目索引

散文
住的梦(节选)/96
春(节选)/96、100
笑(节选)/101
济南的冬天(节选)/101
第一场雪(节选)/106
一个大雪的早晨(节选)/152
茶花赋(节选)/186
物我两忘/192
荷塘月色(节选)/198
喜悦/211
海燕/212
愿化泥土/213
麻雀/215
白杨礼赞/218
秋天的怀念/219
春/286
家/288
牡丹的拒绝(节选)/289
丑石(节选)/290
社稷坛抒情(节选)/291

古文
前出师表/281
桃花源记/282
师说/283
岳阳楼记/284
醉翁亭记/285

故事、寓言
草地夜行/216
青衣/294
薪水/296
一个美丽的故事/297
陶行知的"四块糖果"/297
坚守你的高贵(节选)/298
少年雄鸡/299
羊的醒悟/300
卖火柴的小女孩/302
都走了/152
冬天与春天/207
狗、公鸡和狐狸/207
骆驼跳舞/208

猴吃西瓜/220
乌鸦兄弟/222
农夫买药/222

新闻类稿件
1. 宣读式新闻
中共中央、国务院、中央军委对探月工程嫦娥三号任务圆满成功的贺电/182
用最壮严的举哀凝聚民族的力量/305
2. 播报式新闻
马万祺先生公祭仪式在澳门举行/181
彗星/185
两岸春节包机对飞/197
习近平当选中国共产党第十八届中央委员会总书记/307
第十三届中国戏剧节在苏州开幕/307
丹东港吞吐量突破亿吨/307
中国政府应对气候变化的原则/308
全新旅游产业成就"多彩贵州"/309
北京市推动消除机动车碳足迹/309
云娜台风横扫浙江/310
山西晋城：小沼气带来大变化/310
我国证券市场健康稳定发展/311
联合国秘书长首访伊拉克突遇炮弹袭击/311

纽约市场油价继续跌势/312
3. 说新闻
创意出精彩/313
高温天气：谨防"情绪中暑"/313
俄罗斯宇航员打出"太空高尔夫"第一杆/313
一把削刀闯天下 山西刀削面香飘四海/314
4. 现场报道
人大附中高考现场/156
庆祝北京奥运会倒计时一周年/186
来自拉萨火车站的现场报道/325
两会告别"无可奉告"/325
北京：确保奥运食品安全/326
小细节影响大形象/326
江西遭遇旱灾/327
5. 新闻专题
火眼金睛的校检员——鄂岳/315
林波涛：万里邮路上的绿衣使者/316
胡同记者——张刚/316
生死抉择16秒/317
医乃仁术/318
党的信使为人民/320
6. 新闻评论
大医有魂/322
从先进性"很平凡"说开去/323
7. 专题解说
山西《酒楼市井图》/158
长城/185

主持人节目稿件

1. 晚会主持

季羡林——最难时也不丢掉良知/159

2012春节联欢晚会主持词/183

华益慰——"值得托付生命的人"/198

香港回归十周年晚会/199

2. 读报类

私道德是否应成为领导干部考核标准/328

政协委员流泪呼唤医德回归/329

苏丹红事件/330

孩子不交作业高学历家长撑腰/331

以德报怨的司机夫妇/331

五岁的小英雄——马世纪/331

3. 主持人言论

防沙治沙任重道远/332

过度包装的危害/333

4. 服务类节目稿件

巧洗葡萄/158

菲律宾的编织屋顶/186

巧做冬季暖手包/333

罗平,油菜花的春天/334

5. 科教类节目稿件

奥林匹克精神/334

象形胡同/335

朗诵稿、台词

雷军长片段/223

哈姆雷特(节选)/224

有一种毒药/337

立秋/339

追风筝的人/342

捉弄/345

界河/348

雷电颂/349

切·格瓦拉/351

保尔·柯察金/353

演讲稿

在马克思墓前的讲话/355

愚公移山/357

中美友好来往的大门终于打开了/359

勤奋地生活/361

科学的颂歌/362

上海市政府新闻发言人焦扬的讲话(节选)/364

长征——你也可以实现/365

即兴口语训练——评述新闻事件

北京元宵节花炮熏出重度污染,PM2.5值超过300/369

武汉大黄鸭未获艺术家授权/370

中国式过马路/371

18岁天大学子传递正能量 扶摔倒老人一路送回家/372

李开复:我很惊讶大学生找工作要问家长/373

昆明3名小学生因未带清洁工具
　　被裸体罚站/373
湖北一校为状元塑像立碑/374
浮躁是个筐/375
大学生辅导员的苦恼/375
豪华消费/375
留守儿童问题/376

老人要讨"带孙费"/376
保护环境,拒绝食用百合/377
个性化月饼/377
透支健康/377
浙江高中生学习通用技术/378
高考生烧香求上大学/378
"挑刺客"/379

CD 目录

注：文中铺灰部分为 CD 示范录音的内容。

1. 普通话声韵配合发音示范/文后
2. 声母发音示范/12～26
3. 韵母发音示范/34～73
4. 普通话声调发音示范/78～84
5. 普通话语流音变发音示范/94～110

习"声"成"音"（代序）

改革开放30年了，我们国家在各方面都取得了令世人瞩目的成就，社会得到了空前的大发展。说到社会发展的最大成就还是人的发展，因为一切发展和进步都是为了每个人的全面发展。人们在注重提高自己的内在修养的同时，也比以往任何时候都注重自己的形象，如发型服饰、仪态仪表等，而语言表达作为人的形象的重要组成部分，日益受到人们的重视。

《礼记·乐记》中说："凡音者，生人心者也。情动于中，故声形于外。声成文，谓之音。"声音是由人的内心生出的，内心的情感活动就表现为声音。声音能够和谐悦耳，充满感情色彩，才能成为"音"，即接近于"乐"。因此，"声"与"音"是不同的，其不同之处在于声能"文"即为"音"。能"文"的声音最好是准确清晰、圆润集中、朴实明朗、刚柔相济、充满感受、富于色彩的声音。由是观之，人们在日常言语活动中，既发"声"，也发"音"，不同在于有人发"声"多些，有人发"音"多些。

在此基础上，我们认为，人的语言表达是一个人人文精神的音声化。人文精神是人之为人的精神实质，她是分文野、有高下、区精粗的，为国家为他人"舍生取义"是人文精神，极端自私、"拔一毛利天下而不为"也是人文精神。这样，一个人的言语谈吐就不仅仅是他示人的形象，而简直就是这个人自己。因此，我们对语言表达的精益求精更甚于对服饰发肤美感的追求。人们要努力使自己语言谈吐成为"音",而不是单纯地发"声"。要做到这一点,一方面要提高自己人文精神的境界与层次,用古今中外真善美的情感和意志精神浸润自己的心田,使我们内心更加和乐自由,使我们的头脑具有更丰富的创造性,使我们属人的本质尽可能地展开;另一方面,我们有必要对人文精神"音声化"的载体——声音进行雕琢和磨砺,王峥的这本《语音发声科学训练》为我们提供了进行这样雕琢、磨砺乃至提升的途径和方法。

我认为一本好的训练教程应该具备以下几个特质:对理论的阐述精当而又能深入浅出;以尽可能清晰的理论脉络统领训练方法;以科学恰当的训练方法统摄训练材料;以精炼实用的训练材料铺设训练对象的提升路径。本书基本上做到了以上几点,这是很不容易的。

具体说来,王峥的这本训练教程在以下几个方面给我留下了比较深刻的印象:

一是以扎实严谨的理论体系和踏踏实实的实践经验作为组织训练材料的经线和纬线,比如在编排语音部分练习材料时,能够尽可能照顾到声母、韵母、声调的合理分布,字词的选择是按照普通话声母发音部位由前到后的顺序编排,强化了发声部位的概念,对语音问题的矫治更为有效到位,为练习者铺就一条循序渐进的上升通路。

二是对初学者乃至好多从业者存在的语音和发音的问题、难题,比如"尖音"、"平翘舌不分"、声音不集中、吐字不清晰等进行了非常有针对性的分析,并给出了有效的解决办法。作者对于有些发音问题的分析还是较有开创性的,比如对鼻音问题的分析,区分了通过性(开放性)鼻音和阻塞性鼻音,然后再对两种不同情况给出切实的解决办法,等等。

三是丰富了声音弹性的训练方法和训练手段。这对发声训练有比较大的贡献。声音富有弹性是语音、声音训练的最主要的目标之一。富于弹性的声音能够充分展示创作主体对创作对象的理解和感受,如同为一位高明的画家提供了尽可能多的颜料后,他就更能够尽情挥洒才情一样。有弹性从而有魅力的声音能够全面地展示创作主体丰富多彩的人文精神世界。

当然，这本书也不是那么尽善尽美，但作者的态度是非常认真而诚恳的，工作是扎实有效的，这也为未来作者在这方面的提升提供了广阔的空间。

王峥是我的同门学妹，深得我国播音发声领域权威李钢教授的真传，而她自己善于思考，乐于积累，勤于耕耘，终于阶段性地收获了这本著作，实为可贺。

成书后，王峥力邀我作序，我深感惶恐。因我一向以为，作序之事，事关重大，惟德行才学俱佳者方可胜任，而我自己离此要求远甚。无奈王峥言辞恳切，而出版期限切近，再推脱就显虚伪了，只好硬着头皮应下，也就逼出了自己此生为人所做的第一篇序。

一切发展都是为人的发展，发展也是为了一切人的发展。但愿我们同本书的读者一起充分展开作为人的本质，坚持不懈地习"声"成"音"，丰富我们的人文精神世界！

是为序，与王峥共勉。

李凤辉

2009年元月6日于北京

使用指南

21世纪,从"重文轻语"到"语""文"并重,人们对语言的认识达到一个新的高度。在这一过程中,无论是否为播音专业人员,人们对自己的"声音形象"都更加在意,迫切要求在这一领域得到提升。语音和声音是思想感情的载体,是我们打造"声音形象"工程的基石和保证。本书旨在语音、发声训练环节给予读者科学、有效的指导。

一、目标读者

本书主要针对播音专业人员,包括播音员、主持人、记者及播音专业在校学生。同时适用于其他嗓音职业工作者:同声传译人员;商务人士,特别是涉及谈判和培训业务的人员等;广大教师;窗口行业服务人员,如话务员、导游、司乘人员等;中外普通话及朗诵艺术爱好者等人士。

二、训练目的

本书训练目的有三:

其一是对目标读者的吐字发声能力进行拓展训练。科学用声,提高发声效率,减少损耗,保护嗓子,克服在长时间用嗓之后,咽喉干涩、肿痛,说话力不从心的现象。

其二,改变语音面貌,扫除因语音障碍带来的交际不畅和自信缺失,顺利通过普通话水平测试,取得上岗资格。提高用标准的普通话自如、规范地表情达意的能力。

其三,美化声音。加大声音变化,丰富声音色彩,取得先声夺人、引人入胜的大众传播和言语交际效果,顺利完成交际任务,展示富含个人魅力的第二张名片——声音形象。

三、编著特点——科学性

本书的科学性建立在作者多年媒体工作发声实践,以及中国传媒大学播音主持艺术学院播音与主持艺术专业各学历层次教学的经验积累及科研成果基础上。同时注意吸取长期以来关注、研究并指导其他嗓音职业工作者的用声实践中的有益经验。

1. 指导思想的严谨性

本书力求简洁明了、深入浅出地对理论进行阐述,加强理论和实践的融会贯通,强调发音、用声的心理支持,反对进行机械的发声训练,指导读者发"暖"声,目的在于提高读者运用纯正标准的普通话和丰富的声音色彩表情达意的能力。

本书从声音产生的动力,到字音形成,再到声音制造器官以及声音的美化,最后融会各项元素服务于普通话的表情达意。普通话语音部分讲授了声、韵、调和语流音变等内容。不仅分别讲解声音、语音产生的各个环节,更加强了各声音元素综合运用的训练,避免使练习出现僵化、呆板。

2. 练习材料的合理性

本书充分论证了练习材料的合理性,比如字词的选择根据实验语音学的研究,照顾到普通话声母、韵母、声调的合理分布。本书中的句段和文章练习为作者在教学实践中总结筛选出来的经典材料,均选自古今中外的名家名篇;新闻类练习有意选择重大且具有历史意义的新闻及主持人稿件。练习材料中既有经典篇目,又有契合时代特点的现代文章,更注意到了对当下新节目类型稿件的选取，涉及新闻评论、读报、服务、科教等方面。

3. 内容设计的实用性

本着真诚服务广大读者的原则，本书最后附加了非常实用的内容：播音员、主持人易错字表；百家姓及规范读音；中药名、地名规范读音；普通话声韵配合表等。这些都是播音专业人员的必备常识，对于其他嗓音职业工作者也具有普遍意义。

四、特别说明

一是，字词的选择和排序打破了普通话拼音字母表的顺序，按照普通话声母发音部位由前到后的顺序编排，强化了发声部位的概念，对语音问题的矫治更为有效。

二是，本书配套CD光盘，是普通话语音练习材料铺灰部分的示范读音。李钢老师亲自示范普通话声韵配合表的发音，其中普通话声母的发音示范为该声母的呼读音。

三是，本书字词、现代文及附录部分的注音，依据为外语教学与研究出版社、语文出版社出版，李行健主编的《现代汉语规范词典》。古文部分的注音依据为上海古籍出版社出版，史良昭、李梦生等译注的《古文观止》。特此说明。

作者力求从诸多方面满足目标读者的普通话语音发声训练的需要，然而由于作者自身的局限，本书的不足和疏漏在所难免，期待得到读者的批评指正。

第一部分 普通话语音训练

普通话语音训练概说

在世界上几千种语言当中,汉语普通话是使用人数最多的语言,被列为联合国六种工作语言之一。普通话作为现代汉民族共同语和国家通用语言,基于长久以来客观存在的历史基础和政治、经济、文化等因素的综合作用。

汉语普通话,是以北京语音为标准音,以北方话为基础方言,以典范的现代白话文著作为语法规范的现代汉民族共同语。普通话是中华人民共和国国家通用语言。

一、普通话语音的特点

普通话"以北京语音为标准音",是在北京音系的基础上建立起来的,具有简单、清晰、音乐性强、表现力强等特点。

一是,音节结构简单,声音响亮。普通话一个音节最多由4个音素组成,其中发音响亮而时值较长的元音占优势,是一般音节中不可缺少的成分。普通话音节中没有复辅音现象,并且清辅音多、浊辅音极少,使普通话语音听起来较为响亮、清脆、悦耳。

二是,普通话音节界限分明,节奏感强。汉语的音节一般都是由声母、韵母以及贯穿整个音节的声调组成,有鲜明的音节划分,使语音听上去更富节奏感。

三是,普通话声调系统简单,但变化鲜明,富于音乐性。普通话四个声调变化高低分明,高、扬、转、降区分明显,抑扬顿挫,听起来就像音乐一样动听。另外声调本身具有极强的语言表现力。

四是,词汇的双音节化的演变、轻重格式的区分以及轻声、儿化、双声、叠韵等语音现象,使表达更为准确到位,使语流更具音韵美感,极大丰富了普通话的表现力。

　　播音专业人员应加强语言功力的锤炼,打好语音基础,发音纯正、清晰、响亮,艺术语言创作应力图体现普通话这些突出的特点和美感,使有声语言更富音乐性和表现力。

二、普通话语音基本概念

1. 音节、音素

（1）音节

音节是用听觉可以区分的语音结构基本单位。一般说来,一个汉字就表示一个音节,只有儿化词是两个汉字读成一个音节。音节是句子的最小单位,而不是语音的最小单位。普通话常用的无声调音节有 400 个。

（2）音素

音素是从音色角度划分出来的最小的语音单位。把音节进一步拆分,就可以得到更小的语音单位,如"窗 chuāng"这个音节可以进一步分解为 ch、u、a、ng 四个更小的单位,也就是四个音素。普通话中有 32 个音素,其中元音音素 10 个,辅音音素 22 个,普通话一个音节可以由 1～4 个音素组成。

2. 辅音、元音

音素可以分为辅音和元音两大类。

（1）辅音

音素的一类。发音时气流在口腔中明显受到阻碍,呼出气流较强,发音器官对气流构成阻碍的部分肌肉紧张,大部分辅音发音时声带不颤动,也叫子音。普通话中辅音音素有 22 个。

(2)元音

音素的一类。发音时气流在口腔不受明显阻碍,呼出气流较弱,发音器官肌肉均衡紧张,声带颤动,都是乐音,又叫母音。元音是汉语语音中的主要成分。普通话中元音音素有10个。

三、普通话语音训练总的要求

1. 普通话语音训练总的要求

(1)基础要求——准确

具体指声母、韵母、声调发音的准确到位,语流音变的纯正表现等等,这是所有发音训练及表情达意最基础的要求。

(2)审美要求——美感

人们对发音审美的要求在日常口语和大众传播层面都是存在的,特别是艺术语言传播,在发音准确的基础上,就面临语音和嗓音结合的问题,发音有没有灵魂和心理动力的问题,能否准确鲜明地表情达意的问题。这些是对播音专业人员更高的要求。

总之,如果只用准确的标准来要求,往往会导致发音的训练成为机械发音,像一个有声语言打字机。而在人们体会到语音美之后,就会形成一种自然的追求。我们训练的最终目的是一个活生生的、有修养的人在说话,而不是机器在发音。

2. 普通话语音训练应注意的问题

(1)对于音准的判断

发音准确是语音训练最基础的要求,对于每一个声母、韵母、声调的发音要领和方法在书中都会有详细描述,但由于每个人咬字器官的构造不尽相同,发音的位置和力度大小也会不尽相同,在这里我们强调对音准的听觉上的主观判断,因此,发音者首先应提高听辨能力,不要僵死地理解发音部位等概念。

(2)发音的心理动力

我们提出,在发音训练的过程中,应首先寻求发音者的心理动力。在发音准确的基础之上,注重发音吐字的力度和灵活性,对于不同语境的适应力,对于内心情感、态度的表现力,即用纯正标准的普通话表情达意的能力。

第一单元　声母

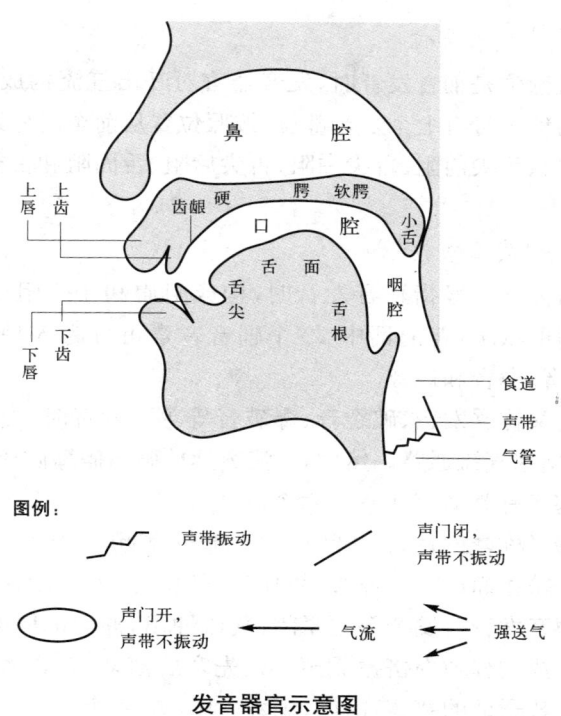

发音器官示意图

一、声母相关概念

声母是中国传统音韵学术语,简称为"声",指一个汉语音节开头的辅音。普通话中共有 21 个辅音声母。声母都是辅音,但辅音不都是声母。ng 就只作韵尾,不充当声母;辅音 n 既可作声母,又可作韵尾。

1. 三个发音过程

辅音的发音过程是指辅音发音时,从准备发音到发音结束的过程,可分为成阻、持阻和除阻三个阶段。

2. 七个发音部位

发音部位是辅音发音时,发音器官对呼出气流构成阻碍的位置。普通话声母有七个发音部位,按照位置从前至后分别为:双唇阻、唇齿阻、舌尖前阻、舌尖中阻、舌尖后阻、舌面阻和舌根阻。

3. 五种发音方法

发音方法一般指辅音发音时,构成阻碍和排除阻碍的方式。按照阻碍的状况,普通话中 22 个辅音音素可分为 5 种:塞音、擦音、塞擦音、鼻音和边音。

塞音又称爆发音、破裂音、爆破音等等。发音时,发音部位紧闭,完全堵塞气流通路。然后,气流突然冲破障碍爆破成声。普通话中的塞音有 b、p、d、t、g、k 六个。

擦音又称摩擦音。发音时,发音部位靠近,形成缝隙,呼出的气流从中挤擦而成声。普通话的擦音有 f、h、x、sh、s、r 六个。

塞擦音发音时发音部位紧闭,气流冲出,冲出的同时,再从发音部位造成的缝隙中挤擦成声。是先塞后擦,二者紧密结合发出的辅音。普通话的塞擦音有 j、q、zh、ch、z、c 六个。

鼻音是发音时软腭下垂堵住口腔通路,使气流主要分流入鼻腔,以鼻腔做共鸣腔而发出的音。普通话有三个鼻辅音:m、n、ng,其中 m 充当声母,ng 充当韵尾,n 既可作声母,又可作韵尾。

边音是发出辅音时,气流从舌的侧面呼出而发出的辅音。普通话的边音只有一个:l。

4. 两个区别

普通话辅音有五种发音方法，除此之外，还有清、浊，送气与不送气的区别。

（1）清浊的区分

普通话的辅音音素按照发音时声带颤动与否的状况，分为**清音和浊音**两类。普通话中的浊音有 m、n、ng、l、r，共 5 个，在声母中叫浊声母。其余均为清音。

（2）送气与否

按照声母发音时呼出气流强弱的状况，从理论上，把呼出气流较强的称为**送气音**，呼出气流较弱的称为**不送气音**。这里尤其应该注意到具有对应关系的塞音和塞擦音的分辨。在普通话里，送气与否具有区别意义的作用，所以应当注意到其对应关系。

```
送气音：  p   t   k   q   ch   c
          |   |   |   |   |    |
不送气音：b   d   g   j   zh   z
```

5. 零声母音节

音韵学上把每一个汉语音节都分为声母和韵母两个部分。但有些音节并无开头辅音，声母有名无实，就被称为**零声母音节**。

二、声母发音要则

声母发音品质对播音发声有着重要影响，首先声母具有辨别词义的作用，声母发音影响语音的准确度；声母是一个汉语音节起头的辅音，也是"字头"的主要组成部分。如果声母发音时唇舌没有一定的力度，就会导致吐字含混不清，因此声母发音影响发音的力度和清晰度。

根据声母发音对播音发声的影响，我们提出声母发音的要则。声母发音总的原则是准确、清晰、有力。声母发音应注意以下具体要则：

1. 声母发音过程应注意的问题

(1) 成阻阶段的处理

成阻要求部位准确、成阻面小。七个发音部位分清楚。建立发音部位的概念,依照发音部位由前至后给七个发音部位排队,有助于发音问题的矫治。应注意准确的判断建立在主观听觉判断上,而不是僵死的发音部位,每个人口腔的构造不同,在成阻时位置前后稍有调整,以主观听觉判断为标准。

(2) 持阻阶段的处理

持阻要积蓄足够的气流,保证一定的力度,注意不能过分用力,做到巧而不拙。力度大小还应与发音者心理动力、思想感情挂钩。

(3) 除阻阶段的处理

除阻要求干脆利落,速度快,不拖泥带水。并且声母应与韵母的介音或主要韵母紧密结合,以使整个音节的发音听起来更加清晰、响亮。

2. 声母发音方法应注意的问题

(1) 擦音的处理——应节制气流

擦音这种发音方法是发音部位接近、形成缝隙,而不是接触,如果不注意控制,会耗费大量气流,通过电声设备传送,容易带出嚓嚓的杂音,影响字音的清晰度。控制擦音送气量,必须使发音部位局部肌肉紧张,缩窄气流通道,造成口腔内部的压力,使气流集中更有冲击力。还应注意适当缩短擦音声母发音的时长不能超过韵母发音的时长。缩窄气流通道和打开口腔有一点矛盾,但擦音的发音缝隙越窄越好,缝隙宽容易产生音包字的现象。

(2) 塞擦音的处理——注意开头塞音成分的力量

塞擦音是由发音部位相同的塞音和擦音两种发音方法组合而成的。这类声母的发音要加强开头的塞音部分的力量,并且在塞音部分向擦音部分过渡时,肌肉不能马上放松,保持一定的紧张度以节制气流。另外还有保持塞擦音中塞音部分和擦音部分的时长比例,擦音部分时值长,但是不能任意延长。不能削弱塞音成分,否则会影响语音的准确度。

(3)塞音的处理——爆破成音

塞音又称为爆破音,成阻部位应有爆破的清脆、弹动感,不能滞涩、粘连。

(4)边音的处理

边音的发音较为宽松、轻松,如过分用力,发音容易走形。

3. 送气音的处理

送气音和不送气音是相对气流的强弱而言的,不送气音也有气流送出,送气音也不能过分用力送气,否则会造成"扑话筒",增加噪音,影响清晰度。

在发送气音时,注意控制气流不能太强,在送气的同时,保持吸气的感觉,形成一种拮抗。通过听觉判断,以送气音的发音是否能清晰地区别于不送气音为标准,控制气流的强弱。

4. 零声母音节的处理

零声母音节不等于没有声母,在实际的发音中,零声母音节开头往往带有闭塞或摩擦的辅音成分。特别是在艺术语言发声当中,为了避免混淆与前一音节的界线引起的歧义或吃字,使发声清晰有力,有必要强调零声母音节起始时的实际读音。但是也应注意分寸,不能过度,影响发声整体的美感。

三、声母正确发音部位及发音方法的训练[1][2]

声母的七个发音部位,依照发音部位由前至后,分为唇音(包

---

[1] 以下练习覆盖到普通话声母和韵母所有的拼合关系,便于读者把握不同环境中声母的发音。

[2] 铺灰部分为CD示范录音的内容。

括双唇阻、唇齿阻)、舌尖音(包括舌尖前阻、舌尖中阻、舌尖后阻)、舌面音(舌面阻)、舌根音(舌根阻)。以下练习按照发音部位由前至后顺序编排,便于读者体会、把握正确的发音部位。

1. 双唇阻

又称为"重唇音"。上唇与下唇内缘闭拢成阻,普通话中有3个双唇阻声母——b、p、m。

发音要领

☞ 双唇内缘应积蓄一定的力量,避免双唇无力造成的口腔松散,吐字不清。唇的闭合力应依照表义的要求而定。
☞ 双唇的力量应集中在内缘的中央处,不能裹唇或满唇用力,避免吐字笨拙、生硬。

---

b[p]——双唇阻、不送气、清塞音

发音描述:双唇内缘闭合,同时软腭挺起,使声音通过口腔辐射出去;气流到达双唇后蓄气;凭借积蓄在口腔中的气流瞬间打开双唇爆破成声。

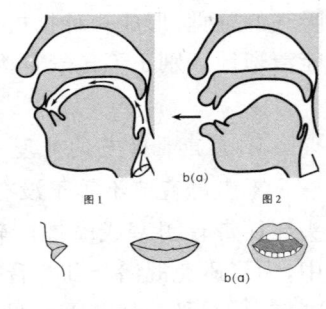

单音节:八 播 白 北 爆 班 本
　　　　绑 绷 笔 别 表 边 宾
　　　　兵 不
双音节:八宝 摆布 板报 帮办 褒贬 被捕 本部 蚌埠
　　　　碧波 辨别 表白 彬彬 冰雹 播报 布帛
四音节:百发百中 斑驳陆离 半壁江山 毕恭毕敬 八拜之交
　　　　不卑不亢 兵不厌诈 杯水车薪 饱经风霜 百步穿杨

p[p']——双唇阻、送气、清塞音

发音描述:成阻和持阻阶段与 b 相同。不同的是除阻时,声门开启,从肺部呼出的破除阻碍的气流较强。

单音节：爬 泼 派 沛 跑 剖 盼 喷
　　　　旁 捧 皮 撒 飘 偏 品 平
　　　　普
双音节：爬坡 排炮 攀爬 澎湃
　　　　抛盘 碰破 批判 偏颇
　　　　飘萍 频谱 评判 泼皮
　　　　铺排
四音节：旁敲侧击 蓬荜增辉 披荆斩棘
　　　　平起平坐 平铺直叙 评头品足
　　　　婆婆妈妈 攀龙附凤 偏听偏信
　　　　破釜沉舟

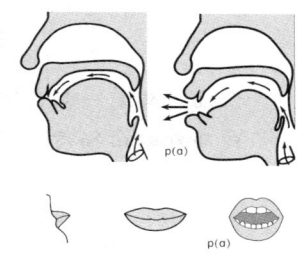

m[m]——双唇阻、浊鼻音

发音描述：双唇内缘闭合，软腭下垂，打开鼻腔通路；声带颤动，气流同时到达口腔和鼻腔，在口腔的双唇后部受到阻碍，气流从鼻腔透出成声。

单音节：马 墨 麦 梅 猫 某 瞒 门 忙
　　　　盟 米 灭 描 谬 棉 民 明 木
双音节：麻木 麦芒 曼妙 盲目 貌美 眉目 门面 梦寐 密谋
　　　　棉麻 描摹 灭门 泯灭 明媚 磨灭 谋面 牧马
四音节：麻木不仁 满面春风 名满天下 冒名顶替 默默无闻
　　　　莫名其妙 美轮美奂 茅塞顿开 明眸皓齿 面目全非

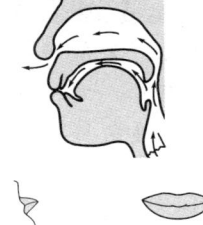

双唇阻声母绕口令

八百标兵（b、p）

八百标兵奔北坡，炮兵并排北边跑。
炮兵怕把标兵碰，标兵怕碰炮兵炮。

白庙和白猫(b、m)

白庙外蹲着一只白猫,白庙里有一顶白帽。
白庙外的白猫看见了白帽,叼着白庙里的白帽跑出了白庙。

一平盆面(b、p、m)

一平盆面,烙一平盆饼,饼碰盆,盆碰饼。

2. 唇齿阻

又称"清唇音"。由上门齿沿与下唇的内缘成阻,普通话中只有 1 个唇齿阻声母——f。

发音要领

☞ 上门齿沿与下唇的内缘自然接触,减小接触面,不要裹唇发音。
☞ 普通话只有 1 个唇齿阻声母 f,避免与唇齿浊擦音 v 混淆。

f[f]——唇齿阻、清擦音

发音描述:下唇向上门齿沿靠拢,形成间隙;软腭挺起,关闭鼻腔通路;使气流从齿唇形成的间隙摩擦通过而成声。

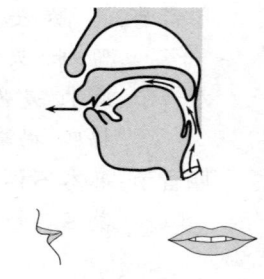

单音节:法 佛 飞 否 帆 粉 访
　　　　冯 肤
双音节:发放 发奋 佛法 肺腑 非凡
　　　　翻飞 反腐 芬芳 纷繁 仿佛
　　　　芳菲 风范 蜂房 复方 伏法
四音节:凡夫俗子 沸沸扬扬 反腐倡廉 夫唱妇随 发愤图强
　　　　翻天覆地 非同凡响 肺腑之言 富富有余 丰富多彩

唇齿阻声母绕口令

画凤凰(f)

粉红墙上画凤凰,凤凰画在粉红墙。
红凤凰、粉凤凰、红粉凤凰、花凤凰。

一座棚(b、p、f)

一座棚傍峭壁旁,峰边喷泻瀑布长。
不怕暴雨瓢泼冰雹落,不怕寒风扑面雪飘扬。
并排分班翻山攀坡把宝找,聚宝盆里松柏飘香百宝藏。
背宝奔跑爆矿炮劈山,篇篇捷报飞伴金凤凰。

3. 舌尖前阻

为了避免这组发音带出过多的杂音刺激话筒,我们对其作如下描述,舌尖放在下齿后方,抬起舌尖稍后的部位轻触或接近上门齿背成阻,普通话有 3 个舌尖前阻声母——z、c、s。

发音要领

☞舌体成收势,成阻面要小而集中,尽可能减少噪音。
☞避免舌尖伸到上下齿中间发成齿间音。

Z[ts]——舌尖前阻、不送气、清塞擦音

发音描述: 舌尖放在下门齿后方,抬起舌尖稍后的部位轻触上门齿背形成阻塞,在阻塞的部位后积蓄气流;同时软腭挺起,关闭鼻腔通路;瞬间解除阻塞时,在原形成阻塞的部位之间保持适度的间隙,使气流从间隙透出而成声。

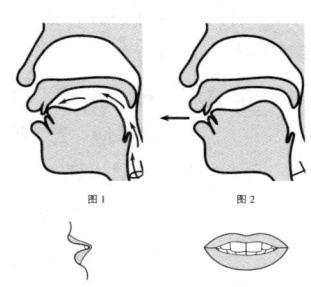

图1　　图2

单音节：资 杂 则 栽 贼 早 奏 咱 怎
藏 增 足 左 最 钻 尊 棕
双音节：自尊 咂嘴 啧啧 在座 贼子 造作 走卒
藏族 曾祖 祖宗 做作 醉枣 粽子
四音节：再接再厉 载歌载舞 责无旁贷 在劫难逃 自给自足
赞不绝口 在所难免 孜孜不倦 做贼心虚 作茧自缚

C[ts']——舌尖前阻、送气、清塞擦音

发音描述：成阻阶段与 z 相同。不同的是在瞬间解除阻塞时，声门开启，从肺部呼出的破除阻碍的气流较强。

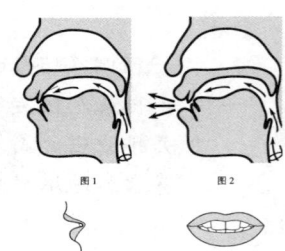

图1　　　　图2

单音节：词 擦 册 彩 曹 凑 蚕 岑
舱 层 醋 错 催 窜 村 葱
双音节：此次 猜测 草丛 残存
参差 苍翠 层次 粗糙
措辞 催促 寸草 匆匆
四音节：寸草不留 蹉跎岁月 错落有致 才高八斗 苍翠欲滴
餐风露宿 沧海桑田 草木皆兵 层峦叠嶂 粗茶淡饭

S[s]——舌尖前阻、清擦音

发音描述：舌尖放在下门齿后方，抬起舌尖稍后的部位接近上门齿背，形成间隙；软腭挺起，关闭鼻腔通路；使气流从间隙摩擦通过成声。

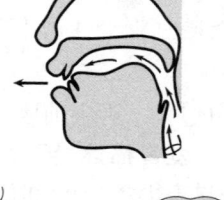

单音节：司 洒 色 腮 扫 搜 伞 森
桑 僧 素 所 随 酸 笋 松

双音节：思索 洒扫 色素 缫丝 搜索
三思 森森 僧俗 诉讼 琐碎
酸涩 笋丝 松散
四音节：三从四德 桑榆暮景 三思而行 丝丝入扣 私心杂念
四面楚歌 岁寒三友 四通八达 似是而非 死得其所

舌尖前阻声母绕口令

桑树和枣树(z、c、s)

操场前面有三十三棵桑树,操场后面有四十四棵枣树。
张三把三十三棵桑树认作枣树,赵四把四十四棵枣树认作桑树。

比粗腿(c)

山前有个崔粗腿,山后有个崔腿粗。
二人山前来比腿,看谁的粗腿比谁粗。
不知是崔粗腿比崔腿粗的腿粗,还是崔腿粗比崔粗腿的腿粗。

4. 舌尖中阻

舌尖抵住上齿龈成阻,普通话中有4个舌尖中阻声母——d、t、n、l

> **发音要领**
> ☞ 成阻部位精确,成点不成面,避免吐字拙。
> ☞ 舌尖要有一定力度,弹动应灵巧,避免舌发音无力、拖泥带水。

d[t]——舌尖中阻、不送气、清塞音

发音描述:舌尖抵住上齿龈形成阻塞;软腭挺起,关闭鼻腔通路;气流到达口腔后蓄气,瞬间解除阻塞成声。

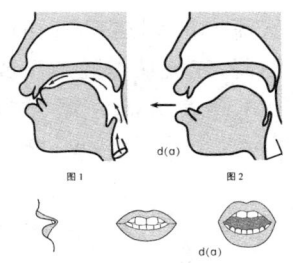

单音节:大 德 傣 得(děi) 刀 豆
　　　　丹 党 灯 笛 蝶 刁 丢 点
　　　　丁 读 多 对 短 吨 洞

双音节:大豆 得当 歹毒 导读 抖动
　　　　弹道 当代 等待 抵挡 跌宕
　　　　调动 丢掉 典当 订单 督导
　　　　夺得 对等 断定 蹲点 动荡

四音节：对答如流 大刀阔斧 大名鼎鼎 单刀直入 大队人马
　　　　胆大妄为 当机立断 弹丸之地 独断专行 道听途说

t[tʻ]——舌尖中阻、送气、清塞音

发音描述：成阻、持阻阶段与 d 相同。不同的是除阻阶段在瞬间解除阻塞时，声门开启，从肺部呼出的破除阻碍的气流较强。

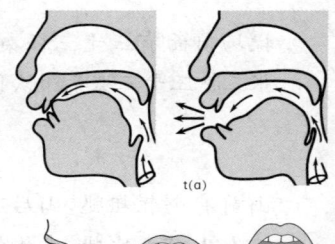

单音节：塔 特 台 涛 透 炭 糖 腾
　　　　体 铁 跳 天 亭 土 托 推
　　　　团 吞 桶

双音节：塔台 特体 抬头 饕餮 头条 探讨 唐突
　　　　疼痛 梯田 铁蹄 挑剔 天堂 听筒 图腾
　　　　拖沓 颓唐 团体 吞吐 通透

四音节：天方夜谭 体贴入微 脱胎换骨 忐忑不安 谈天说地
　　　　堂堂正正 特立独行 天伦之乐 昙花一现 天塌地陷

n[n]——舌尖中阻、浊鼻音

发音描述：舌尖抵住上齿龈形成阻塞；软腭下垂，鼻腔通路打开；声带颤动，气流同时到达口腔和鼻腔，在口腔受到阻碍，气流从鼻腔透出成声。

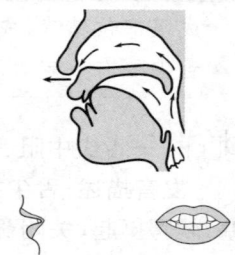

单音节：拿 讷 乃 内 闹 耨(nòu)
　　　　南 嫩 囊 能 你 捏
　　　　鸟 牛 年 您 娘 宁
　　　　努 诺 暖 农 女 虐

双音节：拿捏 讷讷 奶牛 内能 恼怒 南宁 能耐 泥泞
　　　　呢喃 袅娜 牛奶 忸怩 年年 娘娘 农奴 女奴

四音节：南腔北调 难能可贵 难解难分 恼羞成怒 牛年马月
　　　　泥牛入海 浓墨重彩 牛郎织女 怒发冲冠 袅袅婷婷

l [l]——舌尖中阻、浊边音

发音描述：舌尖抵住上齿龈的后部,阻塞气流从口腔中路通过的通道；软腭挺起,关闭鼻腔通路；声带颤动；气流到达口腔后从舌头与两颊内侧形成的空隙通过而成声。

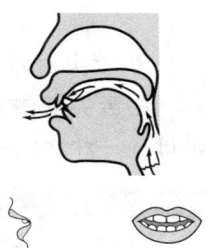

单音节：腊 勒 来 磊 捞 楼 览 浪 冷
　　　　梨 俩 列 聊 溜 脸 林 亮 领
　　　　路 罗 峦 论 龙 吕 略

双音节：拉拢 勒令 来临 磊落 劳累 楼兰
　　　　褴褛 冷落 历练 猎猎 缭乱 流浪
　　　　联络 凛冽 量力 领略 绿林 罗列
　　　　伦理 笼络 绿柳 略论

四音节：老态龙钟 礼尚往来 力挽狂澜 利令智昏 流离失所
　　　　琳琅满目 流连忘返 荦荦大端 老调重弹 玲珑剔透

舌尖中阻声母绕口令

打特盗(d、t)

调到敌岛打特盗,特盗太刁投短刀,
挡推顶打短刀掉,踏盗得刀盗打倒。

炖冻豆腐(d)

会炖我的炖冻豆腐,来炖我的炖冻豆腐,
不会炖我的炖冻豆腐,就别炖我的炖冻豆腐。
要是混充会炖我的炖冻豆腐,炖坏了我的炖冻豆腐,
那就吃不成我的炖冻豆腐。

新脑筋(n、l)

新脑筋,老脑筋,老脑筋可改变成新脑筋,
新脑筋不学习就会变成老脑筋。

5. 舌尖后阻（翘舌音）

由舌尖抵住或接近硬腭前部成阻，普通话中有 4 个舌尖后阻声母——zh、ch、sh、r。

> **发音要领**
> ☞ 成阻部位精确，避免位置偏后形成卷舌音，或者位置偏前和平舌音混淆。
> ☞ 用舌尖的力量而不是双唇，不要噘唇发音，避免出现港台腔和洋腔洋调。
> ☞ 用舌尖的力量而不是舌面，避免和舌面音混淆造成的吐字不清。

zh[tʂ]——舌尖后阻、不送气、清塞擦音

发音描述：舌尖向前上方抵住硬腭前端；软腭挺起，关闭鼻腔通路；在形成阻塞的部位后积蓄气流，瞬间解除阻塞时，在原形成阻塞的部位之间保持适度的间隙，使气流从间隙透出而成声。

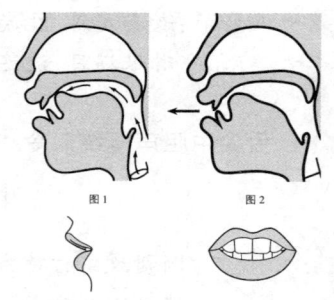

图1　　　图2

单音节：之 闸 者 债 这(zhèi) 找 州 占 枕
　　　　章 正 逐 抓 浊 拽 坠 专 准 壮 中
双音节：指针 榨汁 债主 招展 周折 辗转 斟酌 长者 正直
　　　　主旨 抓住 茁壮 拽住 追逐 专注 谆谆 装置 种植
四音节：真知灼见 只争朝夕 众所周知 掌上明珠 整装待发
　　　　正中下怀 众志成城 壮志凌云 专心致志 置之度外

ch[tʂʻ]——舌尖后阻、送气、清塞擦音

发音描述：成阻阶段与 zh 相同。不同的是在瞬间解除阻塞时，声门开启，从肺部呼出的破除阻碍的气流较强。

单音节：吃 茶 车 柴 炒 筹 产
　　　　沉 常 秤 础 戳 踹 吹
　　　　船 春 闯 冲
双音节：驰骋 茶匙 车窗 拆穿
　　　　超常 踌躇 铲除 沉船
　　　　长城 城池 出处 戳穿
　　　　垂成 传唱 春潮 窗纸
　　　　充斥
四音节：插翅难飞 超尘出俗 彻头彻尾
　　　　晨钟暮鼓 潮涨潮落 踟蹰不前
　　　　踌躇满志 唇齿相依 绰绰有余
　　　　重重叠叠

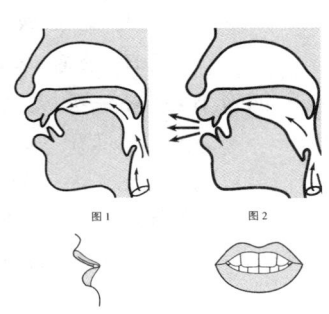

图1　　　图2

sh[ʂ]——舌尖后阻、清擦音

发音描述：舌尖向前上方接近硬腭前端，形成适度的间隙；软腭挺起，关闭鼻腔通路；使气流从间隙摩擦通过而成声。

单音节：是 沙 蛇 晒 谁（shéi）勺
　　　　手 闪 深 商 声 熟 耍 硕
　　　　衰 水 栓 顺 爽
双音节：史诗 沙石 涉水 韶山 手术
　　　　闪烁 审视 商厦 声势 树梢
　　　　硕士 甩手 税收 顺势 双手
四音节：山盟海誓 姗姗来迟 设身处地 神清气爽 山重水复
　　　　审时度势 生不逢时 实事求是 首善之区 舍生取义

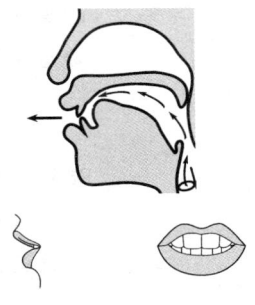

r[ʐ]——舌尖后阻、浊擦音

发音描述：发音部位与 sh 相同。不同的是声带颤动，轻微摩擦。

单音节：日 惹 饶 柔 染 刃 瓤 扔 入 若 蕊 软 润 容
双音节：惹人 扰攘 柔弱 柔韧 冉冉 荏苒 忍让 攘攘

仍然　濡染　如若　软弱
闰日　荣辱　容忍
四音节：任劳任怨　忍辱负重
　　　　任人唯贤　如日中天
　　　　仁人志士　弱肉强食
　　　　若隐若现　入木三分
　　　　瑞雪丰年　入情入理

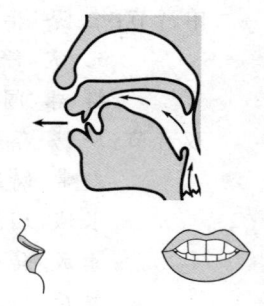

舌尖后阻声母绕口令

学时事（zh、ch、sh）

史老师，讲时事，常学时事长知识。
时事学习看报纸，报纸登的是时事。
常看报纸要多思，心里装着天下事。

说日（r）

夏日无日日亦热，冬日有日日亦寒。
春日日出天渐暖，晒衣晒被晒褥单。
秋日天高复云淡，遥看红日迫西山。

6. 舌面阻

由舌尖抵住或接近下门齿背下方，舌面中前部贴近硬腭中前部成阻，普通话中有 3 个舌面阻声母——j、q、x。

发音要领

☞特别注意找到舌面中前部的位置，避免用舌尖的力量而产生尖音。
☞舌尖放松，放在下齿背靠下的位置，不要碰到牙齿，不要习惯性用力。
☞做刮舌的动作体会舌面的位置，找准成阻点。

j[tɕ]——舌面阻、不送气、清塞擦音

发音描述：由舌尖抵住下门齿背下方，舌面中前部贴紧或接近硬腭中前部成阻；软腭挺起，关闭鼻腔通路。在阻塞的部位后面积蓄气流，瞬间解除阻塞时，在原形成阻塞的部位之间保持适度的间隙，使气流从间隙透出而成声。

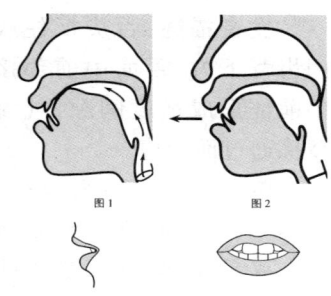

图1　　　图2

单音节：机 甲 节 教 九 见 斤 讲 京 局 绝 捐 俊 炯

双音节：基金 岬角 借鉴 交警 救济 建军 金橘 降价 京剧 聚焦 倔强 卷积 军舰 窘境

四音节：斤斤计较 借酒浇愁 交头接耳 锦囊妙计 机关用尽 既往不咎 驾轻就熟 饥寒交迫 加官晋爵 即景生情

q[tɕ']——舌面阻、送气、清塞擦音

发音描述：成阻阶段与 j 相同。不同的是当舌面中前部与硬腭中前部分离并形成适度间隙的时候，声门开启，从肺部呼出的破除阻碍的气流较强。

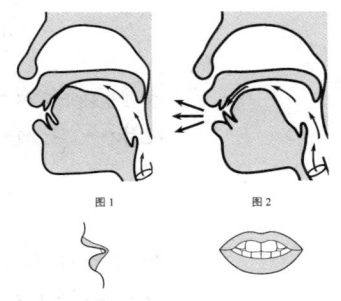

图1　　　图2

单音节：其 恰 且 桥 秋 前 亲 抢 晴 去 雀 泉 逡 琼

双音节：气球 恰巧 窃取 乔迁 求情 欠缺 秦腔 强权 清泉 取巧 鹊桥 全球 群情 穷期

四音节：七窍生烟 求全责备 气象万千 牵强附会 掐头去尾 黔驴技穷 乔迁之喜 琼浆玉液 曲径通幽 千秋万代

X[ɕ]——舌面阻、清擦音

发音描述：舌尖抵住或接近下门齿背下方，舌面中前部接近硬腭中前部形成适度间隙，气流从间隙摩擦通过而成声。

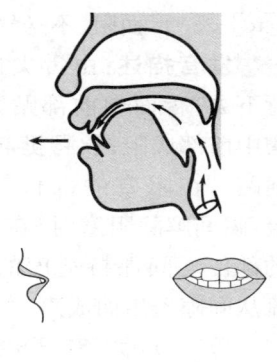

单音节：系 霞 写 晓 修 现 新
　　　　翔 星 徐 雪 绚 熏 熊
双音节：喜讯 遐想 些许 消息
　　　　休学 显现 信心 象形
　　　　星宿 虚心 学校 喧嚣
　　　　寻衅 凶险
四音节：欣欣向荣 嬉皮笑脸 喜笑颜开 喜形于色 狭路相逢
　　　　虾兵蟹将 相形见绌 孝子贤孙 循序渐进 险象环生

舌面阻声母绕口令

七加一(j、q)

七加一,七减一,加完减完等于几?
七加一,七减一,加完减完还是七。

稀奇(j、q、x)

稀奇稀奇真稀奇,麻雀踩死老母鸡,
气球碰坏大机器,正月初一挤着赶大集,
看到蚂蚁身长七尺七,八十岁的老头儿躺在摇篮里。

7. 舌根阻

由舌根抵住或接近软硬腭交界处成阻,普通话中有 3 个舌根阻声母——g、k、h。

发音要领

☞ 舌根阻声母成阻部位靠后,音色偏暗,注意"后音稍前"避免产生喉音或压喉现象。

g[k]——舌根阻、不送气、清塞音

发音描述:舌根隆起抵住软硬腭交界处,形成阻塞;软腭挺起,关闭鼻腔通路;气流在形成阻塞的部位后积蓄;瞬间解除阻塞而成声。

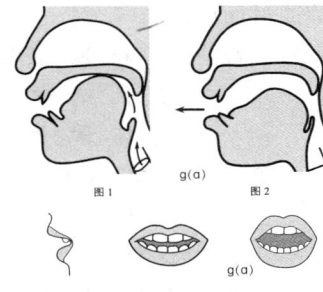

单音节:嘎 个 该 给 高 购 感
　　　 哏 杠 耕 谷 瓜 国 怪
　　　 轨 关 棍 广 弓

双音节:嘎嘎 个股 改观 高歌 沟谷 尴尬 亘古 杠杆 梗概
　　　 故国 瓜果 国歌 拐棍 鬼怪 灌溉 滚杠 广告 公关

四音节:改弦更张 盖棺定论 高歌猛进 歌功颂德 耿耿于怀
　　　 革故鼎新 根深蒂固 光怪陆离 孤陋寡闻 供过于求

k[kʻ]——舌根阻、送气、清塞音

发音描述:成阻、持阻阶段与 g 相同。不同的是除阻阶段声门开启,从肺部呼出的破除阻碍的气流较强。

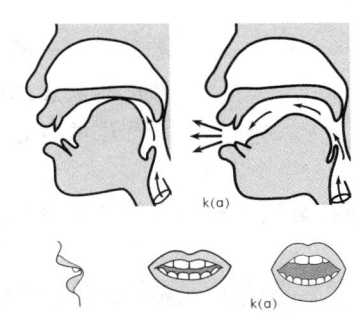

单音节:咖 可 开 考 口 刊
　　　 肯 抗 坑 库 夸 阔
　　　 快 魁 款 捆 筐 孔

双音节:亏空 可口 刻苦 坎坷
　　　 开垦 空旷 苛刻 开矿
　　　 困苦 宽阔

四音节:侃侃而谈 慷慨激昂 可歌可泣 口若悬河 刻骨铭心
　　　 苦尽甘来 苦口婆心 脍炙人口 溃不成军 空口无凭

h[x]——舌根阻、清擦音

发音描述: 舌根隆起接近硬腭和软腭交界处,形成间隙;软腭挺起,关闭鼻腔通路;使气流从形成的间隙摩擦通过而成声。

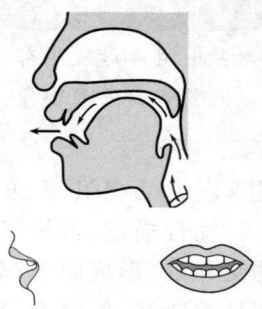

单音节:哈 和 海 黑 好 后 含 很 杭 衡 户 花 火 怀 灰 环 荤 黄 烘

双音节:哈韩 和缓 海河 黑海 浩瀚 后悔 憨厚 狠狠 行会 横祸 互惠 花环 火红 槐花 辉煌 欢呼 浑厚 黄河 洪湖

四音节:含英咀华 浩如烟海 赫赫有名 鸿鹄之志 含混不清 挥汗如雨 绘声绘色 呼风唤雨 好高骛远 轰轰烈烈

舌根阻声母绕口令

老爷堂上一面鼓(g、h)

老爷堂上一面鼓,鼓上一只皮老虎。
老虎抓破堂上的鼓,拿块破布往上补。
只见过破布补破裤,哪见过破布补破鼓。

四、送气音和不送气音声母发音训练

发音要领

☞ 普通话里送气音和不送气音具有区分意义的作用,因此必须区分清楚。
☞ 送气音的气流虽然较强,但是不应过冲,避免扑话筒的现象。

1. 送气音与不送气音双音节对比练习

b、p	被套—配套	宝马—跑马	拜别—派别	白班—排班
	罢休—怕羞	鼻子—皮子	发报—发炮	步子—铺子
z、c	澡堂—草堂	字符—赐福	坐落—错落	清早—青草
	棕榈—葱绿	再世—菜市	早稻—草稻	子弟—此地
d、t	弹头—探头	底线—体现	导论—讨论	动感—痛感
	读书—图书	兑换—退换	调动—跳动	胆子—毯子
zh、ch	摘除—折除	宅门—柴门	展品—产品	章程—长城
	争霸—称霸	招式—超市	展示—阐示	强狂—猖狂
j、q	及时—其实	季节—气节	经销—倾销	介意—惬意
	监工—谦恭	戒尺—切齿	忌妒—气度	举目—曲目
g、k	关心—宽心	天公—天空	谷雨—苦雨	个体—客体
	歌谱—科普	米缸—米糠	投稿—投考	刻骨—刻苦

2. 送气音与不送气音双音节词连用练习

b、p	北平	宾朋	鞭炮	布票	冰片	背叛	爆破	被迫	并排	奔跑
p、b	瀑布	屏蔽	漂白	蓬勃	旁白	牌匾	评比	碰杯	炮兵	喷薄
z、c	总裁	左侧	自从	字词	早餐	杂草	在此	造词	赞辞	足彩
c、z	村子	参赞	操作	辞藻	存在	刺字	擦澡	嘈杂	词组	惨遭
d、t	殿堂	登台	稻田	地铁	动听	独特	冬天	党团	顶替	短途
t、d	妥当	特点	通达	剃度	泰斗	团队	天地	停顿	唐代	腾达
zh、ch	征程	主持	摘抄	支撑	职场	真传	照常	轴承	展翅	抓差
ch、zh	纯真	橙汁	称职	查找	常驻	掣肘	持重	产值	朝政	冲撞
j、q	精确	崛起	家禽	郊区	甲醛	俊俏	接洽	就寝	健全	紧缺
q、j	情景	琴键	曲解	气节	敲击	迁就	抢劫	拳击	琼浆	求教
g、k	港口	甘苦	概况	高考	公开	关口	贵客	隔开	沟坎	孤苦
k、g	客观	宽广	考官	控股	口感	凯歌	苦瓜	矿工	快攻	跨国

3. 送气音与不送气音双音节词连用练习

冰棒碰瓶(b、p)

半盆冰棒半盆瓶,冰棒碰盆,盆碰瓶。
盆碰冰棒盆不怕,冰棒碰瓶瓶必崩。

乐生灾(z、c)

曾仔自在乐生灾,贼钻财柜索钱财。
曾仔醉卧总不醒,罪犯携脏走塞外。
警方纵横千百里,围追阻截擒贼来。

大兔子和大肚子(d、t)

大兔子,大肚子,大肚子的大兔子,要咬大兔子的大肚子。

常州、长春(zh、ch)

常州城中产竹床,长春车场制汽车。
常州竹床装汽车,长春汽车装床忙。

娇娇嫁金桥(j、q)

娇娇嫁金桥,起轿请舅瞧,清酒鸡鱼齐,七姐九舅到。
锦衣裙,俏襟袄,娇娇娇又俏。
喜鹊叫,喜气绕,轿过斜街,巧过桥。

苦读古书(g、k)

苦读古书懂古通古熟古,不苦读古书不懂古不通古糊涂古。
要懂古通古不糊涂,就得苦读古书熟悉古。

五、零声母音节发音训练

> **发音要领**
> ☞ 开头的元音增加轻微摩擦,使其辅音化。
> ☞ 控制好摩擦的轻重,避免使声音笨拙、生硬。
> ☞ 不要在开头添加辅音 ng 或 n,避免出现方音。

1. 开口呼零声母练习

阿姨 扼要 皑皑 傲岸 偶尔 暗暗 恩爱 昂昂 而已 暗哑
欧元 奥运 哀乐 额外 耳闻 恩威 昂扬 偶遇 欧亚 二月

2. 齐齿呼零声母练习

意义 抑扬 一样 夜莺 夜游 咽炎 演绎 摇曳 耀眼 阴阳
阴影 洋溢 扬言 友谊 牙医 衙役 压抑 应邀 营业 营养

3. 合口呼零声母练习

无误 无畏 无闻 瓦屋 娃娃 窝窝 外文 外务 外网 外围
威望 慰问 唯物 玩味 万物 万望 文物 温文 忘我 王位

4. 撮口呼零声母练习

玉宇 御用 粤语 跃跃 越狱 渊源 源于 远远 孕育 运用
云涌 芸芸 用语 永远 踊跃 语言 月牙 岳阳 原因 愿意

第二单元　韵母

一、韵母相关概念

韵母是中国传统音韵学术语，指一个汉语音节声母后面不包括声调的部分。汉语普通话共有39个韵母，由单元音或复合音充当。

韵母主要由元音构成，也可以有辅音，普通话只有两个鼻辅音n、ng可以作韵母，并且总在韵尾处。

韵母的结构：韵母包括韵头、韵腹和韵尾三个部分，构成韵母的几个元音中开口度最大，声音最响亮的那个元音是韵腹，韵腹前面的元音是韵头，后面的元音或辅音是韵尾。一个韵母可以没有韵头或韵尾，但不可以没有韵腹。

韵母的分类：韵母按照语音结构可以分为单韵母、复韵母和鼻韵母；按韵母中第一个音素发音时的口形状况分为开口呼、齐齿呼、合口呼、撮口呼。

单韵母是单元音韵母的简称，即只有一个元音构成的韵母。普通话中一般单纯元音即舌面元音7个，a、o、e、ê、i、u、ü；特殊元音韵母3个，分别为舌尖元音韵母-i（前）、-i（后）和卷舌元音韵母er。这10个元音都可以作单韵母。其中er只能作零声母音节的韵母。

元音的发音条件：元音韵母语音音色的差别主要取决于三个条件，一是口腔的开度，舌位的高低；二是舌位的前后；三是唇形的圆展。

我们不仅可以在发音中感觉到元音发音的条件，而且可以通过舌位图将主要元音表示出来。舌面元音舌位图是一种示意图，用以标记发不同的舌面元音时的舌位。四个端点分别表示发音时舌头在口腔中上下前后的四个极端位置。用直线将四个端点连接起来形成的一个四边形。四边形横面分为前、央、后，用以表示舌位的前后；竖面分为低、半低、半高、高，用以表示舌位的高低（口腔的开闭）。竖线的左侧标记不圆唇音，右侧标记圆唇元音。

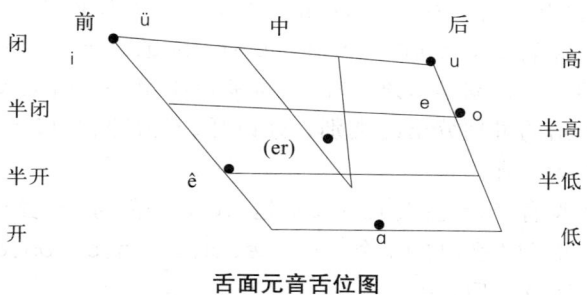

舌面元音舌位图

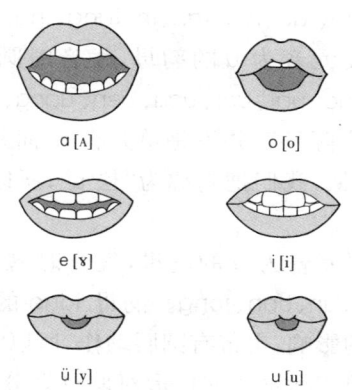

单韵母唇形比较图

复合元音韵母简称**复韵母**，即由复合元音构成的韵母。复合元音的发音过程中，舌位的前后、高低和唇形的圆展会发生连续的移动变化。这种舌位移动的过程叫做"**舌位的动程**"。普通话共有 13 个复韵母。其中二合复韵母 9 个,包括前响二合 4 个 ai、ei、ao、ou;后响二合 5 个 ia、ie、ua、uo、üe;中响三合复韵母 4 个 iao、iou、uai、uei。

韵尾是鼻音的韵母叫做**鼻韵母**。普通话鼻音韵尾有两个:n 和 ng,鼻音韵尾附在主要元音之后构成鼻韵母。带前鼻音 n 的韵母称为前鼻韵母,带后鼻音 ng 的韵母称为后鼻韵母。普通话共有 16 个鼻韵母,包括:8 个前鼻韵 an、en、in、ian、uan、un、ün、üan 和 8 个后鼻韵 ang、eng、ong、ing、iang、uang、ueng、iong。

"**四呼**"是音韵学术语,"呼"是按韵母中第一个音素发音时的口形状况给韵母划分出的类别。开口呼、齐齿呼、合口呼、撮口呼合起来称为四呼。

凡是没有介音,主要元音又不是 i、u、ü 的韵母,发音时开口度较大,故称**开口呼**,共 15 个。a、o、e、ai、ei、ao、ou、an、en、ang、eng、ê、-i(前)-i(后)、er。

凡介音或主要元音为 i 的韵母,发音时上下齿并齐,故称**齐齿呼**,共 9 个。i、ia、ie、iao、iou、ian、in、iang、ing。

凡介音或主要元音为 u 的韵母,发音时圆唇,故称**合口呼**,共 10 个。u、ua、uo、uai、uei、uan、uen、uang、ueng、ong。韵母 ong 中的韵腹 o,实际发音并不是单元音 o,而是介乎 o 和 u 之间的音,舌位比 u 略低,我们把它称为"松 u",所以将韵母 ong 归入合口呼。

凡介音或主要元音为 ü 的韵母,发音时唇形撮起,故称**撮口呼**,共 5 个。ü、üe、ün、üan、iong。韵母 iong 的发音,展唇元音 i 受到圆唇元音 o 的影响,也带有圆唇动作,所以将其归入撮口呼。

"四呼"是按照实际发音的口形对韵母划分的类别,对发音有重要的指导作用,体现在韵母发音的口形直接影响元音的音色,影响普通话语音的纯度;"四呼"这种韵母分类方法,还能体现普通话声母和韵母的拼合关系,有助于认识普通话和方言的差异。另外,"四呼"的掌握,对于调整语音的发力位置有重要影响,对于解决部分嗓音问题有重要的指导作用。开口呼韵母发力于喉,齐齿呼韵母发力于齿,合口呼韵母力在满口,撮口呼韵母发力于唇。一些嗓音问题,如压喉、咬字偏前等等,其实与字音的发力位置不当或发力位置混淆有关,用"四呼"的原理能更高效地解决此类问题。

二、韵母发音要则

韵母发音品质对播音发声有重要的影响,韵母主要具有辨别词义的作用,韵母发音影响语音的准确度。另外,普通话一个音节当中,韵腹声音最响亮、开口度最大、时值最长,因此,在准确的基础上,韵母发音很大程度上影响字音的饱满和响亮程度。

根据韵母发音对播音发声的影响,我们提出韵母发音的要则。韵母发音总的原则是舌位唇形准确、圆润、响亮、饱满。韵母发音应注意以下具体要则:

单韵母发音要找到其舌位、唇形的恰当位置和状态,发音时口腔状态相对稳定,做到发音准确。为了适应艺术语言发声的要求,在准确的基础上应做到圆润、响亮、集中。在音准的前提下,我们通常采用开音稍闭,闭音稍开;前音稍后,后音稍前;圆唇稍扁,扁唇稍圆的原则。单韵母的发音还应注意避免元音鼻化的现象。

复韵母发音应注意口形变化,没有变化造成语音不准,缺少变化造成字音发扁,并且保证主要元音的开口度和时值,带动整个音节变得饱满、响亮。注意复韵母中的音素与单韵母同部位音素的区别,普通话复韵母不是元音的简单相加,而是舌位唇形由一个元音滑动变化到另一个元音,没有哪个元音独立表现出来。

鼻韵母舌位动程相对较大,因此需要注意在发鼻韵母的过程中,要发音到位,不可丢掉鼻尾音,还要注意韵母前半部分的元音不可鼻化。前鼻音韵尾 n 的归音位置是声母 d、t、n、l 的成阻部位,归音时体会舌尖前伸;后鼻音韵尾 ng 的归音位置是声母 g、k、h 的成阻部位,归音时体会舌根抬起到软硬腭交界处。

三、单韵母发音训练[①]

1. 舌面元音

a[A]——央、低、不圆唇元音

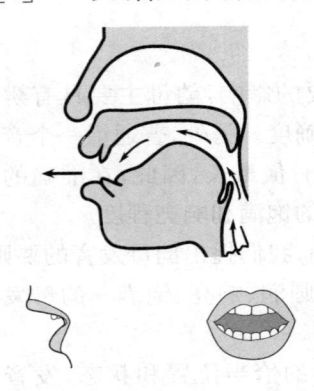
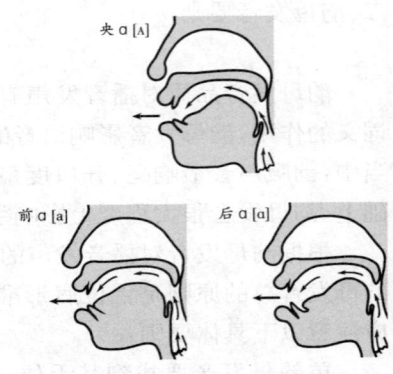

不同位置 a 音发音比较图

发音要领

☞ 口腔打开,舌自然放平,保持央低,舌尖接触下齿龈,双唇自然展开。

☞ a 是口腔音,发音时,声带颤动,打开后声腔,软腭上升挺起,关闭鼻腔通路,音波从口腔发出,避免走鼻腔造成 a 音鼻化。

单音节：阿 拔 帕 马 发 匝 擦 飒 达 塔 那 拉 眨 岔 啥 嘎 卡 哈

双音节：阿爸 疤瘌 怕啥 马达 砝码 发蜡 杂沓 飒飒 打靶 大厦 挞伐 拉萨 腊八 渣打 茶马 刹那 沙发 夏纳 咋佤 哈达

---

① 以下单韵母、复韵母和鼻韵母练习覆盖到普通话声母和韵母所有的拼合关系,便于读者把握不同环境中韵母的发音。

四音节:拔苗助长 马到成功 发号施令 打草惊蛇 他山攻错
　　　 拿手好戏 杂乱无章 飒爽英姿 差强人意 煞费苦心

绕口令

胖娃和蛤蟆

一个胖娃娃,捉了三个大花活蛤蟆。
三个胖娃娃,捉了一个大花活蛤蟆。
捉了一个大花活蛤蟆的三个胖娃娃,
真不如捉了三个大花活蛤蟆的一个胖娃娃。

张大妈夏大妈

张大妈,夏大妈,你看咱们的好庄稼。
高的是玉米,低的是芝麻,开黄花、紫花的是棉花,
圆溜溜的是西瓜,谷穗长得像镰把,钩着想把地压塌。
张大妈,夏大妈,边看边乐笑哈哈。

诗词

不第后赋菊　黄巢

待到秋来九月八,我花开后百花杀。
冲天香阵透长安,满城尽带黄金甲。

O[o]——后、半高、圆唇元音

发音要领

☞ 口腔半闭,舌位半高,舌面后部隆起,舌面两边微卷,舌面中部稍凹。双唇自然圆拢。发音时,声带颤动,软腭上升挺起,关闭鼻腔通路。
☞ 韵母 o 与 e 发音时舌位的高低、前后基本相同,但是唇形的圆展有别,要注意这两个韵母的区分。
☞ 注意 o 和复韵母 uo 的区别。

单音节:波 笸 墨 佛

双音节:剥夺 菠菜 菠萝 剥落 薄膜
　　　　勃勃 薄荷 婆婆 薄弱 泼墨
　　　　婆娑 笸箩 摸索 默默 摩托
　　　　摩挲 没落 莫若 佛法 佛经

四音节:波澜壮阔 拨乱反正
　　　　博大精深 博闻强记
　　　　破釜沉舟 迫在眉睫
　　　　墨守成规 摩拳擦掌
　　　　莫名其妙 佛法无边

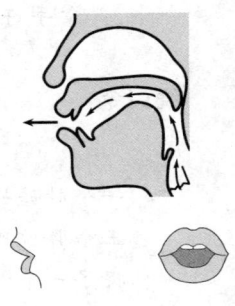

绕口令

老婆婆

王伯伯家老婆婆,今年年末八十多。
背不驼,腿不跛,为晒太阳爬坡坡,
爱吃菠萝、菠菜、胡萝卜。
白天馍馍蘸芥末,晚上芥末加饽饽。
捧着笸箩簸一簸,簸出茶叶剩下末儿。

颠倒歌

太阳从西往东落,听我唱个颠倒歌。
天上打雷没有响,地上石头滚上坡;
江里骆驼会下蛋,山里鲤鱼搭成窝;
腊月酷热直流汗,六月爆冷打哆嗦;
姐在房中头梳手,门外口袋把驴驮。

诗词

望洞庭　刘禹锡

湖光秋月两相和,潭面无风镜未磨。
遥望洞庭山水翠,白银盘里一青螺。

e[ɤ]——后、半高、不圆唇元音

发音要领

☞ 口腔半闭,舌位后半高,舌体后缩。舌面后部隆起,舌面两边微卷,舌面中部稍凹。发音时,声带颤动,嘴角向两边微展,软腭挺起,关闭鼻腔通路。

单音节:鹅 泽 测 瑟 德 特 讷 乐
　　　　者 彻 社 热 葛 科 河
双音节:舍得 咋舌 测得 色泽 特色
　　　　特赦 讷讷 乐得 折合 车辙
　　　　社科 热河 割舍 歌德 隔热
　　　　各色 可乐 客车 合辙 菏泽
四音节:阿谀奉承 择善而从
　　　　德高望重 乐善好施
　　　　车水马龙 热泪盈眶
　　　　格格不入 刻舟求剑
　　　　和颜悦色 何乐不为

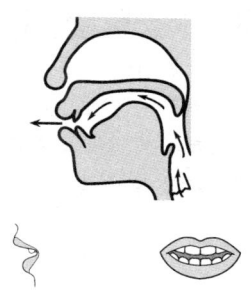

绕口令

鹅和河

坡上立着一只鹅,坡下就是一条河。
宽宽的河,肥肥的鹅,鹅要过河,河要渡鹅,
不知是鹅过河,还是河渡鹅。

一个红薯滚下坡

村里有条清水河,河岸是个小山坡,社员坡上挖红薯,闹闹嚷嚷笑呵呵。忽听河里一声响,河水溅起一丈多,吓得我忙大声喊:"谁不小心掉下河?"大家一听笑呵呵,有个姑娘告诉我:"不是有人掉下河,是个红薯滚下坡。"

诗词

咏鹅　骆宾王

鹅、鹅、鹅,曲项向天歌。
白毛浮绿水,红掌拨清波。

ê[ɛ]——前、半低、不圆唇元音

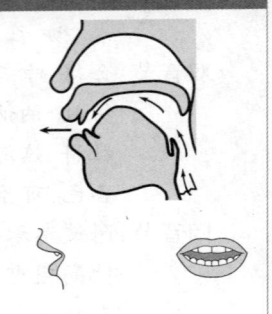

发音要领

- 口腔半开,舌位前半低,舌尖微触下齿背。舌面前部隆起,嘴角向两边微展。发音时,声带颤动,软腭挺起,关闭鼻腔通路。
- 这个音一般不单独出现,往往结合 i、ü 成为复韵母。可以先发"yè(叶)"的音,结尾停住不动,体会口腔的开度。

绕口令

谢老爷、薛大爷

谢老爷在街上扫雪,薛大爷在屋里打铁。薛大爷见谢老爷在街上扫雪,就放下手里打的铁,到街上帮谢老爷扫雪。谢老爷扫完了雪,进屋去帮薛大爷打铁。二人同扫雪,二人同打铁。

诗词

村夜　白居易

霜草苍苍虫切切,村南村北行人绝。
独出门前望野田,月明荞麦花如雪。

i[i]——前、高、不圆唇元音

发音要领

☞ 口腔开度小,舌位前高,展唇呈扁平形。嘴角向两边展开,舌尖轻触下齿背,舌面前部隆起。发音时,声带颤动,软腭上升,关闭鼻腔通路。

☞ i 是普通话中舌位最高、开口度最小的元音,实际发音时应尽量打开口腔,舌位稍后调,窄音稍宽,闭音稍开。

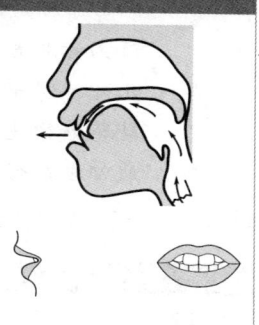

单音节:一 笔 披 迷 帝 梯 尼 力 脊 奇 西
双音节:伊犁 比拟 笔记 霹雳 匹敌 谜底 密闭 地基 嫡系 体系 体力 匿迹 立体 厘米 激励 机密 启迪 奇异 细腻 戏迷
四音节:一本万利 披星戴月 迷途知返 啼笑皆非 逆来顺受 离心离德 集思广益 既往不咎 杞人忧天 细枝末节

绕口令

七棵树上结七样儿

一二三,三二一,一二三四五六七。
七个阿姨来摘果儿,七个花篮儿手中提。
七棵树上结七样儿,苹果、桃儿、石榴、柿子、李子、栗子、梨。

王七上街去买席

清早起来雨稀稀,王七上街去买席。
骑着毛驴跑得急,捎带卖蛋又贩梨。
一跑跑到小桥西,毛驴一下跌了蹄,打了蛋,撒了梨,跑了驴,急得王七眼泪滴,又哭鸡蛋又骂驴。

诗词

钱塘湖春行　白居易

孤山寺北贾亭西,水面初平云脚低。
几处早莺争暖树,谁家新燕啄春泥。
乱花渐欲迷人眼,浅草才能没马蹄。
最爱湖东行不足,绿杨阴里白沙堤。

u[u]——后、高、圆唇元音

发音要领

- 口腔开度小,舌位后高,双唇收缩成圆形,稍向前突,中间留一小孔,舌后缩,舌面后部高度隆起。发音时,声带颤动,软腭上升,关闭鼻腔通路。
- u 音色较暗,注意唇齿相依,不可噘唇,而应尽量使用嘴唇内缘形成唇形。

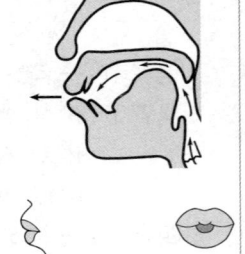

单音节：屋 步 葡 姆 富 祖 簇 苏 独 土 努 炉 祝 锄 输 如 固 枯 虎

双音节：武术 五谷 布谷 朴素 木屋 复苏 组图 粗鲁 速度 毒素 屠夫 怒族 露珠 逐鹿 出路 树木 入股 故土 枯木 葫芦

四音节：五光十色 普天同庆 釜底抽薪 足智多谋 独断专行 炉火纯青 珠联璧合 除暴安良 古道热肠 孤芳自赏

绕口令

布、醋、兔

肩背一匹布,手提一瓶醋,走了一里路,看见一只兔。
卸下布,放下醋,去捉兔。跑了兔,丢了布,洒了醋。

苏胡子和胡胡子

苏州有个苏胡子,湖州有个胡胡子。
苏州的苏胡子,家里有个梳胡子的梳子,
湖州的胡胡子,家里有个梳子梳胡子。

诗词

如梦令　李清照

常记溪亭日暮,沉醉不知归路。
兴尽晚回舟,误入藕花深处。
争渡,争渡,惊起一滩鸥鹭。

ü[y]——前、高、圆唇元音

发音要领

☞ 口腔开度小,舌位前高,撮唇呈圆形。略向前突,中部留一扁圆小孔,主观感觉上 i 加圆唇动作可以帮助体会发音。发音时,声带颤动,软腭上升,关闭鼻腔通路。

☞ 注意 ü 的唇形不能噘起作吹哨状,还应保持唇齿相依,上唇稍用力撮起。

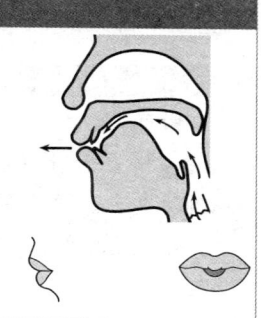

单音节:雨　女　绿　居　区　徐
双音节:语序　豫剧　渔具　玉宇　女婿　旅居　吕剧　聚居　局域
　　　　区区　趋于　屈居　曲剧　区域　须臾　栩栩　徐徐　絮语
　　　　序曲　蓄须
四音节:余音绕梁　愚公移山　屡教不改　绿肥红瘦　鞠躬尽瘁
　　　　举棋不定　据理力争　曲高和寡　虚张声势　嘘寒问暖

绕口令

村里新开一条渠

村里新开一条渠,弯弯曲曲上山去。
河水雨水渠里流,满山庄稼一片绿。

诗词

鸳鸯语 贺铸

京江抵、海边吴楚。铁瓮城、形胜无今古。北固陵高,西津横渡。几人携手分襟处。

凄凉渌水桥南路。奈玉壶、难叩鸳鸯语。行雨行云,非花非雾。为谁来为谁还去。

2. 舌尖元音

-i[1]——舌尖前、不圆唇元音

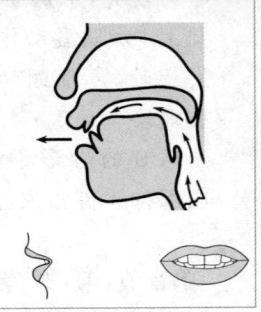

发音要领

☞ 口微开,展唇,舌尖轻触下齿背,舌尖前和上齿背保持适当距离,声带颤动发音。这个韵母只和 z、c、s 有拼合关系,如:"字、词、四"的韵母发音。

☞ 在实际发音中,zi、ci、si 延长后的发音就是舌尖前元音。

单音节:紫 词 寺
双音节:孜孜 恣肆 子嗣 字词 自此 自私 刺死 此次 刺字 刺死 四次 私自
四音节:子虚乌有 自暴自弃 字斟句酌 恣意妄为 词不达意 此地无银 慈眉善目 司空见惯 四海为家 肆无忌惮

绕口令

大嫂子和大小子

一个大嫂子,一个大小子。
大嫂子跟大小子比包饺子,
看是大嫂子包的饺子好,还是大小子包的饺子好,
再看大嫂子包的饺子少,还是大小子包的饺子少。
大嫂子包的饺子又小又好又不少,
大小子包的饺子又小又少又不好。

诗词

相思 王维

红豆生南国,春来发几枝?
愿君多采撷,此物最相思。

-i[ʅ]——舌尖后、不圆唇元音

发音要领

☞ 口微开,展唇,舌前端抬起和硬腭前部保持适当距离,声带颤动发音。这个韵母只和 zh、ch、sh、r 有拼合关系,如:"之、吃、事"的韵母发音。

☞ 在实际发音中,zhi、chi、shi、ri 延长后的发音就是舌尖后元音。

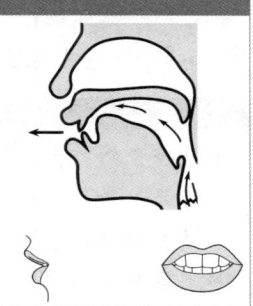

单音节:之 尺 时 日
双音节:指示 咫尺 制式 制止 迟滞 史诗 时值 时事 市尺
　　　　实施 事实 逝世 日食 日志

四音节:支离破碎 知人善任 执迷不悟 指桑骂槐 志士仁人
持之以恒 赤子之心 失之交臂 实事求是 日上三竿

绕口令

石狮市没石狮

经三省过五市,狮子跑到华清池。
栀子花香桂树直,贵妃沐浴石岸湿。
历史风云卷书志,中华大地写新诗。
池水清清映红日,枝头石榴笑红柿。
石狮回头望东南,思乡泪下发毛湿。

诗词

夜雨寄北　李商隐

君问归期未有期,巴山夜雨涨秋池。
何当共剪西窗烛,却话巴山夜雨时。

3. 卷舌元音

er[ər]——卷舌元音

发音要领

☞ 口腔自然打开,舌体自然居中,舌前部上抬,舌尖后卷,卷向硬腭,但不接触,声带颤动发音。
☞ 注意掌握口腔开度,er 在读阳平和上声时不能读成 ar,只有去声读成 ar。
☞ 不能用缩舌代替卷舌。

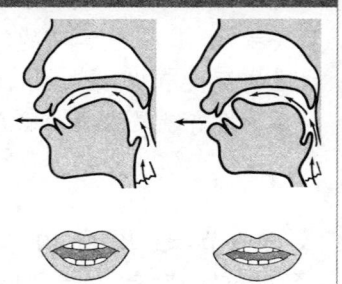

单音节:儿 耳 二
双音节:而今 而已 儿童 儿化 儿女 儿歌 儿戏 耳朵 耳目
　　　耳环 洱海 鸸鹋 二胡 二心 二黄 二炮
四音节:儿女情长 尔虞我诈 耳鬓厮磨 耳聪目明 耳目一新
　　　耳濡目染 耳熟能详 耳提面命 耳闻目睹 接二连三

绕口令

说"尔"

要说"尔"专说"尔",马尔代夫,喀布尔,阿尔巴尼亚,扎伊尔,卡塔尔,尼泊尔,贝尔格莱德,安道尔,萨尔瓦多,伯尔尼,利伯维尔,班珠尔,厄瓜多尔,塞舌尔,哈密尔顿,尼日尔,圣彼埃尔,巴斯特尔,塞内加尔的达喀尔,阿尔及利亚的阿尔及尔。

诗词

春怨　金昌绪

打起黄莺儿,莫教枝上啼。
啼时惊妾梦,不得到辽西。

四、复韵母发音训练

1. 二合复韵母
(1)前响二合

ai[ai]——前响复韵母

发音要领

☞发音时,a 处在偏前位置,口腔开度略小。i 表示舌头移动的方向,实际到不了 i 的位置。a 音较为清晰响亮,i 音发得较短较弱。

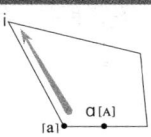

☞ ai 韵母发音有助于找到打开口腔的感觉。口腔开度不能过小,避免和 ei 混淆。

单音节:哀 百 拍 麦 再 采 赛 呆 台 耐 籁 斋 豺 筛 改 慨 孩

双音节:爱戴 摆开 白菜 拍卖 买卖 灾害 采摘 塞外 带来 台海 奶白 赖债 债台 差派 晒台 芥菜 开采 开赛 海带 海派

四音节:爱莫能助 排山倒海 在所不辞 才疏学浅 塞翁失马 泰然自若 债台高筑 开怀畅饮 开诚布公 海阔天空

绕口令

白菜和海带

买白菜,搭海带,不买海带就别买大白菜。
买卖改,不搭卖,不买海带也能买到大白菜。

诗词

过华清宫绝句　杜牧

长安回望绣成堆,山顶千门次第开。
一骑红尘妃子笑,无人知是荔枝来。

ei[əi]——前响复韵母

发音要领

☞ ei 里的 e 实际发音比单元音 e 偏后偏低。
ei 里的 i 舌位比单元音 i 略低,舌高点略偏后。

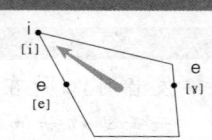

单音节:碑 胚 每 费 贼 得(děi) 馁 雷 这(zhèi) 谁(shéi) 给 黑

双音节：北非 北碚 北美 贝类 蓓蕾 赔给 配备 妹妹 肥美 飞贼 非得 磊磊 给谁 黑煤
四音节：背道而驰 眉飞色舞 美不胜收 飞沙走石 飞扬跋扈 废寝忘食 贼喊捉贼 内忧外患 泪如雨下 黑白分明

绕口令

冬天雪花是宝贝

北风吹，雪花飞，冬天雪花是宝贝。
去给麦苗盖上被，明年麦子多几倍。

诗词

晚春 韩愈

草树知春不久归，百般红紫斗芳菲。
杨花榆荚无才思，唯解漫天作雪飞。

ao[au]——前响复韵母

发音要领
☞ ao 中的 a 受到后高元音 o 的影响，a 处于比较靠后的位置，舌位也高一点。 ☞ 归音的唇形舌位接近"u"，拼写时不写成"u"，是为了避免与"n"混淆。

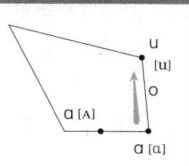

单音节：袄 包 袍 冒 皂 槽 扫 岛 涛 恼 酪 招 潮 哨 扰 高 烤 浩
双音节：敖包 懊恼 宝岛 跑道 冒号 糟糕 草帽 骚扰 稻草 套牢 脑勺 牢靠 找到 超薄 烧烤 绕道 高傲 犒劳 毫毛 号召
四音节：傲雪斗霜 貌合神离 草菅人命 道貌岸然 劳苦功高 昭然若揭 少安毋躁 绕梁之音 高山景行 好逸恶劳

绕口令

老老道小老道

　　高高山上有座庙,庙里住着俩老道,一个年纪老,一个年纪少。庙前长着许多草,有时候老老道煮药,小老道采药,有时候小老道煮药,老老道采药。

诗词

咏柳　　贺知章

碧玉妆成一树高,万条垂下绿丝绦。
不知细叶谁裁出,二月春风似剪刀。

ou[əu]——前响复韵母

发音要领

☞ o 比单发时舌高点略后且略高,但唇形没有单发时圆,双唇略撮,舌尖微触下齿背,舌位在 e 稍后处。o 发得较长较响亮,u 比单发时口腔开度大,但唇形比 u 扁,发音较短。

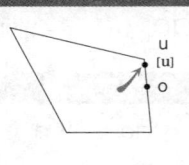

单音节:鸥 剖 眸 否 走 凑 艘 逗 头 耨(nòu) 楼 洲 丑 寿 柔 构 叩 猴

双音节:欧洲 剖腹 谋求 否定 走漏 凑够 飕飕 兜售 抖擞 豆蔻 头筹 透漏 漏斗 周游 筹谋 守候 肉蔻 佝偻 叩首 喉头

四音节:藕断丝连 呕心沥血 走马观花 斗转星移 周而复始 臭名昭著 手不释卷 口诛笔伐 后顾之忧 厚古薄今

绕口令

忽听门外人咬狗

忽听门外人咬狗,拿起门来开开手;
拾起狗来打砖头,又被砖头咬了手;
从来不说颠倒话,口袋驮着骡子走。

诗词

旅夜书怀　杜甫

细草微风岸,危樯独夜舟。
星垂平野阔,月涌大江流。
名岂文章著,官应老病休。
飘飘何所似,天地一沙鸥。

（2）后响二合

ia[iA]——后响复韵母

发音要领

☞ 发音时,a 由于受高元音 i 的影响,终止位置往往比央 a 的舌位偏前。同样 i 也会受央低元音 a 的影响,舌位稍降。

☞ 由于是后响复韵母,i 的发音时值短,具有过渡性,a 的发音较为响亮饱满,时值较长。

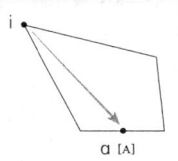

单音节:芽　俩　家　恰　霞
双音节:压价　俩鸭　加价　加压　家家　假牙　掐架　恰恰　下压　下牙　下家　下嫁
四音节:雅俗共赏　家喻户晓　戛然而止　价廉物美　假以辞色　恰如其分　恰到好处　掐头去尾　狭路相逢　瑕不掩瑜

绕口令

鸭和霞

天上飘着一片霞,水上飘着一群鸭。
霞是五彩霞,鸭是麻花鸭。
麻花鸭游进五彩霞,五彩霞挽住麻花鸭。
乐坏了鸭,拍碎了霞,分不清是鸭还是霞。

诗词

乌衣巷　刘禹锡

朱雀桥边野草花,乌衣巷口夕阳斜。
旧时王谢堂前燕,飞入寻常百姓家。

ie[iɛ]——后响复韵母

发音要领

☞ ie 里的 e 是一个前半低不圆唇复元音,在拼音方案中记作 ê,一般可以用 e 来替代。发音时,舌位半低,比 ei 中的 e 略低一点。不圆唇。i 的发音较为短暂,ê 的发音较为响亮。

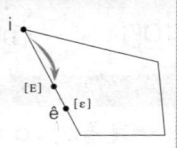

单音节:叶　别　瞥　灭　谍　贴　聂　烈　杰　茄　些
双音节:冶铁　业界　别业　瞥见　乜斜　碟躞　喋喋　贴切　铁鞋
　　　　铁屑　捏造　趔趄　裂解　结业　节烈　节结　接界　切切
　　　　谢谢　斜街
四音节:叶公好龙　别开生面　灭顶之灾　喋喋不休　铁证如山
　　　　蹑足潜踪　竭泽而渔　锲而不舍　邪不压正　解甲归田

绕口令

茄子

姐姐借刀切茄子,去把儿去叶儿斜切丝,切好茄子烧茄子,炒茄子、蒸茄子,还有一碗焖茄子。

诗词

伤农　郑遨

一粒红稻饭,几滴牛颔血。
珊瑚枝下人,衔杯吐不歇。

ua[uA]——后响复韵母

发音要领
☞发音时,a 的口形比单发时稍圆,口腔稍开。由于 u 的影响,终止位置比央 a 稍偏后。u 的发音短暂,a 的发音较为响亮。

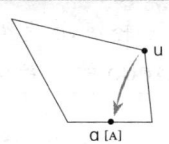

单音节:蛙 爪 耍 卦 夸 华
双音节:娃娃 抓花 耍滑 刷刷 挂花 挂画 呱呱 夸夸 花瓜 花袜 画画
四音节:瓦解冰消 挖空心思 抓耳挠腮 瓜田李下 挂一漏万 夸大其词 花容月貌 华而不实 画地为牢 画龙点睛

绕口令

小华和胖娃

小华和胖娃,种花又种瓜,
小华会种花不会种瓜,胖娃会种瓜不会种花。
小华教胖娃种花,胖娃教小华种瓜,
小华学会了种瓜,胖娃学会了种花。

诗词

泊秦淮　杜牧

烟笼寒水月笼沙,夜泊秦淮近酒家。
商女不知亡国恨,隔江犹唱《后庭花》。

uo[uo]——后响复韵母

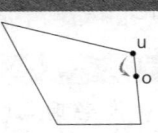

发音要领

☞ 发音时,uo 中的 o 比单发时口腔稍闭,唇形稍圆。uo 里的 u 比单发时的唇形略大,但发得轻短,o 发得响而长。
☞ uo 的发音动程窄,合口后,打开口腔,避免发成单韵母。

单音节:窝　昨　撮　索　朵　驼　糯　络　桌　绰　说　弱　果　扩　活
双音节:窝火　龌龊　坐果　坐落　做作　蹉跎　错落　锁国　堕落　脱落　陀螺　懦弱　落座　骆驼　着落　绰绰　硕果　国货　阔绰　火锅
四音节:我行我素　左右逢源　多难兴邦　脱口而出　捉襟见肘　绰绰有余　硕果仅存　若有所思　国色天香　豁然开朗

绕口令

朵朵花朵像云朵

绿秧棵,开花朵,花朵朵朵结果果。
果果开花一朵朵,朵朵花朵像云朵。

诗词

天末怀李白　杜甫

凉风起天末,君子意如何?

鸿雁几时到,江湖秋水多。
文章憎命达,魑魅喜人过。
应共冤魂语,投诗赠汨罗。

üe[yɛ]——后响复韵母

发音要领

☞ üe 里 e 与 ie 中的 e 属同一元音,在拼音方案中记作 ê。ü 较轻短,ê 较响亮。
☞ 发音时注意撮口的唇形。

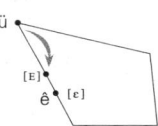

单音节:约 虐 略 决 雀 雪
双音节:约略 月缺 绝学 雀跃 缺略 雪月
四音节:约定俗成 越俎代庖 略胜一筹 绝代佳人 却之不恭
       削足适履 学而不厌 雪上加霜 血气方刚 学以致用

绕口令

真绝

真绝,真绝,真叫绝,皓月当空下大雪,麻雀游泳不飞跃,鹊巢鸠占鹊喜悦。

诗词

江雪　柳宗元

千山鸟飞绝,万径人踪灭。
孤舟蓑笠翁,独钓寒江雪。

2. 中响三合复韵母

iao[iau]——中响复韵母

发音要领

☞ 发音时,在 ao 的基础上增加了 i(韵头)。ao 中的 a 舌位稍高且唇形略扁,这是受到了 i 的影响。i 的舌位比单元音 i 更高,与上颚接近甚至稍有摩擦,故之称为"半元音",而且发得轻短,a 发得响亮,最后趋向 o 的部位。iao 的发音动程较宽,唇形舌位的变化较大。

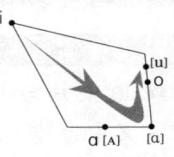

☞ 归音的唇形舌位接近"u",拼写时不写成"u",是为了避免与"n"混淆。

单音节:邀 表 瓢 妙 钓 迢 鸟 燎 交 俏 小

双音节:窈窕 遥遥 鳔胶 飘摇 缥缈 苗条 秒表 渺小 妙药 吊桥 吊销 调教 调焦 袅袅 疗效 脚镣 叫嚣 巧妙 萧条 逍遥

四音节:咬文嚼字 表里如一 妙手偶得 雕虫小技 挑拨离间 鸟尽弓藏 寥寥无几 矫枉过正 焦头烂额 巧取豪夺

绕口令

鸟看表

水上漂着一只表,表上落着一只鸟。
鸟看表,表瞪鸟,鸟不认识表,表也不认识鸟。

诗词

寄扬州韩绰判官　杜牧

青山隐隐水迢迢,秋尽江南草未凋。
二十四桥明月夜,玉人何处教吹箫?

iou[iəu]——中响复韵母

发音要领

☞ 发音时,舌位由较紧的 i(韵头)向后向低过渡,o 音后舌面向软腭升起,圆唇,韵尾 u 表示元音活动的方向。

☞ 拼写为 iu,省略了主要元音,但发音时必须保证主要元音的饱满响亮和时长。

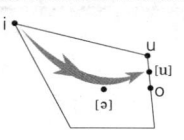

单音节:优 谬 丢 纽 流 救 球 袖
双音节:悠久 优秀 犹有 谬论 谬误 妞妞 牛油 六九 流油
　　　　琉球 刘秀 久留 旧友 酒友 九流 赳赳 球友 秋游
　　　　求救 绣球
四音节:游刃有余 有勇无谋 谬种流传 丢盔弃甲 柳暗花明
　　　　九霄云外 秋高气爽 求贤若渴 休戚与共 袖手旁观

绕口令

酒换油

一葫芦酒,九两六。一葫芦油,六两九。
六两九的油,要换九两六的酒,
九两六的酒,不换六两九的油。

诗词

生查子·元夕　欧阳修

去年元夜时,花市灯如昼。月到柳梢头,人约黄昏后。
今年元夜时,月与灯依旧。不见去年人,泪满春衫袖。

uai[uai]——中响复韵母

发音要领

☞ 在 ai 的基础上增加了韵头 u，由于受到圆唇 u 音的影响，ai 里的 a 变得稍圆。发音时，u 发得轻短，a 发得响亮，最后趋向 i 的部位，整个发音过程唇形舌位变化较大。

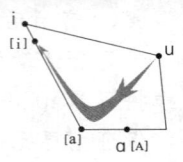

单音节：歪 拽 揣 甩 乖 快 淮
双音节：外踝 外快 拽坏 踹开 摔坏 乖乖 怀揣
四音节：歪风邪气 外强中干 拐弯抹角 怪诞不经 快马加鞭 脍炙人口 快人快语 怀才不遇 怀瑾握瑜 怀古伤今

绕口令

槐树槐

槐树槐，槐树槐，槐树底下搭戏台，
人家的姑娘都来了，我家的姑娘还没来。
说着说着就来了，骑着驴，打着伞，歪着脑袋上戏台。

诗词

浣溪沙　晏殊

一曲新词酒一杯，去年天气旧亭台。夕阳西下几时回。
无可奈何花落去，似曾相识燕归来。小园香径独徘徊。

uei[uəi] ——中响复韵母

发音要领

☞ 发音时,ei 的前面加了一段 u 的发音动程,舌位从后先降后升,前舌面向硬腭上升,不圆唇,韵尾 i 表示元音活动的方向。

☞ 拼写为 ui,省略了主要元音,但发音时必须保证主要元音的饱满响亮和时长。

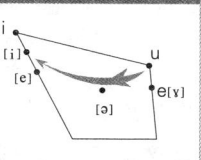

单音节:威 醉 摧 岁 队 腿 坠 炊 税 芮 龟 愧 回

双音节:尾随 葳蕤 卫队 罪魁 翠微 岁岁 队徽 退位 推诿 追尾 坠毁 垂危 水位 归回 归位 愧对 魁伟 荟萃 回味 汇兑

四音节:惟妙惟肖 醉翁之意 摧眉折腰 推波助澜 追悔莫及 吹灰之力 水到渠成 岿然不动 回头是岸 绘声绘色

绕口令

谁胜谁

梅小卫叫飞毛腿,卫小辉叫风难追。
两人参加运动会,百米赛跑快如飞。
飞毛腿追风难追,风难追追飞毛腿。
梅小卫和卫小辉,最后不知谁胜谁。

诗词

凉州词 王翰

葡萄美酒夜光杯,欲饮琵琶马上催。
醉卧沙场君莫笑,古来征战几人回!

五、鼻韵母发音训练

1. 前鼻韵母

an[an]——前鼻韵母

> **发音要领**
>
> ☞ 发音时,an 中的 a 的舌位由于受到前鼻韵尾 n 的影响,a 处于比较前的位置,a 为前低不圆唇元音。n 的归音部位比它充当声母时的成阻部位稍后。鼻韵母音节在语流中由于受到前后音节协同发音的影响,往往会丢失鼻尾辅音而使主要元音鼻化,但在我们练习中必须归音到鼻辅音上。

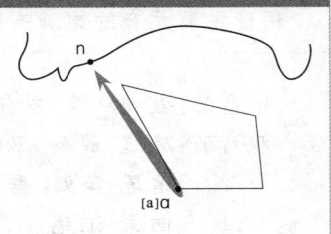

单音节:安 板 盘 漫 凡 赞 餐 伞 淡 坛 楠 懒 展 颤 珊 然 甘 看 寒

双音节:岸然 斑斓 蹒跚 漫谈 反感 赞叹 灿烂 散漫 但凡 坦然 难堪 阑珊 湛蓝 潺潺 善感 冉冉 橄榄 感叹 勘探 菡萏

四音节:按部就班 满载而归 翻然悔悟 三顾茅庐 探囊取物 昙花一现 南辕北辙 瞻前顾后 肝胆相照 含沙射影

绕口令

学习就怕满懒难

学习就怕满、懒、难,心里有了满、懒、难,不看不钻就不前;心里去掉满、懒、难,永不自满,边学边干,蚂蚁也能搬泰山。

诗词

逢入京使　岑参

故园东望路漫漫,双袖龙钟泪不干。
马上相逢无纸笔,凭君传语报平安。

en[ən]——前鼻韵母

发音要领

☞ 发音时,e 的舌位比单发时靠前,舌头开始处于静止的位置,接着舌位升高,舌尖抵住上齿龈,软腭下垂,气流从鼻腔流出,归音到鼻辅音 n 上。

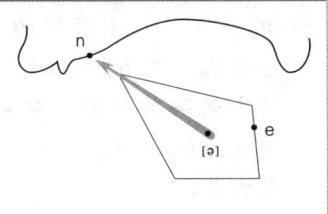

单音节:恩 笨 盆 门 纷 怎 岑 森 嫩 枕 趁 申 忍 根 垦 痕

双音节:恩人 本分 盆地 门诊 粉尘 怎样 涔涔 森森 振奋 真嫩 沉闷 沉稳 深沉 深圳 身份 人参 认真 根本 恳切 狠狠

四音节:恩重如山 喷薄欲出 粉身碎骨 参差不齐 森严壁垒 针锋相对 趁火打劫 仁至义尽 根深叶茂 恨之入骨

绕口令

小陈和小沈

小陈去卖针,小沈去卖盆。俩人挑着担,一起出了门。
小陈喊卖针,小沈喊卖盆。也不知是谁卖针,也不知是谁卖盆。

诗词

渭城曲　王维

渭城朝雨浥轻尘，客舍青青柳色新。
劝君更尽一杯酒，西出阳关无故人。

ian[ian]——前鼻韵母

发音要领

☞ an 前加了一个轻短的 i 韵头结合而成。发音时，a 处于比较前且比较高的位置。在实际运用中注意往返动程要宽，活动范围稍大些。

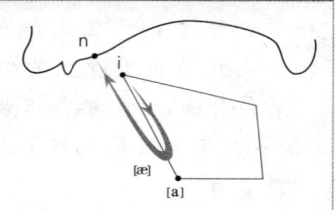

单音节：烟　扁　篇　眠　淀　甜　碾　怜　肩　浅　线
双音节：咽炎　延年　边线　变迁　片面　翩跹　棉田　免检　碘盐
　　　　惦念　田间　天边　年前　年鉴　连绵　连篇　简练　牵线
　　　　前面　先遣
四音节：烟波浩渺　变本加厉　颠沛流离　甜言蜜语　拈轻怕重
　　　　连篇累牍　见贤思齐　千锤百炼　先发制人　先礼后兵

绕口令

半边莲

半边莲，莲半边，半边莲长在山涧边。
半边天路过山涧边，发现这片半边莲。
半边天拿来一把镰，割了半筐半边莲。
半筐半边莲，送给边防连。

诗词

望庐山瀑布　李白

日照香炉生紫烟,遥看瀑布挂前川。
飞流直下三千尺,疑是银河落九天。

in[in]——前鼻韵母

发音要领

☞ 发音时,舌尖抵住下齿背发出 i 音,然后舌尖上举抵住上齿龈,同时软腭下降,气流从鼻腔流出。实际运用中,i 的开口度要适当扩大,以增加声音的圆润度。

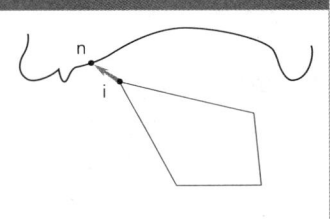

单音节:音 龑 品 民 您 吝 金 秦 信
双音节:殷勤 音频 引进 濒临 彬彬 贫民 聘金 民心 民进
　　　　林荫 临近 粼粼 金银 禁品 尽心 亲民 亲信 勤谨
　　　　信心 辛勤
四音节:饮水思源 引经据典 彬彬有礼 民不聊生 淋漓尽致
　　　　近在咫尺 秦晋之好 沁人心脾 心满意足 心心相印

绕口令

土变金

你也勤来我也勤,生产同心土变金。
工人农民亲兄弟,心心相印团结紧。

诗词

送杜少府之任蜀州　王勃

城阙辅三秦,风烟望五津。与君离别意,同是宦游人。
海内存知己,天涯若比邻。无为在歧路,儿女共沾巾。

uan[uan]——前鼻韵母

发音要领

☞ an 韵前加了一个轻短的 u 韵头结合而成。发音时，a 的舌位比单发时靠前，a 为前低不圆唇元音。u 的口形比单发时稍圆。

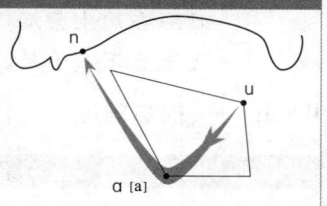

单音节：湾 篡 蹿 算 段 湍 暖 孪 砖 船 栓 软 官 款 换
双音节：婉转 万端 万贯 钻断 篡权 酸软 短传 团圆 暖暖 乱窜 专款 专断 转弯 传唤 闩门 软缎 贯穿 款款 宦官 换算
四音节：完璧归赵 万象更新 短兵相接 乱臣逆子 转危为安 川流不息 软硬兼施 冠冕堂皇 宽宏大量 焕然一新

绕口令

谁也不服管

苏州玄妙观，东西两判官，东判官姓潘，西判官姓管，
管判官要管潘判官，潘判官要管管判官，闹得谁也不服管。

诗词

枫桥夜泊　张继

月落乌啼霜满天，江枫渔火对愁眠。
姑苏城外寒山寺，夜半钟声到客船。

uen[uən]——前鼻韵母

发音要领

☞ 先发 u，舌头抬高拉近软腭，圆唇，u 发得轻短。紧接着，舌尖前伸抵上齿龈，软腭下降，气流从鼻腔流出。语流中注意 u 的圆唇与口腔开度的保持。

☞ 中间的元音 e 是过渡性的，在非零声母音节中，中间的 e 被省略掉，记成"un"。

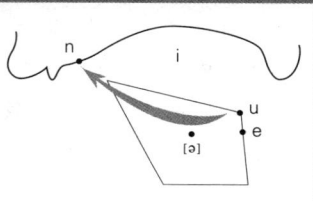

单音节：温 遵 存 损 盾 屯 轮 准 春 舜 闻 棍 昆 魂
双音节：温润 温存 温顺 文论 尊贵 寸土 钝角 屯兵 伦敦 论文 谆谆 春笋 春困 春瘟 滚滚 滚轮 困顿 昆仑 混沌 馄饨
四音节：温文尔雅 寸步难行 损兵折将 顿开茅塞 谆谆教导 春寒料峭 顺理成章 滚瓜烂熟 困兽犹斗 浑然天成

绕口令

磙和棍

磙下压个棍，棍上压个磙，磙压棍滚，棍滚磙滚。

诗词

清明　杜牧

清明时节雨纷纷，路上行人欲断魂。
借问酒家何处有，牧童遥指杏花村。

üan[yan]——前鼻韵母

发音要领

☞ 韵前加了一个轻短的 ü(韵头)结合而成。发音时，a 的舌位比单发时略偏高。ü 的舌位较高且靠前，唇形较圆。实际运用时应注意撮口圆唇。

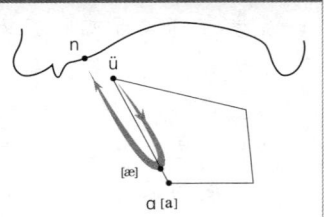

单音节：渊 卷 泉 炫

双音节：源泉 圆圈 渊源 涓涓 拳拳 泉源 全员 全院 全权 轩辕

四音节：源远流长 缘木求鱼 卷土重来 全神贯注 权宜之计 犬马之劳 轩然大波 喧宾夺主 悬崖勒马 悬崖峭壁

绕口令

画圆圈

圆圈圆，圈圆圈，圆圆娟娟画圆圈。
娟娟画的圈连圈，圆圆画的圈套圈。
娟娟圆圆比圆圈，看看谁的圆圈圆。

诗词

水调歌头　苏轼

　　明月几时有，把酒问青天。不知天上宫阙，今夕是何年。我欲乘风归去，又恐琼楼玉宇，高处不胜寒。起舞弄清影，何似在人间。
　　转朱阁，低绮户，照无眠。不应有恨，何事长向别时圆。人有悲欢离合，月有阴晴圆缺，此事古难全。但愿人长久，千里共婵娟。

ün[yn]——前鼻韵母

发音要领

☞ 发音时,先发圆唇撮口的 ü,但唇形没有单发时那么圆,舌面接近硬腭。紧接着舌尖前伸抵上齿龈,软腭下垂,气流从鼻腔出,注意舌面不要升得太高,以免产生摩擦噪声。

☞ 发音过程中注意唇形,不要展唇,避免出现方音。

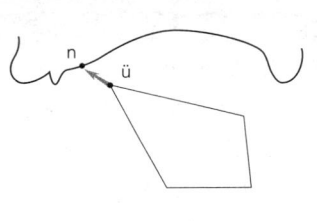

单音节:晕 俊 裙 训
双音节:芸芸 均匀 军训 菌群 逡巡 循循 熏熏
四音节:云蒸霞蔚 运筹帷幄 君子之交 群策群力 群龙无首 寻踪觅迹 循规蹈矩 训练有素 徇私舞弊 循序渐进

绕口令

换裙子

军车运来一堆裙,一色军用绿色裙。
军训女生一大群,换下花裙换绿裙。

诗词

江南逢李龟年 杜甫

岐王宅里寻常见,崔九堂前几度闻。
正是江南好风景,落花时节又逢君。

2. 后鼻韵母

ang[aŋ]——后鼻韵母

发音要领

☞ 发音时,ang 中的 a 受后鼻韵尾 ng 的影响,a 处于比较后的位置,a 为后低不圆唇元音。a 的口腔开度大于单发的 a,发音时软腭下降,口鼻均有气息流出。

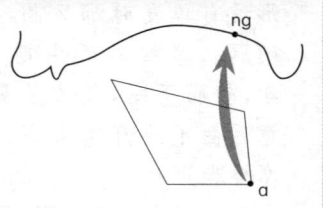

单音节:昂 帮 胖 忙 访 脏 苍 嗓 荡 汤 囊 朗 掌 昌 尚 瓤 纲 炕 航

双音节:昂昂 肮脏 帮忙 彷徨 盲肠 方丈 藏香 苍茫 丧葬 党纲 螳螂 嚷嚷 廊坊 张榜 长廊 商行 攘攘 港商 康庄 行当

四音节:昂首阔步 盲人摸象 放浪形骸 藏龙卧虎 当仁不让 狼烟四起 仗义执言 赏罚分明 纲举目张 康庄大道

绕口令

海水涨

海水涨,常常涨,常涨常消。

诗词

江城子·密州出猎　苏轼

老夫聊发少年狂,左牵黄,右擎苍,锦帽貂裘,千骑卷平冈。为报倾城随太守,亲射虎,看孙郎。

酒酣胸胆尚开张,鬓微霜,又何妨?持节云中,何日遣冯唐?会挽雕弓如满月,西北望,射天狼。

eng[əŋ]——后鼻韵母

发音要领

☞ 发音时,e 的舌位比单发时偏前且低,然后舌根后缩与软腭接触,此时软腭下垂,气流从口、鼻流出。实际运用时,为增加声音响度,应增大口腔开度。

☞ eng 和 ong 不要混淆,避免出现港台腔。

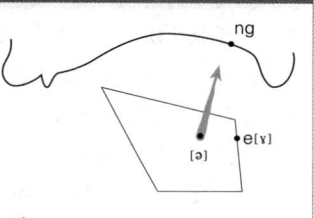

单音节:泵 烹 盟 讽 赠 层 僧 等 疼 能 愣 整 成 圣 仍 梗 坑 恒

双音节:崩溃 鹏程 萌生 风泵 丰登 增生 蹭蹬 僧众 灯绳 腾腾 能动 冷风 蒸腾 承蒙 逞能 省城 仍旧 更正 吭声 横生

四音节:鹏程万里 梦寐以求 风调雨顺 层出不穷 登峰造极 能言善辩 冷若冰霜 峥嵘岁月 生不逢时 耿耿于怀

绕口令

藤与绳

丝瓜藤,绕丝绳,丝绳绕上丝瓜藤。
藤长绳长绳藤绕,绳长藤伸绳绕藤。

诗词

滁州西涧　韦应物

独怜幽草涧边生,上有黄鹂深树鸣。
春潮带雨晚来急,野渡无人舟自横。

ong[uŋ]——后鼻韵母

发音要领

☞ 发音时，o 的发音与发单韵母 o 不同，它在 u 与 o 之间，口腔开度比 u 的开度稍大，时长较短。然后舌根接触软腭，口、鼻出气发音。要注意它与 ueng 和 eng 的区别。

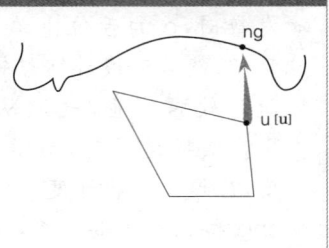

单音节：宗 丛 宋 冬 同 弄 陇 众 虫 冗 工 恐 洪
双音节：总统 从容 松动 动容 瞳孔 通红 浓重 笼统 中东
　　　　重工 充公 冲动 溶洞 融融 公共 共同 空洞 恐龙
　　　　洪桐 红松
四音节：纵横交错 从容不迫 洞若观火 童叟无欺 浓墨重彩
　　　　龙腾虎跃 中庸之道 融会贯通 觥筹交错 洪水猛兽

绕口令

风、松、钟、弓

走如风，站如松，坐如钟，睡如弓。
风、松、钟、弓，弓、钟、松、风，连念七遍口齿清。

诗词

鹧鸪天　晏几道

彩袖殷勤捧玉钟。当年拼却醉颜红。舞低杨柳楼心月，歌尽桃花扇底风。

从别后，忆相逢。几回魂梦与君同。今宵剩把银釭照，犹恐相逢是梦中。

iang[iaŋ]——后鼻韵母

发音要领

☞ ang 韵前加了一个轻短的 i 韵头结合而成。发音时,iang 韵母的发音动程较宽,ang 受到 i 的影响,a 的唇形稍扁。

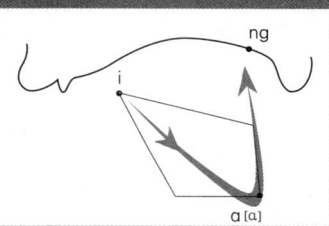

单音节:**央 酿 两 桨 呛** 翔

双音节:**洋枪 洋相 娘娘** 跟跄 亮相 粮饷 良将 两江 两厢 两样 酱香 奖项 将相 强将 强项 响亮 相向 向阳 湘江 想象

四音节:阳春白雪 良莠不齐 两相情愿 江郎才尽 匠心独运 江河日下 强弩之末 枪林弹雨 相得益彰 响彻云霄

绕口令

杨家养了一只羊

杨家养了一只羊,蒋家修了一道墙。
杨家的羊撞倒了蒋家的墙,蒋家的墙压死了杨家的羊。
杨家要蒋家赔杨家的羊,蒋家要杨家赔蒋家的墙。

诗词

闻官军收河南河北 杜甫

剑外忽传收蓟北,初闻涕泪满衣裳。
却看妻子愁何在,漫卷诗书喜欲狂。
白日放歌须纵酒,青春作伴好还乡。
即从巴峡穿巫峡,便下襄阳向洛阳。

ing[iŋ]——后鼻韵母

> **发音要领**
>
> ☞ 发音时,舌面接近硬腭先发出 i,然后舌头后缩,舌根与软腭接触,口腔关闭,气流从口、鼻流出。实际运用中注意与 in 的区别。
>
> ☞ 有人为了更鲜明地区分前后鼻音,在 i 和 ng 之间加了一个 e 的音素,造成语音不纯,这是不可取的。

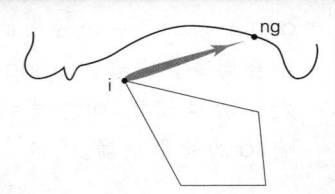

单音节:英 丙 平 命 丁 庭 宁 岭 井 晴 星
双音节:影星 英明 冰凌 并行 婷婷 平行 酩酊 明镜 鼎铭
  叮咛 听命 宁静 聆听 菱形 精灵 精明 倾听 轻盈
  兴兵 姓名
四音节:莺歌燕舞 冰清玉洁 名垂青史 平分秋色 宁缺毋滥
  令行禁止 泾渭分明 蜻蜓点水 行将就木 形影不离

绕口令

天上七颗星

天上七颗星,树上七只鹰,梁上七个钉,台上七盏灯。
拿扇扇了灯,用手拔了钉,举枪打了鹰,乌云盖了星。

诗词

秋夕　杜牧

银烛秋光冷画屏,轻罗小扇扑流萤。
天阶夜色凉如水,坐看牵牛织女星。

uang[uaŋ]——后鼻韵母

发音要领

☞ ang 韵前加了一个轻短的 u 韵头结合而成。uang 韵母的发音动程较宽,受到 u 的影响,a 的唇形较圆。

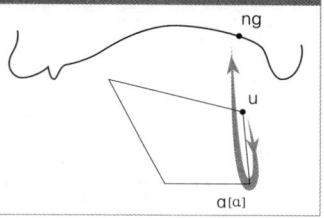

单音节:汪 壮 闯 霜 广 况 黄
双音节:往往 网状 装潢 状况 装框 窗框 双双 双簧
　　　　光芒 狂妄 矿床 框框 荒旷 黄光 皇皇 黄庄
四音节:亡羊补牢 枉费心机 壮志未酬 窗明几净 双管齐下
　　　　光彩夺目 广开言路 旷日持久 黄粱美梦 恍如隔世

绕口令

王庄和匡庄

王庄卖筐,匡庄卖网,王庄卖筐不卖网,匡庄卖网不卖筐,你要买筐别去匡庄去王庄,你要买网别去王庄去匡庄。

诗词

清平调三首之二　李白

一枝红艳露凝香,云雨巫山枉断肠。
借问汉宫谁得似?可怜飞燕倚新妆。

ueng[uəŋ]——后鼻韵母

发音要领

☞ 发音时,u 要发得轻短,然后接着发 eng。实际运用时注意合口音 u 的圆唇,可增加字音的准确度和清晰度。再有,别把 u 发成唇齿音。如"翁"的发音。

☞ 在普通话中,ueng 只能出现在零声母音节中,也就是说它不能与任何辅音声母相拼。

☞ ong 必须有前拼声母,ueng 没有前拼声母。

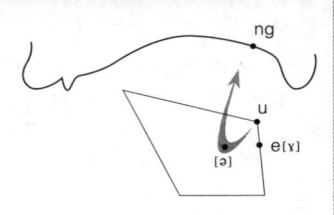

单音节:翁 蓊 瓮
双音节:嗡嗡 水瓮 渔翁 蓊郁 瓮城
四音节:瓮中捉鳖 瓮声瓮气

绕口令

老翁和小瓮

老翁卖酒小瓮买,小瓮买酒老翁卖。

诗词

示儿 陆游

死去元知万事空,但悲不见九州同。
王师北定中原日,家祭无忘告乃翁。

iong[yŋ]——后鼻韵母

发音要领

☞ 发音时，i 韵头由于受到圆唇 o 的影响，唇形由扁趋圆，接近于 ü。与 j、q、x 组成音节时，注意在发音开始时就要撮口，否则影响语音的清晰度。

☞ iong 是撮口呼韵母，不能发成齐齿呼。

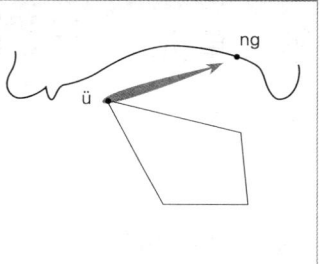

单音节：用 窘 穷 兄
双音节：拥军 雍容 勇于 踊跃 用具 用语 炯炯 窘迫 穷凶
　　　　琼剧 汹涌 汹汹 熊熊
四音节：庸人自扰 雍容华贵 迥然不同 炯炯有神 穷途末路
　　　　茕茕孑立 琼浆玉液 汹涌澎湃 胸有成竹 雄才大略

绕口令

学游泳

小涌勇敢学游泳，勇敢游泳是英雄。

第三单元　声调

一、声调相关概念

在现代汉语语音学中,**声调**是指汉语音节所固有的,可以区别意义的声音的高低和升降。声调贯穿音节始终,主要作用在字腹上。汉语一个音节就是一个汉字,所以声调又叫字调。

声调的作用:在汉语音节中,声调和声母、韵母一样具有区别意义的作用,这也是声调的基本功能。声调能鲜明地体现普通话语音特征,可以说是普通话语音的"门面",对整体语音面貌影响很大。普通话被公认为像音乐一样动听的语言,根本原因在于它具有鲜明的四声对比变化,体现出普通话抑扬顿挫的音乐美,因此声调体现普通话的审美价值。最后声调的准确及到位程度,体现播音专业人员的专业基本功。总起来讲,播音专业人员应足够重视普通话声调的掌握,提高普通话语音的纯度,增强语音的审美价值和表现力,体现艺术创作的专业含量。

声调的性质和特点:声调中有音长和音强的变化,但它的性质主要取决于音高的变化。声音的高低是由声波的频率,也就是声波每秒振动的速度决定的,频率的高低是由声带的拉紧或放松来调节。需要说明的是,不同于音乐中音阶的绝对音高,声调的高低是相对的音高的变化。声调的另一个特点表现为声调音高上升和下降的变化是逐渐滑动的过程,没有明显的拐弯。而音乐中音阶的移动,常常表现为跳跃式变化。

调类就是把一种语言中所有的调值加以归类后得出的类别。

调类的名称只代表汉语某种方言声调的种类,而不表示实际的读值。汉语普通话中共有阴平、阳平、上声、去声四个调类。

调值指声调的实际高低值,由于各地、各人的音域高低宽窄不同,这个高低值也是相对的,并非指绝对音频。各地方音的调值差别较大,比如同是阴平字,北京话念高平调(55);济南念降升的曲调(213);天津话念低调(11)。

调值是声调的"实",调类是声调的"名"。调值与调类的关系,是"实"与"名"的关系。

调值的记录方法——五度标记法:为了记录方便,使声音形象化,便于学习掌握普通话,一般采用"五度标记法"对调值进行描写。用一条竖线坐标尺表示声音的高低,由下而上就是声音由低到高,分为五度,即低、半低、中、半高、高,分别用1、2、3、4、5依次表示,再用一条横斜的辅线表示升降起止的度数。

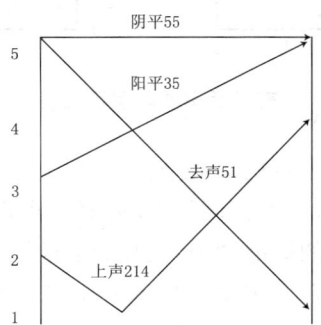

《汉语拼音方案》的四个声调符号(- ˊ ˇ ˋ)就是把五度标记法中的竖线去掉,使其更加简化而制定的。

普通话调值与调类的关系如图所示:

调类	调值	标记符号	例字
阴平	高平 55	-	妈 mā
阳平	中升 35	ˊ	麻 má
上声	降升 214	ˇ	马 mǎ
去声	全降 51	ˋ	骂 mà

二、声调发音要则

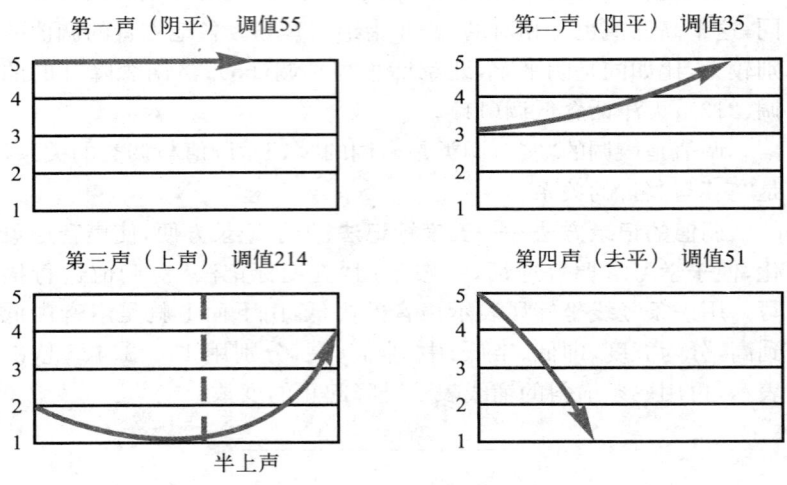

普通话声调调型示意图

声调的发音是声带松紧调节的结果,但在这一过程中须配合气息的控制和调节,以保证调值能够到位,声音不冒不哑。在语流中如果仍然发四声的标准调值,往往会影响语流的顺畅,应注意声调发音在语流中会在原来字调的基础上稍加改变,使它既不失去原来的声调,又符合语调的要求。

1. 阴平发音要则

阴平是高平调,声音形式高而平,起止音高都是5度。经语图仪显示,阴平实际发音在起音后略升高一点,末尾有稍降的趋势,没有明显的升降变化。全调时值比上声、阳平略短,比去声稍长。声带闭合的力度不能松懈,与此同时气息的力度也较大,要保持均匀持久。

阴平的调值不准将影响到其他声调的调值,阴平调发音容易出现两个问题：第一，调值低。解决阴平调值低的问题，要注重提高对音高的听辨能力，练声时所采用的词语，阴平字必须位于其他字之后，要确保在和其他声调的对比中，阴平调值达到相对到位的高度。第二，调型不够平。注意声带闭合力度不能松懈，并保持均衡持久的气息支持。

2. 阳平发音要则

阳平是中升调，发音时起音由中音3度不断上升到最高音5度。全调时值比阴平、去声长，比上声略短。声带闭合由松到紧，气息控制由弱变强。

阳平发音容易出现两个问题：第一，阳平上不去，应加强气息由弱到强的配合支持。第二，阳平曲线上升，有时调型甚至类似于上声，这是不标准的。阳平由3度升到5度应该是直升，声带由松到紧，而不能是紧—松—紧的变化，不能有曲折。

3. 上声发音要则

上声是降升调，发音时起音音高由半低音2度下降至低音1度，稍作延长后上升到半高音4度，调型是先降后升。全调时值在四声当中最长。声带闭合由微紧到松弛，稍作保持再到紧。

上声发音容易出现两个问题：第一，上声硬拐弯。音高由2度降到1度不作停留保持，直接跳跃到4度，调型成一个尖锐的角。应注意声调音高的变化是平滑过渡的，发上声的感觉应该用2114描述更为准确。第二，低音下不来。找好起调的高度，要能扎实地降下来，声音不哑不涩，并且低音时应加大送气量，以气托声。

4. 去声发音要则

去声为全降调，发音时声音由最高5度降到最低1度。全调时值在四声中最短。声带由紧到松，气息控制由强到弱。

去声发音容易出现四个问题：第一，去声下不来，发成半去声，影响语音抑扬顿挫的美感。第二,去声容易辟或者冒,注意气息控制的配合,由强到弱应均衡,不能突然失去控制。第三,去声甩小尾巴,发音应结束时又拖长一小段,容易形成朗读中的固定腔调。注意去声时值最短,应干脆利索,不能拖腔拉调。第四,去声起音高度低,相对高度达不到5,致使声调的抑扬顿挫不鲜明,也影响表达的整体状态。应注意加大去声发音时声调的对比度。

三、声调发音训练

随着语言发音单位逐级扩大,声调体现出丰富的对比变化。本节从词单位训练开始,包括单音节词、双音节词、三音节词、四音节词,之后进入句子单位训练,包括绕口令、古诗、散文和新闻。在学习之初注意控制语速,尽可能加大声调对比度以使声调鲜明到位,最终达到能够在自然语速中下意识地表现出鲜明的四声变化和普通话抑扬顿挫的美。

1. 同声韵四声单音节词训练

发音提示:单音节词声调的训练应与气息控制结合起来,音高的绝对高度和相对高度要有稳定的表现。

单音节词四声变化练习还可以对照普通话音节表,使单音节声调变化练习覆盖到所有相拼音节。

阴平,高平调,55,次短。

巴 坡 猫 帆 作 参 虽 多 涛 蔫 拎 扎 撑 稍 嚷 机 敲 鲜 歌 科 欢

阳平,中升调,35,次长。

拔 婆 毛 繁 昨 蚕 随 夺 桃 年 林 闸 橙 勺 瓢 即 桥 闲 格 壳 还

上声,降升调,214,最长。

把 笸 卯 反 左 惨 髓 朵 讨 碾 凛 眨 惩 少 壤 脊 巧 显 葛 可 缓

去声,全降调,51,最短。

坝 破 貌 范 坐 灿 岁 舵 套 念 赁 榨 秤 哨 让 既 俏 献 各 客 换

2. 双音节词声调训练
(1)四声组合练习①

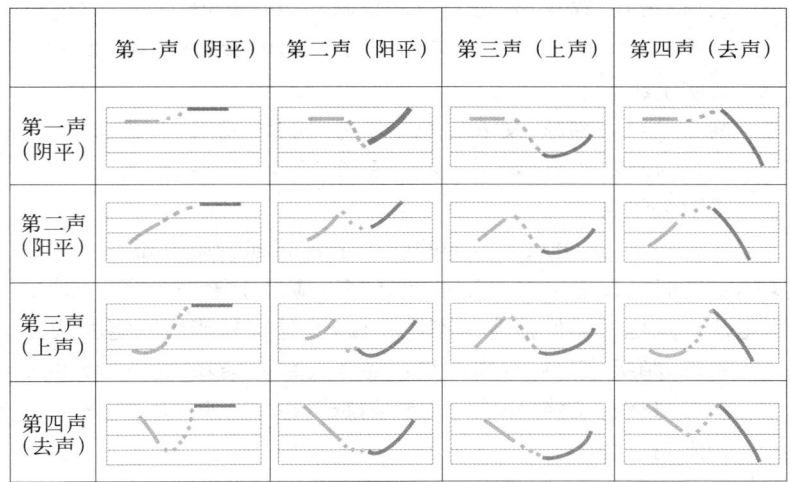

双音节连读调型示意图

双音节词语的四声共有 16 种组合方式,这项练习旨在 16 种声调的对比变化中掌握声调的配合关系和变化。

下面的练习是按照阴阳上去的顺序编排的,但是在实际训练中,阴阴组合的练习往往会出现提气的现象,并影响下面练习的用声,因此建议训练的时候从阳平的组合开始,最后练习阴平的组合。

①阴阴组合

发音提示:两个阴平相连时,前一个阴平可降为 44 调值,后一个依然是 55 调值。如果不注意这个变化,语音会呈现出东北方言色彩,也会让播音听起来状态不积极。

八仙 批发 闷香 芬芳 灾荒 参天 司机 丹青 他乡 拈阄

---

① 这 16 组双音节词是按照声母发音部位由前向后的顺序编排的,有助于在练习声调的同时,强化声母发音部位的概念。

垃圾 招商 超标 山川 津贴 期刊 香烟 根雕 咖啡 烘干
②阴阳组合
包围 抛锚 猫粮 发达 栽培 催眠 森林 丹田 天平 捏合
拉平 朝阳 差额 沙尘 煎熬 羌笛 夕阳 甘甜 苛求 黑白
③阴上组合
编码 攀比 猫眼 发表 增长 参考 司法 刀俎 天井 拉美
瞻仰 憧憬 山谷 加冕 签署 星斗 歌舞 科举 酣饮 花朵
④阴去组合

发音提示：这组双音节词的两个字音高起音高度都在5，但在实际发音时要注意第二个字的起音高度应高于第一个字。如果不注意这一点也容易使播音状态不积极，并且容易产生固定腔调。

搬运 拍摄 闷热 帆布 匝道 苍翠 桑葚 堤坝 韬略 捏造
拉动 毡帽 充沛 深奥 究竟 期盼 吸纳 干脆 开幕 忽略
⑤阳阴组合
鼻烟 爬梯 麻花 繁星 杂音 丛书 达标 腾空 南瓜 联邦
折中 尘埃 神通 燃烧 节拍 奇观 行踪 革新 狂欢 航班
⑥阳阳组合

发音提示：两个阳平相连时，第一个阳平调值可以念成34，第二个仍念成35。这组词是留学生掌握的难点，留学生经常处理成半上声加阳平，这是不对的。

拔苗 旁白 萌芽 阀门 贼船 财团 答疑 弹劾 南极 梨园
闸门 查询 蛇足 人文 集邮 棋迷 习俗 阁楼 狂澜 毫厘
⑦阳上组合
白果 皮袄 梅雨 伏暑 杂耍 裁剪 德语 桃李 难免 莲藕
哲理 茶点 绳索 人选 极品 球网 雄伟 隔板 狂草 和蔼
⑧阳去组合

发音提示：这组双音节词前一个音高止于5度，第二个字起音高度为5度，但实际发音应注意第二个字起音的5度应略高于第一个字的尾音高度。如果不注意这一点同样容易使播音状态不积极，并且容易产生固定腔调。

跋涉 炮制 芒种 乏味 择业 惭愧 叠韵 堂会 能耗 凌驾
宅院 沉默 神话 饶恕 吉庆 前奏 辖制 格调 狂放 和煦
⑨上阴组合
发音提示：上声在非上声之前调值念成211，也叫做半上声。
保安 跑车 马帮 法官 早安 采光 导播 体温 女娲 缆车
展销 处方 赏析 染缸 剪刀 起飞 写真 改观 卡通 海鸥
⑩上阳组合
发音提示：同(9)。
百合 漂白 马达 反刍 紫竹 彩霞 导游 讨伐 拟人 礼节
种族 齿轮 审查 扰民 脊梁 企鹅 小儿 岗亭 考勤 哈达
⑪上上组合
发音提示：上上相连时，前一个上声读成24调值，类似于阳平。
榜眼 跑表 玛瑙 法宝 采访 散打 底版 躺椅 脑海 冷暖
诊所 炒股 审美 染指 甲板 起止 洗礼 橄榄 考古 虎口
⑫上去组合
发音提示：同(9)。
把脉 巨测 马术 法律 宰相 采购 祷告 体会 拟定 垄断
掌舵 宠爱 闪耀 扰乱 角度 启动 喜好 杆秤 拷贝 海浪
⑬去阴组合
发音提示：去阴相连时，阴平受到去声影响，起音高度可能会降低，达不到5度，这也会呈现出东北方言色彩。因此，在实际发音时，尽量让阴平起音高度略高于去声的起音高度。
报刊 派生 麦冬 泛舟 再生 菜单 代沟 踏春 耐心 浪花
召开 唱腔 哨兵 热衷 季风 气功 信息 概说 克星 候车
⑭去阳组合
贝壳 叛逃 庙堂 沸腾 赞扬 促成 淡泊 挞伐 纳凉 腊梅
湛蓝 畅达 社团 任职 继而 纤绳 象牙 告白 看台 耗材
⑮去上组合
罢免 泡影 麦草 发卡 载体 策反 淡雅 泰斗 纳米 蜡染

诤友　翅膀　哨卡　热土　降水　庆典　下岗　杠杆　抗体　汉语
⑯去去组合
发音提示：中重格式的两个去声相连时，前一个去声读为53调值，也叫做半去声，后一个仍为51。重中格式的两个去声相连，第二个去声起音相对稍低。
半夜　佩戴　麦浪　放哨　自动　测绘　大麦　透彻　纳粹　亮相
绽放　彻夜　盛夏　让步　剑鞘　契税　相册　告密　靠背　号脉
(2)双音节词声调辨正练习

边界——变节——辨解　　微小——微笑——胃小
补发——步伐——不法　　仙境——险境——陷阱
抚育——赋予——富裕　　初期——出奇——出气
抵制——地址——地质　　礼节——理解——历届
官吏——管理——惯例　　争辩——整编——政变
老实——老师——老是　　诗集——时机——实际
餐具——残局——惨剧　　语言——寓言——预演
妖艳——谣言——耀眼　　同志——通知——统治

3. 三音节词声调训练
三音节词在声调的搭配上有更丰富的组合方式，这里选取同声调三字进行训练，应注意三字之间音高的微弱差别，以及三个字音长的处理，前两个字音长之和与第三个字大致相等，不能处理成等高等长。
①阴阴阴组合
发音提示：三个阴平相连，具体调值处理成44,44,55。
八仙桌　包青天　包装箱　攀枝花　攀高枝　冬瓜汤　拖拉机
贴标签　公积金　关东烟　咖啡因　空心砖　黑光灯　机关枪
鸡冠花　激光刀　金沙江　金刚经　交接班　军功章　青春期
星期天　新篇章　中间商　冲击波　吹风机　烧高香　深呼吸
②阳阳阳组合
发音提示：三个阳平相连，具体调值处理成34,34,35。

白杨林　毛南族　煤油炉　绵白糖　同仁堂　同盟国　陀螺仪
弹簧门　难为情　泥石流　牛皮糖　龙舌兰　联合国　寒食节
洪泽湖　合成词　蝴蝶结　华达呢　群言堂　形容词　折叠床
长绒棉　长途台　磁悬浮　儿童节　遗传学　颐和园　园林局
③上上上组合

发音提示：三个上声相连根据词语结构不同，有两种处理方法。

双单格式，具体调值处理成35，35，214。

保管组　保险法　蒙古语　狗尾草　苦水井　脚底板　洗脸水
选举法　展览馆　处理品　手写体　手把手　始祖鸟　索马里

单双格式，具体调值处理成211，34，214。

打草稿　米老鼠　老古董　老两口　党小组　小拇指　李厂长
孔乙己　海产品　九谷口　纸老虎　老保守　很友好　冷处理

④去去去组合

发音提示：三个去声相连，具体调值处理成53，53，51。

备忘录　闭幕式　判断力　命中率　目的地　大动脉　对立面
唾液腺　路透社　绿化带　过去式　快速路　阔叶树　后视镜
会客室　计步器　介绍信　现代化　血色素　战斗力　障碍物
创纪录　创造力　圣诞树　售票处　再就业　宿命论　塑料布

4. 四音节词声调训练

四音节词更加接近句子单位，但比句子简短，有利于集中注意力练习每个字的声调。练习时，可以先一个字一个字念，注意每个字读本调，讲求每个字必须到位。然后可以设计语境，表达出词的意义和色彩，注意声调配合时产生的变调现象，讲求四音节词的自然流畅，避免在语言表达时刻板僵死。

(1) 四声顺序词语组合

兵强马壮　飞檐走壁　灯红酒绿　花红柳绿　中流砥柱
新闻简报　千锤百炼　优柔寡断　山穷水尽　逍遥法外
光明磊落　英雄好汉　诸如此类　胸怀坦荡　瓜田李下

(2) 四声逆序词语组合

大好河山　厚古薄今　妙手回春　重点研究　暮鼓晨钟
万古长青　调虎离山　墨守成规　四海为家　破釜沉舟
耀武扬威　大雨瓢泼　热火朝天　顺理成章　袖手旁观

(3) 四字同调组合练习

① 阴阴阴阴组合

发音提示：四个阴平字相连，具体调值处理成 44,44,44,55。

公开招标　声东击西　居安思危　息息相关　卑躬屈膝
公交公司　忧心忡忡　江山多娇　珍惜光阴　春天花开

② 阳阳阳阳组合

发音提示：四个阳平字相连，具体调值处理成 34,34,34,35。

人民银行　民族团结　名存实亡　急于求成　文如其人
竭泽而渔　牛羊成群　名人名言　儿童文学　严格执行

③ 上上上上组合

发音提示：四个上声字相连，根据语法结构有不同处理，通常有两种。

第一种：具体调值处理成 211,34,34,214。

打洗脸水　省体改委　伪总统府

第二种：具体调值处理成 34,211,34,214

总统选举　岂有此理　打井引水　远景美好　产品展览

④ 去去去去组合

发音提示：四个去声字相连，具体调值处理成 53,53,53,51。

面面俱到　互利互惠　见利忘义　素质教育　对症下药
废物利用　热线电话　爱护备至　变幻莫测　创造纪录

(4) 四声交错组合练习

天长地久　虚怀若谷　班门弄斧　千言万语　画龙点睛
和风细雨　得心应手　龙飞凤舞　寻根问底　百炼成钢
统筹兼顾　古为今用　海枯石烂　眼花缭乱　琼楼玉宇
万马奔腾　信口开河　罪有应得　卧薪尝胆　杂乱无章

5. 声调绕口令

绕口令的练习由慢到快,在语速逐渐加快的过程中,注意声调到位的程度。

磨房

磨房磨墨,磨碎磨房一磨黑;小猫摸煤,煤飞小猫一毛煤。

洗席

一领细席,席上有泥。溪边去洗,溪洗细席。

梁木匠和梁瓦匠

梁木匠,梁瓦匠,两梁有事齐商量,
梁木匠天亮晾衣裳,梁瓦匠天亮量高粱。
梁木匠晾衣裳受了凉,梁瓦匠量高粱少了粮。
梁木匠思量梁瓦匠少了粮,梁瓦匠料想梁木匠受了凉。

漂破瓢

破瓢波上漂,波上漂破瓢。
波漂破瓢破瓢漂,瓢破波上漂破瓢。

妈妈骑马

妈妈骑马,马慢妈妈骂马;妞妞轰牛,牛拗妞妞拧牛;
舅舅捉鸠,鸠飞舅舅揪鸠;姥姥喝酪,酪落姥姥捞酪。

老师和老史

老师老是叫老史去捞面,老史老是没有去捞面,
老史老是骗老师,老师老是说老史不老实。

6. 诗词朗读

诗词集中体现了普通话抑扬顿挫的音乐美,这种音乐美也是构成生活语言美的要素,使生活语言具有美的特质。诗词的朗读,对于声调的训练尤为有效,诗词朗诵应加大声调的对比度,让四声

鲜明且到位,再逐渐把这种感觉移植到其他稿件或生活语言中,有助于培养播音专业良好的语感,同时也有助于体会声调对于语言表达鲜明的辅助作用。

泊秦淮　杜牧

烟笼寒水月笼沙,夜泊秦淮近酒家。
商女不知亡国恨,隔江犹唱后庭花。

登鹳雀楼　王之涣

白日依山尽,黄河入海流。
欲穷千里目,更上一层楼。

春晓　孟浩然

春眠不觉晓,处处闻啼鸟。
夜来风雨声,花落知多少?

寻隐者不遇　贾岛

松下问童子,言师采药去。
只在此山中,云深不知处。

7. 散文朗读

散文朗读的语速比日常谈话、新闻播报慢,因此在语流中,给声调的对比变化留出了相对较大空间,用散文朗读对声调进行训练也非常有效。朗读时,应特别注意声调对于语言色彩和语言表达的影响。

在存放鉴真遗像的那个院子里,几株中国莲昂然挺立,翠绿的宽大荷叶正迎风而舞,显得十分愉快。开花的季节已过,荷花朵朵已变为莲蓬累累。莲子的颜色正由青转紫,看来已经成熟了。

(节选自严文井《莲花和樱花》)

苏联诗人吉洪诺夫说:"只有用音乐才能传达汉语的声音。"意思是说,汉语的声音好像音乐那样好听,这话很对。你们听听这两句:"英雄好汉"、"钻研苦干"、"山河美丽"、"资源满地",多好听啊!

(节选自《我们祖国的语言》)

其实你在很久以前并不喜欢牡丹,因为它总被人作为富贵膜拜。后来你目睹了一次牡丹的落花,你相信所有的人都会为之感动:一阵清风徐来,娇艳鲜嫩的盛期牡丹忽然整朵整朵地坠落,铺撒一地绚丽的花瓣。那花瓣落地时依然鲜艳夺目,如同一只奉上祭坛的大鸟脱落的羽毛,低吟着壮烈的悲歌离去。

牡丹没有花谢花败之时,要么烁于枝头,要么归于泥土,它跨越委顿和衰老,由青春而死亡,由美丽而消遁。它虽美却不吝惜生命,即使告别也要展示给人最后一次的惊心动魄。

(节选自张抗抗《牡丹的拒绝》)

8. 新闻稿件播读

新闻播报语速偏快,但是信息的传达特别要求准确清晰。优秀的播音专业人员在快速播报时,吐字发音不走形,声调到位程度不受影响,体现出扎实的基本功,这是需要长时间练习才能做到的。

本台消息:第十三届中国戏剧节昨晚在江苏苏州开幕,未来半个多月里,全国35个艺术团体将为观众带来29台参评剧目和6台展演剧目,涉及昆剧、京剧、越剧等27个剧种。中国戏剧节是全国性的戏剧展演和评奖活动,每两年举办一次。

本台消息:汉英对照《大中华文库》今天整套在全球范围首发。该文库是我国历史上首次系统向全世界推出的中国古籍整理和翻译的重大文化工程,收录了我国历代文学、历史、哲学、经济、军事、科技等百余部经典著作。

四、音字词综合训练

这项训练目的是为了取得和稳定音准,要在具备语音知识的基础上进行。标准语音的发音要领参见本书普通话语音相关部分。这里着重来讲一讲练习材料的组织和练习的步骤问题。应该依照"普通话声韵配合表"中,21个声母39个韵母的拼合关系和四声的变化来组织练习材料,全面细致覆盖到普通话声韵的拼合。而且在练习过程中要把声、韵、调分别作为侧重点,逐步来展开。

1. 声母的练习

第一步应该依照声母的序列,先按照声母的发音部位和方法读准它的呼读音。然后读和它有拼合关系的不同韵母拼合成的音节,最后再读这些音节组成的词。比如声母 b 的练习,首先要发准它的呼读音,就是双唇阻不送气的塞音"bo",然后再读音节"八,白,保,闭,宾",最后再读这些音节组成的词"本部,辨别,标兵,必报,病变"。

2. 韵母练习

韵母练习也是一样,依照单韵母、复韵母、鼻韵母的序列先把韵母读准,然后读和它有拼合关系的不同声母拼合成的音节,最后再读这些音节组成的词。

3. 声调的练习

声调练习要在明确普通话四声调值的前提下进行。声调练习要先进行同声韵的四声练习,也就是单音节的练习,如"妈,麻,马,骂",然后再进行多音节的组合练习。

双音节组合练习的材料应该是由四种声调排列组合而成的,

这里共包括阴平、阳平、上声、去声分别起头的 16 种样式。另外，三音节词声调的把握难度稍大，是掌握普通话声调的难点，本书提供了三音节词声调练习材料，以便能够更加准确地学习普通话声调。多音节组合练习的材料还有以成语为主的四音节词，可以先按顺序组合进行练习，比如"兵强马壮"，再练逆序组合的，比如"逆水行舟"，最后进行交错组合的练习。

在进行多音节组合练习的时候，最好每个词读两遍。第一遍是单字慢读，就是所谓的夸张练习，声调不准的人还可以用手指按五度标记法所表明的调值比划着发音，比如说："兵—强—马—壮"。第二遍是组词快读，"兵强马壮"，快读的时候要注意到音变的问题，让声调准确而自然。

第四单元　语流音变

在语言表达过程当中,咬字器官为了配合得更加协调,或者为了适应不同语言环境和表情达意的需要,语音会发生相应变化。这些变化使得语言更流畅、更自然、更生动。判断语音是否标准和地道,一个重要标准就是看能否灵活掌握这种语言的语流音变。

在语流中,由于受到相邻音节音素和语言环境的影响,一些音节中的声母、韵母或声调会发生语音的变化,我们就称之为**语流音变**。普通话中最典型的语流音变是轻声、儿化、变调、语气词"啊"的音变以及轻重格式。

第一节　普通话轻声

一、普通话轻声认知

1. 轻声的概念

汉语中语词里的音节或者句子里的词失去了原有的声调,念成另一个较轻较短的音节,叫做**轻声**。[1]

2. 轻声的作用
(1)区别词性和词义
地道—地道　大意—大意　言语—言语　运动—运动

---

[1] 罗常培、王均:《普通语音学纲要》,商务印书出版社。

端详—端详　风光—风光　莲子—帘子　包含—包涵
报仇—报酬　笔试—比试　字据—字句　把守—把手

(2)使语言流畅自然

正在午后一点的时候,他又拉上个买卖。这是一天里最热的时候,又赶上这一夏里最热的一天,可是他决定去跑一趟。他不管太阳下是怎样的热了:假若拉完一趟而并不怎样呢,那就证明自己的身子并没坏;设若拉不下来这个买卖呢,那还有什么可说的,一个跟头栽死在那发着火的地上也好。

(节选自老舍《骆驼祥子》)

3. 轻声音节出现的规律

(1)语气词"吧、吗、啊、呢"等

例:好吧、是吗、你呢、走啦、来呀

他们由天上看到山上,便不知不觉地想起:明天也许就是春天了吧?这样的温暖,今天夜里山草也许就绿起来了吧?就是这点儿幻想不能一时实现,他们也并不着急,因为这样慈善的冬天,干什么还希望别的呢!

(节选自老舍《济南的冬天》)

(2)助词"着、了、的、地、得、们"等

例:跑着、去了、好的、快速地说、跑得快、你们

河中一道长虹,浴着朝霞熠熠闪光。哦,雄浑的大桥敞开胸怀,汽车的呼啸、摩托的笛音、自行车的丁零,合奏着进行交响乐;南来的钢筋、花布,北往的甘橙、家禽,绘出交流欢悦图……

(节选自郑莹《家乡的桥》)

(3)名词后缀"子、儿、头"等

例:孩子、鸟儿、上头

有经验的老农把雪比做是"麦子的棉被"。冬天"棉被"盖得越厚,明春麦子就长得越好,所以又有这样一句谚语:"冬天麦盖三层被,来年枕着馒头睡"。

(节选自峻青《第一场雪》)

(4) 重叠式名词或动词的后一个音节、叠音的亲属称谓、双音节形容词重叠第一个音节

例：宝宝、看看、爸爸、说说笑笑

捧着作文本，他笑了，蹦蹦跳跳地回家了，像只喜鹊。但他并没有把作文本拿给妈妈看，他是在等待，等待着一个美好的时刻。

(节选自张玉庭《一个美好的故事》)

(5) 表示趋向的动词、方位词或词素

例：头上、脚下、快下来

大街上的积雪足有一尺多深，人踩上去，脚底下发出咯吱咯吱的响声。一群群孩子在雪地里堆雪人，掷雪球儿，那欢乐的叫喊声，把树枝上的雪都震落下来了。

(节选自峻青《第一场雪》)

(6) "一""不"夹在重叠动词或形容词中间

看一看 瞧一瞧 尝一尝 同意不同意
好不好 忙不忙 高不高 整齐不整齐

(7) 口语色彩强的四音节词的第二个音节常常读轻声

稀里糊涂 啰里啰唆 糊里糊涂 慌里慌张 黑咕隆咚
黑不溜秋 小里小气

(8) 作宾语的人称代词

例：叫他、请你

(9) 约定俗成的轻声词

巴掌 葡萄 马虎 风筝 在乎 裁缝 扫帚 豆腐 体面 年成
烙铁 状元 差事 芍药 热闹 芥末 清楚 相声 干粮 咳嗽
和尚 鹌鹑 钥匙 文凭 云彩

二、普通话轻声发音要则

1. 轻声与"吃字"

在日常口语当中，轻声这种语流音变现象，其变化不仅体现在声音的强弱、长短和高低变化上，也发生了音色的变化。音色的变

化体现在声母、韵母的变化或缺失。这些弱化或者缺失现象造成了生活口语当中的"吃字",比如很多人来北京听不清售票员报站名,"吃字"是一个很主要的原因。如果广播电视有声语言用声不讲究轻声音节的清晰度,在语速偏快的情况下,势必产生更严重的"吃字",影响传播效果。因此,在读轻声的时候要保持该音节原有的声母和韵母的读音,只是读得轻些、短些,避免因"轻声"产生的"吃字"。

2. 轻声运用的规范
(1)有区别作用的轻声必须保留
例如:
言语(yán yǔ)——名词,指谈吐、说的话,如"言语得体""言语不凡"。
言语(yán yu)——动词,指说话、告诉,如"有需要言语一声"。
兄弟(xiōng dì)——指哥哥和弟弟,如"兄弟情谊"。
兄弟(xiōng di)——指弟弟,如"兄弟媳妇",是弟媳的意思。
这类词当中,轻声改变了词性或词义,如果读不准就会引起歧义。
(2)约定俗成的轻声必须保留
例如:馒头、饺子、漂亮、聪明、笑话、葫芦等等,这类词虽没有区别词性、词义的作用,如果不读轻声,人们也能听懂,但是听起来就不像普通话了,影响语音的纯度。
(3)注意语境和语体对轻声使用的限制
在广播电视有声语言中,轻声的实际使用受到语境和语体的限制。语言环境和语体越庄重、越严肃,轻声的使用越少,凡可轻可不轻的,就不读轻声,以保证语言的庄重性和权威感;相反,轻松、随意的语言环境和语体中,轻声的使用会有所增加,但是使用时应以清晰为原则,不能像生活口语中一样随意。

三、普通话轻声发音训练

1. 轻声的音高表现

所有的轻声音节发音都变得轻而短,但并非音高都相同。轻声音节在实际发音中有特定的音高表现,轻声音节在音高上的差别往往取决于前一个音节声调的高低。广播电视有声语言的规范应以此为标准,保证其清晰度,避免吃字现象。

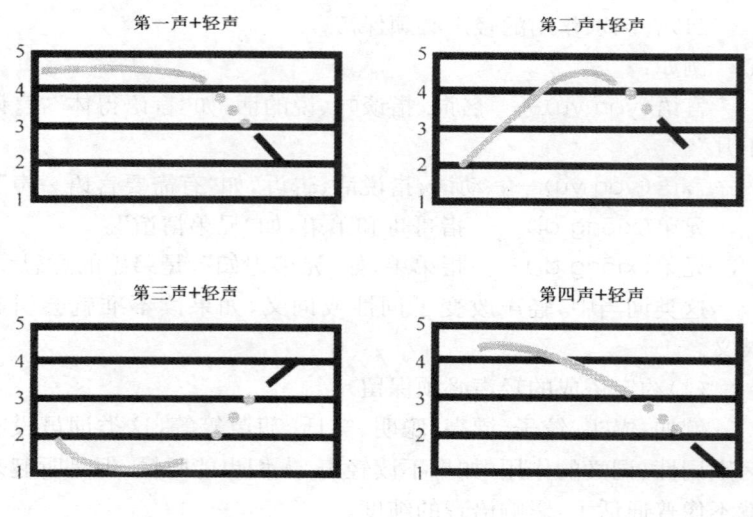

(1)阴平后面的轻声音节念半低调(2度)

包袱	铺盖	眯缝	吩咐	作坊	村子	塞子
答应	挑剔	妞妞	溜达	扎实	窗户	烧饼
扔了	交情	欺负	稀罕	甘蔗	窟窿	花哨

(2)阳平后面的轻声音节念中调(3度)

白净	盘算	苗条	福气	琢磨	财主	俗气
笛子	头发	能耐	累赘	宅子	柴火	石榴
人家	橘子	勤快	行李	格子	咳嗽	合同

(3)上声后面的轻声音节念半高调(4度)

本事	笸箩	牡丹	斧子	祖宗	踩着	嫂子
打量	妥当	女婿	领子	枕头	场子	使唤
软和	脊梁	曲子	喜欢	骨头	口袋	火候

(4)去声后面的轻声音节念低调(1度)

棒槌	漂亮	木匠	废物	自在	刺猬	岁数
动静	特务	念叨	利索	栅栏	畜生	世故
认识	嫁妆	亲家	秀才	告诉	快活	厚道

2. 多音节词语中连续两个轻声音节练习

发音提示：如果轻声后边再接一个轻声，第二个轻声依据第一个轻声字调的高低逐级下降一度。

下来吧	上头的	出去吧	起来了	看看吧	累得慌
拿起来	说出来	大师傅①	抬下去	站起来	熬过去
憋得慌	朋友们	免不得	没什么	走进去	坐下来
跳下去	听见了	女人家	拿起来	吃不得	乡亲们
告诉他	怪不得

3. 轻声综合训练

(1)绕口令

做买卖

买卖人做买卖，买卖不公没买卖，
没买卖没钱做买卖，买卖人做买卖得实在。

屋子里有箱子

屋子里有箱子，箱子里有匣子，匣子里有盒子，盒子里有镯子，

---

① 此处为厨师的意思。

镯子外面有盒子,盒子外面有匣子,匣子外面有箱子,箱子外面有屋子。

(2)篇章练习

盼望着,盼望着,东风来了,春天的脚步近了。一切都像刚睡醒的样子,欣欣然张开了眼。山,朗润起来了;水,涨起来了;太阳的脸,红起来了。

(节选自朱自清《春》)

秋天一定要住北平。天堂是什么样子,我不知道,但是从我的生活经验去判断,北平之秋便是天堂。论天气,不冷不热。论吃的,苹果、梨、柿子、枣儿、葡萄,每样都有若干种。论花草,菊花种类之多,花式之奇,可以甲天下。西山有红叶可见,北海可以划船——虽然荷花已残,荷叶可还有一片清香。衣食住行,在北平的秋天,是没有一项不使人满意的。

(节选自老舍《住的梦》)

第二节　普通话儿化

一、普通话"儿化"认知

1. 概念

儿化又称儿化韵,是普通话和某些汉语方言中的一种语音变化现象,即后缀"儿"字不自成音节,而同前面的韵母结合在一起形成儿化韵,发音时卷舌的音变现象。

如:"花儿"读成 huār,"门儿"读成 mér。

2. 儿化的作用

"儿化"在普通话里起着修辞和表示语法功能的作用。

(1)区分词性

盖(动词)——盖儿(名词)　　截(动词)——截儿(量词)

干(形容词)——干儿(名词)　　亮(形容词)——亮儿(名词)
零碎(形容词)——零碎儿(名词)
(2)区分词义及同音词
头(头部)——头儿(领导)　白面(面粉)——白面儿(毒品)
信(信件)——信儿(消息)　拉练(部队训练)——拉链儿(拉锁)
邮票(邮资已付的凭证)——油票儿(购买汽油、食油等的凭证)
(3)表示喜爱、亲切或轻蔑、鄙视等感情色彩
宝贝儿　热心肠儿　机灵鬼儿　小偷儿　小丑儿
(4)表示少或小的意思
头发丝儿　米粒儿　小葱儿　针尖儿　雨点儿
(5)儿化韵又叫小辙口,形成听觉上一种特殊的情趣
小小子儿,坐门墩儿,哭着喊着要媳妇儿。要了媳妇儿做什么?点上灯说话儿,吹了灯做伴儿,明个儿起来梳小辫儿。

二、"儿化"发音要则

1. 有区别作用的儿化必须保留
例如:
针眼——指毛囊炎,一种眼疾。如"眼睛长针眼了。"
针眼儿——指针鼻儿,或针扎过留下的小洞。如"线拆了,针眼儿还在。"
零碎——形容词,指零散细碎,如"零散时间"。
零碎儿——名词,指零散的东西,如"把这些零碎儿收起来"。
这类词当中,儿化改变了词性或词义,如果不读儿化就会引起歧义。

2. 约定俗成和有表情达意功能的儿化必须保留
例如:冰棍儿、好玩儿、玩意儿、遛弯儿、土豆儿、碱面儿等等,这类词虽没有区别词性、词义的作用,如果不读儿化,听起来就不像普通话了,影响语音的纯度,给人感觉语音不地道。

由于儿化有加强不同感情色彩的作用,因此在语言表达过程中,表情达意需要的儿化一定要保留。

3. 切忌乱用儿化

在学习普通话过程中,有人故意在许多词后面加儿化,以显示自己普通话很标准,这是一种误解。有些词,比如"肝脏"决不能发成"肝儿脏","葡萄"也不能发成"葡萄儿","大肠杆菌"不能说成"大肠杆儿菌"。不该用儿化的词,切忌乱用儿化。

4. 注意语境和语体对儿化使用的限制

和轻声一样,在广播电视有声语言中,儿化的实际使用也受到语境和语体的限制。语言环境和语体越庄重、越严肃,儿化的使用越少,凡可儿化可不儿化,就不读儿化,以保证语言的庄重性和权威感。比如"清早儿"、"绕口令儿"一类的词都可以不儿化;相反,轻松、随意的语言环境和语体中,儿化的使用会有所增加,但是使用时应注意把握儿化的度,舌太卷,或儿化过多,会给人感觉主持人过于随便、不严肃,因此不能像生活口语中一样随意。

三、"儿化"发音训练

1. 儿化的音变规律

(1)韵母或韵尾音素是 a、o、e、u 的,儿化时只在原韵母后加卷舌动作。

a[A]—ar[ɐ˞]①   刀把儿 戏法儿 找茬儿 腊八儿
ia[iA]—iar[iɐ˞]   豆芽儿 掉价儿 脚丫儿 人家儿
ua[uA]—uar[uɐ˞]   麻花儿 牙刷儿 笑话儿 香瓜儿

---

① 韵母 a[A]在卷舌时,舌位较原韵母偏央。(罗常培、王均编著:《普通语音学纲要》,第180页)

o[o]—or[oʴ]	耳膜儿	粉末儿	山坡儿	歪脖儿
uo[uo]—uor[uoʴ]	火锅儿	邮戳儿	被窝儿	花朵儿
ao[au]—aor[aɔʴ]①	红包儿	手套儿	口哨儿	熊猫儿
iao[iau]—iaor[iaɔʴ]	火苗儿	跑调儿	开窍儿	豆角儿
e[ɤ]—er[ɤʴ]	模特儿	饭盒儿	方格儿	风车儿
u[u]—ur[uʴ]	火炉儿	碎步儿	泪珠儿	括弧儿
ou[ou]—our[oʊʴ]	纽扣儿	门口儿	小丑儿	网兜儿
iou[iou]—iour[ioʊʴ]	加油儿	棉球儿	顶牛儿	套袖儿

（2）韵尾是 i、n 的（除 in、ün 外），儿化时失落韵尾,在主要元音上加卷舌动作。

ai[ai]—ar[ɐʴ]	名牌儿	鞋带儿	小孩儿	窗台儿
ei[ei]—ër[əʴ]②	刀背儿	摸黑儿	宝贝儿	眼泪儿
an[an]—ar[ɐʴ]	快板儿	老伴儿	脸蛋儿	心肝儿
ian[iɛn]—iar[iɐʴ]	小辫儿	雨点儿	聊天儿	心眼儿
en[ən]—ër[əʴ]	老本儿	别针儿	杏仁儿	后门儿
uei[uei]—uër[uəʴ]	土堆儿	跑腿儿	墨水儿	烟灰儿
uen[uən]—uër[uəʴ]	打盹儿	冰棍儿	开春儿	保准儿
uai[uai]—uar[uɐʴ]	土块儿	乖乖儿	一块儿	
uan[uan]—uar[uɐʴ]	茶馆儿	火罐儿	落款儿	遛弯儿
üan[yɛn]—üar[yɐʴ]	汤圆儿	烟卷儿	人缘儿	绕远儿

（3）韵尾是 ng 的,儿化时失落韵尾,韵腹鼻化。发音时,口腔、鼻腔同时共鸣,称作鼻音化,用 ⌢ 表示,并加卷舌动作。

ang[aŋ]—ãr[ãʴ]	药方儿	赶趟儿	香肠儿	肩膀儿
iang[iaŋ]—iãr[iãʴ]	鼻梁儿	透亮儿	花样儿	官腔儿
uang[uaŋ]—ãr[uãʴ]	蛋黄儿	天窗儿	打晃儿	眼光儿
eng[əŋ]—ẽr[ə̃ʴ]	钢镚儿	板凳儿	提成儿	门缝儿

① 带韵尾[u]的韵母儿化时,韵尾[u]的舌位都移向偏低位置,实际上是在念主要元音时卷舌,后边带一个 ɔʴ 或 ʊʴ。

② ë=[ə],这里用 ë 借以区别 e[ɤ]。

ing[iŋ]—iẽr[iə˞]　　　　水瓶儿　图钉儿　打鸣儿　电影儿
ueng[uəŋ]—uẽr[uə˞]　　小瓮儿　果冻儿　胡同儿　酒盅儿
iong[yŋ]—uẽr[yə˞]　　　小熊儿　叫穷儿

(4)韵母是 i、ü 的,儿化时韵母不变,i、ü 为主要元音加 er。
i[i]—iĕr[iə˞]　　　　　　玩意儿　针鼻儿　垫底儿　眼皮儿
ü[y]—üĕr[yə˞]　　　　　有趣儿　毛驴儿　小曲儿　金鱼儿

(5)韵母为 ê、-i 的,儿化时去掉 ê、-i 加 er,变化后的 e 为"中央 e",是主要元音。
ie[iɛ]—ier[iə˞]　　　　　半截儿　小鞋儿　台阶儿　树叶儿
üe[yɛ]—üer[yɜ˞]　　　　主角儿　皮靴儿　正月儿　空缺儿
-i[ɿ]—ĕr[ə˞]　　　　　　瓜子儿　没词儿　挑刺儿　铁丝儿
-i[ʅ]—ĕr[ə˞]　　　　　　记事儿　墨汁儿　锯齿儿　夜市儿

(6)韵母是 in、ün 的,儿化时失落韵尾,i、ü 为主要元音加 er。
in[in]—iĕr[iə˞]　　　　　有劲儿　水印儿　送信儿　树荫儿
ün[yn]—üĕr[yə˞]　　　　花裙儿　合群儿　喜讯儿

2. 儿化发音应注意的问题

(1)韵尾是 ng 的音节儿化如果不鼻音化会造成歧义
绳儿—神儿　棚儿—盆儿　杏儿—信儿　瓶儿—皮儿
缝儿—份儿　亮儿—链儿　腔儿—签儿　凉儿—帘儿
缸儿—肝儿　汤儿—摊儿　光儿—官儿　肠儿—茬儿

(2)儿化韵与非儿化韵的灵活运用

春　朱自清

　　桃树、杏树、梨树,你不让我,我不让你,都开满了花赶趟儿。红的像火,粉的像霞,白的像雪。花里带着甜味;闭了眼,树上仿佛已经满是桃儿、杏儿、梨儿。花下成千成百的蜜蜂嗡嗡地闹着,大小的蝴蝶飞来飞去。野花遍地是:杂样儿,有名字的,没名字的,散在草丛里,像眼睛,像星星,还眨呀眨的。

(节选自朱自清《春》)

3. 儿化发音综合训练

(1)绕口令

奶奶想说

圆桌儿、方桌儿没有腿儿,墨水瓶儿里没有水儿,花瓶里有花儿没有叶儿,练习本儿上写字儿没有准儿,甘蔗好吃净是节儿,西瓜挺大没有味儿,坛子里的小米儿长了虫儿,鸡毛掸子成了棍儿,水缸沿儿上系围群儿,耗子打更猫打盹儿,新买的小褂儿没钉扣儿,奶奶想说没有劲儿。

乐得我合不上嘴儿

乐得我天天儿合不上嘴儿,忙得我早晚儿歇不了腿儿,东家请我描花样儿,西家让我挑桶水儿,老太太短不了我帮忙儿,小孩儿们缠着我讲故事儿,哪家婆媳拌了嘴儿,我还得去当个调停人儿。

(2)篇章练习

茅檐下的雨水,一滴一滴地落到衣上来。土阶边的水泡儿,泛来泛去地乱转。门前的麦垄和葡萄架子,都灌得新黄嫩绿的非常鲜丽。一会儿好容易雨晴了,连忙走下坡儿去。迎头看见月儿从海面上来了,猛然记得有件东西忘下了,站住了,回过头来。这茅屋的老妇人——她倚着门儿,抱着花儿,向着我微微地笑。

(节选自冰心《笑》)

最妙的是下点儿小雪呀。看吧,山上的矮松越发的青黑,树尖儿上顶着一髻儿白花,好像日本看护妇。山尖儿全白了,给蓝天镶上一道银边。山坡上,有的地方雪厚点儿,有的地方草色还露着;这样,一道儿白,一道儿暗黄,给山们穿上一件带水纹儿的花衣;看着看着,这件花衣好像被风儿吹动,叫你希望看见一点儿更美的山的肌肤。等到快回落的时候,微黄的阳光斜射在山腰上,那点儿薄雪好像忽然害了羞,微微露出点儿粉色。就是下小雪吧,济南是受不住大雪的,那些小山太秀气!

(节选自老舍《济南的冬天》)

第三节 变调

音节在连读时,相邻音节声调发生变化的现象叫**变调**。普通话中的变调主要包括上声变调、去声变调、"一"和"不"的变调以及重叠形容词的变调。

一、上声变调

(1)上声音节单念或在句尾时不变仍读本调。如:"本"、"书本"。

(2)上声音节在非上,即阴平、阳平、去声和轻声音节前,其调值 214 变为 21,也记作 211(即所谓"半上")。

上+阴:	北京	火车	许多	广播	领先
	启发	百般	省心	海关	典章
上+阳:	祖国	改革	法庭	导航	草原
	品格	朗读	扫描	满足	感觉
上+去:	品位	广大	胆量	晚会	美丽
	坦率	感谢	保护	彩色	土地
上+轻:	好吧	打听	我的	讲究	喇叭
	比方	耳朵	稿子	脊梁	嘴巴

(3)上声音节与上声音节相连,前面一个音节的调值由 214 变为接近 35(即所谓阳上)。

矮小 北纬 比拟 龃齿 褴褛 本领 匕首 处理 梗阻 拱手
骨髓 果脯 海藻 济济 给予 尽管 矩尺 可鄙 懒散 勉强
矢口 数九 菱藕 侮辱 窈窕 咫尺 准予 总得 铁轨 请柬

(4)三个上声相连,变调规律如下:
①单双格(211,35,214)
党小组　李厂长　小拇指　老保守　很友好
纸老虎　冷处理　老古董　纸雨伞　水产品
②双单格(35,35,214)
选举法　古典美　勇敢者　管理组　洗脸水
演讲稿　保守党　领导组　展览馆　处理品
(5)多个上声字相连练习
①我买把小雨伞给你。
②请赶紧找点草稿纸给我打草稿。
(6)句段练习
中共中央总书记、国家主席胡锦涛今天下午在人民大会堂与老挝人民革命党中央委员会总书记、国家主席朱马利·赛雅颂举行会谈。双方高度评价中老两党两国关系,一致同意,继往开来、携手努力,多做实事、深化合作,推动两党两国全面友好合作关系迈上新的台阶。

二、去声变调

去声音节在非去声音节前一律不变。在去声音节前则由全降变成半降,即调值由51变成53。例如:记录、摄像、电话、报告。

1. 双音节词练习
备注　泡沫　庙会　复位　载客　翠绿　色素　大陆
特护　怒放　烙印　账户　倡议　少将　热线　降落
劝告　现状　顾问　看透　贺岁

2. 多音节词语练习
重要的是切莫忘记过去的教训。
建立技术干部档案的重要性。

三、"一"的变调

1. 规律
(1)非去声音节前变去声。
一心 一身 一杯 一边 一根 一般 一同 一旁 一直
一时 一齐 一盒 一本 一口 一手 一统 一准 一体
(2)去声音节前变阳平。
一气 一律 一共 一旦 一样 一再
一定 一路 一道 一切 一半 一概
(3)夹在重叠词中间念轻声。
唱一唱 跳一跳 说一说 笑一笑 来一碗
(4)"一"单念或在序数词中仍读本调阴平,例如"一、第一"。

2. 练习
(1)绕口令

一心一意

干什么工作都要一心一意,表里如一,言行一致,一丝不苟。情绪不能一高一低,一好一坏,一落千丈,一蹶不振。做事必须一是一,二是二,一清二楚,说一不二,以一当十,即便一无所有,也要一分为二,要一不做,二不休;一不怕苦,二不怕累,不屈不挠,一切从零开始;决不能一而再,再而三地叫人摇头说不字。

(2)古诗

"一"字诗　陈沆

一帆一桨一渔舟,一个渔翁一钓钩。
一俯一仰一场笑,一江明月一江秋。

四、"不"的变调

1. 规律
（1）"不"字单用或在词句末尾，以及在阴平、阳平、上声前念本调——去声。例如："不、我不、不说、不能"。
（2）在去声音节前变阳平。
不便　不过　不幸　不够　不屑　不当　不适　不备
不必　不测　不快　不愧　不力　不料　不妙　不配
（3）夹在词语中间念轻声。
去不去　行不行　走不走　看不见　吃不完

2. 四音节词练习
不负众望　不尴不尬　不管不顾　不哼不哈　不卑不亢
不偏不倚　不破不立　不屈不挠　不三不四　不声不响
不痛不痒　不闻不问　不折不扣

五、重叠形容词、动词的变调

（1）单音节形容词重叠，重叠部分可变成阴平，也可不变，如果带儿化有时变为阴平。
高高的　空空的　甜甜的　凉凉的　美美的　暖暖的　淡淡的
硬硬的　远远儿的　慢慢儿的　好好儿的　满满儿的　饱饱儿的
（2）ABB式形容词，后面的重叠部分可变为阴平，也可不变。
亮堂堂　软绵绵　香喷喷　热腾腾　红彤彤　蓝莹莹　绿油油
黑洞洞　懒洋洋　毛茸茸　沉甸甸　火辣辣　笑吟吟　明晃晃
慢腾腾　孤零零　笑咧咧　水淋淋　雾茫茫　灰蒙蒙　黑黝黝
（3）双音节形容词或动词重叠AABB式，第一个音节重叠部分轻读，后一个音节及其重叠部分变成阴平，也可以不变。
鼓鼓囊囊　老老实实　亮亮堂堂　大大咧咧　严严实实

马马虎虎　客客气气　高高兴兴　热热闹闹　嘻嘻哈哈
打打闹闹　蹦蹦跳跳　说说笑笑　密密麻麻　大大小小

六、变调综合练习

　　大雪整整下了一夜。今天早晨,天放晴了,太阳出来了。推开门一看,嗬! 好大的雪啊! 山川、河流、树木、房屋,全都罩上了一层厚厚的雪,万里江山,变成了粉妆玉砌的世界。落光了叶子的柳树上挂满了毛茸茸亮晶晶的银条儿;而那些冬夏常青的松树和柏树上,则挂满了蓬松松沉甸甸的雪球儿。一阵风吹来,树枝轻轻地摇晃,美丽的银条儿和雪球儿簌簌地落下来,玉屑似的雪末儿随风飘扬,映着清晨的阳光,显出一道道五光十色的彩虹。

(节选自峻青《第一场雪》)

第四节　语气词"啊"的音变

　　"啊"作为感叹词用在句前,仍发"a"音。如果用在句尾,因受它前面音节收尾音素的影响会发生不同音变。如果是语气助词,用在句尾,因受它前面音节收尾音素的影响会发生不同音变。变化的原则是依据前一个字的收尾音素顺势而发。

一、规律

　　(1)前一音节收尾音素是 a、o(ao、iao 除外)、e、ê、i、ü 时,"啊"读作 ya。

喝茶啊	快划啊	回家啊	种花啊
上坡啊	菠萝啊	广播啊	大伙啊
合格啊	祝贺啊	唱歌啊	黄河啊
早起啊	可爱啊	快来啊	喝水啊
逛街啊	快写啊	白雪啊	节约啊
你去啊	金鱼啊	有余啊	扫雪啊

(2)前一音节收尾音素是 u 时(包括 ao、iao),"啊"读成 wa。

别哭啊　好笑啊　跳舞啊　快走啊

(3)前一音节收尾音素是 n 时,读成"na"。

咱们啊　真准啊　好人啊　弹琴啊

(4)前一音节收尾音素是 ng 时,"啊"读成 nga。

小熊啊　好清啊　动听啊　是冷啊

(5)前一音节收尾音是-i(舌尖前特殊元音)、r 和 er(包括儿化韵)时,"啊"读成 za。

写字啊　几次啊　自私啊　工资啊

(6)前一音节收尾音素是-i(舌尖后特殊元音)时,"啊"读成 ra。

节日啊　老师啊　小曲儿啊　女儿啊

二、练习

1. 绕口令

鸡鸭猫狗

鸡啊、鸭啊、猫啊、狗啊,一块儿在水里游啊!牛啊、羊啊、马啊、骡啊,一块进鸡窝啊!狼啊、虎啊、熊啊、豹啊,一块儿在街上跑啊!兔儿啊、鼠儿啊、虫儿啊、鸟儿啊,一块儿上窗台儿啊!

张果老

啪!啪!啪!谁啊?张果老啊!怎么不进来啊?怕狗咬啊!衣兜里装的是什么啊?大酸枣啊!怎么不吃啊?怕牙倒啊!胳肢窝里夹的什么啊?破棉袄啊!怎么不穿上啊?怕虱子咬啊!怎么不叫你老伴儿拿拿啊?老伴儿早死了!你怎么不哭啊?盆儿啊!罐儿啊!我的老伴儿啊!

2. 篇章练习

这些孩子啊,真是可爱啊!你看啊,他们多高兴啊!他们写字啊,作诗啊,画画儿啊,还有各种运动啊,老师教得多好啊!下了课啊,他们唱啊、跳啊,多幸福啊!简直像一群小鸟儿啊!

第五节 轻重格式

在汉语普通话及各方言中,由于词义或情感表达的需要,一个词中的各个音节有着约定俗成的轻重强弱的差别,称为**词的轻重格式**。我们将短而弱的音节称为轻,长而强的音节称为重,介于二者之间的称为中。

我们要把每个词都说得清楚而自然,就必须掌握词的轻重格式,符合普通话的要求。词的轻重格式虽然是约定俗成,但它不是绝对不变的,词的轻重格式要受语句目的制约,所以在语流中我们往往会遇到原来的轻重格式被打破、被改变的现象,这也是正常的。

一、双音节词的轻重格式

在普通话中,双音节词轻重格式有三种,其中以中重格式最多。

1. 中重格式

波浪　跑道　马帮　附录　再会　草原　赛跑
冬眠　停泊　农耕　隆冬　专稿　畅游　视频
日报　剪彩　契税　雪莲　轨道　空白　汉字

2. 重中格式

变化　僻静　脉络　风气　自然　错误　素材

动力　特色　难点　浪漫　主人　颤动　设备
人口　节目　气味　消化　干部　宽容　涵养

3. 重轻格式
扁担　盘算　名堂　废物　作坊　凑合　思量
打量　头发　暖和　篱笆　帐篷　称呼　石榴
认识　街坊　清楚　秀才　甘蔗　快活　活泼

二、三音节词的轻重格式

普通话三音节词轻重格式一般有三种。

1. 中中重
白兰地　抛物线　马后炮　风景线　赞美诗　踩高跷　三字经
短平快　檀香扇　年夜饭　立交桥　中华鲟　垂杨柳　石拱桥
润滑油　甲骨文　潜台词　向日葵　高蛋白　口头禅　红绿灯

2. 中重轻
把兄弟　票贩子　没商量　犯嘀咕　做买卖　凑热闹　腮帮子
电烙铁　糖葫芦　扭秧歌　癞蛤蟆　找麻烦　车轱辘　说笑话
软骨头　卷铺盖　秋庄稼　小便宜　鬼主意　扣帽子　胡萝卜

3. 中轻重
拨浪鼓　泡泡糖　蘑菇云　犯不着　走着瞧　裁缝铺　扫帚星
豆腐渣　筒子楼　娘娘腔　喇叭花　芝麻官　差不多　势利眼
认识论　机灵鬼　俏皮话　乡巴佬　功夫茶　窟窿眼（儿）　狐狸精

三、四音节词的轻重格式

四音节词的轻重格式较为复杂，一般认为与其结构关系有关。

普通话四音节词轻重格式一般可分为三种。

1. 中重中重

标新立异　旁征博引　美轮美奂　纷至沓来
载歌载舞　粗茶淡饭　四通八达　刀耕火种
天涯海角　南腔北调　厉兵秣马　张灯结彩
唇亡齿寒　善始善终　人杰地灵　价廉物美
弃暗投明　心驰神往　国泰民安　开源节流
鹤发童颜

2. 重中中重

不约而同　疲于奔命　木已成舟　付之东流
在所不辞　词不达意　死得其所　多此一举
天伦之乐　耐人寻味　了如指掌　朝不保夕
赤子之心　身不由己　如虎添翼　寄人篱下
前所未有　喜出望外　过犹不及　刻不容缓
狐假虎威

3. 中轻中重

迫不及待　说不过去　老实巴交　稀里糊涂
嘀里嘟噜　慌里慌张　大大方方　说说笑笑

第五单元　语音问题矫治

第一节　语音问题矫治要则

一、什么是语音问题

语音问题包括读音问题和发音问题两个方面。读音问题指不知道一个字应该读什么音，如一些方言区的人学习普通话不知道哪些字是前鼻音、哪些字是后鼻音，或者哪些是平舌音、哪些是翘舌音，须查字典确认，这些都属于读音问题。发音问题是指发音人在知道读音的情况下仍然不会发音或发错音，包括发音部位、发音方法不正确等产生的语音问题。

二、判断语音的两个标准

对于普通话语音，我们提出两个层面的判断标准。

第一个标准是"准不准"，指发音的正确与否，发音部位、发音方法、唇形、舌位等是否准确到位。

第二也是判断艺术语言工作者发音的标准，即"美不美"，在正确、准确的前提下强调发音的品质，包括更高的清晰度、更高的自如程度等等，要求能够满足艺术语言发声和表情达意的需要。

三、语音矫治应注意的问题

1. 不提倡机械发音

正确的发音部位是一个"区域",而不是一个僵死不动的"点",每个人口腔的构造不同,所处的语境时刻在变化,要求每个人在任何情况下都在某一个位置发音是不科学的,应该以"音准"为前提,在一个可允许的范围内,找到自己发音最准的发音位置,并且有能力根据语境和表情达意的要求,在这个可允许的范围内进行变化。"准不准"是可以在一个范围内调节的,不是一成不变地、死板地理解"准确"这一标准,我们不提倡机械发音,在这个问题上应有一定的宽容度。

2. 解决不同层面问题的原则

对于解决"准不准"的问题,我们提出要拉大距离,解决"美不美"的问题,要缩小距离。意思是,对于发音不准的矫治,应该加大准确读音和不准确读音的对比度,适度夸张做发音比较,以便更快找到正确读音的发音状态;对于发音不美的矫治,应该在准确的基础上,随着发音熟练程度的增加,使发音向更和谐、更自然的层面迈进,不能生硬。

3. 增强听辨能力、一步到位解决语音问题

语音问题的矫治还特别强调发音人的听辨能力,如果听不出语音是否"准"、是否"美",自己就很难实现语音问题的矫治。而语音的矫治必须遵循一步到位的原则,如果不到位,即便是很接近正确状态,还等于是错误的,这样的练习无异于重复和巩固错误,毫无积极意义。语音问题的解决是打歼灭战,应短平快,但效果要长期巩固。

第二节　声母问题矫治

一、尖音问题的矫治

1. 什么是尖音问题及矫治方法

(1)什么是尖音问题

尖团音是尖音和团音的合称。尖音指声母 z、c、s 同 i、ü 或 i、ü 开头的韵母相拼;团音指声母 j、q、x 同 i、ü 或 i、ü 开头的韵母相拼。在某些方言中,在京剧的念唱中,仍然有尖、团音之别。

普通话中声母 z、c、s 和 i、ü 或 i、ü 起头的韵母没有拼合关系,而 j、q、x 则可以。发音时,声母 j、q、x 同 i、ü 或 i、ü 开头的韵母相拼,发成 z、c、s 同 i、ü 或 i、ü 开头的韵母相拼,就会产生尖音问题。尖音问题更多的是带有尖音表现的吐字偏前的现象。

尖音问题的产生既有历史原因,也带有明显的地域特征,还有些女性由于想表现得较为温柔、优雅,因此说话时尽量使口腔开度小一些,致使发音部位偏前产生尖音。尖音的产生从语音学角度看与发音部位有关。舌面阻声母 j、q、x 是由舌面前部与硬腭形成阻碍成声的,而有些人在发这组音时,习惯性地用舌尖去和硬腭前成阻,产生了尖音色彩。

(2)矫治尖音问题的方法

①加强听辨能力。

先分辨出正确的团音的发音和尖音的区别,并认识到尖音影响到普通话语音的纯度,致使发音不干净、不柔和。

②正确掌握舌面阻声母 j、q、x 的发音部位。

j、q、x 的发音部位是舌面前部和硬腭前部成阻,而非舌尖和硬腭前部成阻。为了找到正确的位置,可以做以下三种比较:

第一,团音与夸张的尖音相比较。

团音的发音部位是舌面前和硬腭前部,此时,舌尖是下垂的,发音时舌尖不形成阻碍；而尖音的发音会感觉到是由舌尖形成阻碍的发音部位。

第二，舌面音与舌尖阻声母的比较。

也就是 j、q、x 和舌尖前阻声母 z、c、s，舌尖中阻声母 d、t、n、l，舌尖后阻声母 zh、ch、sh、r 相比较。通过舌尖阻声母的发音，体会普通话中舌尖成阻的声母是哪些，体会舌尖音和舌面音的不同发音部位。

第三，发音部位重新排队。

一直以来学习普通话声母是按照《汉语拼音方案》确定的顺序来发音的，即 b、p、m、f、d、t、n、l、g、k、h、j、q、x、zh、ch、sh、r、z、c、s。这个排序中，发音部位忽前忽后，不利于帮助学生建立起发音部位的概念。因此我们按照发音部位逐步后移的顺序将普通话声母重新排列，便于体会舌尖、舌面的不同位置形成阻碍，以后带前、矫枉过正，这样会更准确地找到舌面音的发音部位，更有效地矫治尖音问题。事实上，我们在本书练习材料的选编过程中，一直是按照以下的顺序排列的。

双唇阻→唇齿阻→舌尖前阻→舌尖中阻→舌尖后阻→舌面阻→舌根阻

```
b            z       d      zh             j       g
p     →  f   c   →   t   →  ch      →      q   →   k
m            s       n      sh             x       h
                     l      r
```

2. 尖音问题矫治训练

(1) 舌面阻声母加强练习

① 双音节词连用练习

j—q 剑鞘 技巧 加强 激情 奖券 截取 景区 娇气 锦旗 捐躯
j—x 家乡 觉醒 尽兴 极限 景象 叫嚣 见习 揭晓 江西 即兴
q—j 奇迹 栖居 勤俭 契机 请教 强劲 前景 切忌 请教 群居
q—x 趋向 逡巡 情绪 确信 窃喜 气息 迁徙 侨乡 洽询 琴弦
x—j 湘江 邪教 席卷 夏季 选举 宵禁 刑警 新疆 衔接 雪茄

x—q 寻求 小巧 心情 绣球 序曲 星球 象棋 雪橇 蟹青 喜鹊
②绕口令

漆匠和锡匠(j、q、x)

七巷住着一个漆匠,西巷住着一个锡匠,
七巷的漆匠找西巷的锡匠,
说西巷的锡匠偷了七巷漆匠的漆,
西巷的锡匠找七巷的漆匠,
说七巷的漆匠偷了西巷的锡匠的锡。
大伙齐心来评理,看是七巷的漆匠偷了西巷的锡匠的锡,
还是西巷的锡匠偷了七巷的漆匠的漆。

③新闻
济南空军坠毁战机型号为歼教7战斗教练机

新浪网消息:5月6日,济南航空兵一架歼教7型教练机坠毁,飞行员冯思广为避免飞机坠毁在人口稠密地区,错过了弹射跳伞的最佳时机而牺牲。这次事故同时也让中国的教练机队伍备受关注。实际上,由于受发动机影响,中国空军至今始终未有一款理想的高级教练机。

(2)舌面阻与舌尖前阻声母对比练习
①双音节词连用练习
j—z 抉择 基座 酱紫 家族 建造 讲座 饺子 节奏 竞走 浸渍
q—c 青草 凄惨 芹菜 取材 切磋 憔悴 潜藏 枪刺 穹苍 群策
x—s 徇私 潇洒 相似 习俗 相思 线索 虚岁 辛酸 消散 选送
②绕口令

织丝狮子

试把四十三支极细极细的紫丝线,
试织三十四只极细极细的紫狮子。
细紫线试织细紫狮子,细紫丝线却织成了死紫狮子。
细紫狮子织不成,扯断了细紫丝线四十三支。

(3)舌面阻与舌尖后阻声母对比练习

① zh—j j—zh

双音节词连用练习

拯救 卓绝 知己 阵脚 湛江 逐渐 终究 折价 召见 章节
角逐 居住 脊椎 静止 介质 吉兆 家宅 简装 奖章 狡诈

双音节词对比练习

密集—密植 杂志—杂技 就业—昼夜 标志—标记
边际—编制

绕口令

鸡道鸭道

鸡道、鸭道,不知道,七道、八道,不迟到。
细席、粗席,四时席,舌面、翘舌,分仔细。
金心不是真心,秋千不能抽签,新鲜才入深山。

②ch—q q—ch

双音节词连用练习

春秋 产权 重庆 出勤 抽签 持枪 差遣 炒青 长拳 传奇
驱除 前程 清澈 切齿 启程 秦川 翘楚 秋蝉 全程 雀巢

双音节词对比练习

浅明—阐明 砖墙—专长 长生—强生 池子—旗子
船身—全身

绕口令

砌池子

砌池子,砌方池子,砌长池子,砌长方池子。

③ sh—x x—sh

双音节词连用练习

刷新 盛夏 赏析 属性 首相 实效 纱线 筛选 绍兴 扇形
修饰 斜射 姓氏 娴熟 学识 信使 巡视 系数 下属 宣誓

双音节词对比练习

逍遥—烧窑 姓名—盛名 修饰—收拾 希望—失望
香液—商业

绕口令

莫把电视说"电戏"

开电视,看电视,莫把电视说"电戏"。

若把电视说"电戏",是你不分"视"和"戏"。

二、平翘不分的矫治

平翘不分指舌尖前阻声母与舌尖后阻声母发音混淆。平翘舌的区别在于发音成阻部位不同,发平舌音舌尖抵住或接近上门齿背成阻,而发翘舌音时舌尖抵住或接近硬腭前部成阻。以下对比训练有助于矫治平翘不分的问题。

1. z—zh zh—z

(1)双音节词连用练习

作者 杂志 组织 宗旨 资质 尊重 赞助 栽种 增值 紫竹
转载 制作 知足 沼泽 种族 振作 装载 准则 正宗 主宰

(2)双音节词对比练习

宗旨—终止 阻力—主力 资源—支援 栽花—摘花
皂片—照片

(3)绕口令

撕字纸

刚往窗上糊字纸,你就隔着窗子撕字纸。

一次撕下横字纸,一次撕下竖字纸。

横竖两次撕了四十四张湿字纸。

是字纸你就撕字纸,

不是字纸你就不要胡乱撕一地纸。

2. c—ch ch—c
(1)双音节词连用练习
采茶 磁场 仓储 促成 操场 辞呈 草创 刺穿 财产 餐车
差错 纯粹 虫草 春蚕 储存 筹措 揣测 车次 船舱 楚辞
(2)双音节词对比练习
木材—木柴 鱼刺—鱼翅 推辞—推迟 新村—新春 促动—触动
(3)绕口令

比赛晒白菜

大柴和小柴,比赛晒白菜。
大柴晒大白菜,小柴晒小白菜。
大柴晒了四十斤大白菜,
小柴才晒十四斤小白菜。

3. s—sh sh—s
(1)双音节词连用练习
赛事 随时 丝织 松鼠 诉说 桑葚 损伤 素食 飒爽 算术
深思 上诉 疏散 绳索 时速 伸缩 输送 守岁 上司 深邃
(2)双音节词对比练习
搜集—收集 散光—闪光 四季—世纪 诉说—述说
三角—山脚
(3)绕口令

三山撑四水

三山撑四水,四水绕三山,
三山四水春常在,四水三山四时春。

4. 舌尖前阻声母加强练习

(1) 双音节词连用练习

z、c 造次 资财 再次 遵从 座次 杂草 则从 在此 赞辞 足彩
z、s 赠送 赞颂 曾孙 走私 阻塞 杂色 再三 赞颂 棕色 作祟
c、z 错综 操纵 草籽 擦澡 词组 测字 才子 参赞 催租 存在
c、s 才思 词素 测算 蚕桑 沧桑 村俗 草酸 猝死 挫损 从速
s、z 桑梓 色泽 塑造 嗓子 所在 私自 随葬 三资 塞族 松子
s、c 酸菜 宋词 色彩 桑蚕 素材 三寸 艘次 酥脆 随从 宋磁

(2) 绕口令

做早操

早晨早早起,早起做早操。
人人做早操,做操身体好。

三哥三嫂子

三哥三嫂子,借我三斗三升酸枣子。
秋天收了酸枣子,就还三哥三嫂子,
三斗三升酸枣子。

三、n-l 不分的矫治

n-l 不分指舌尖中阻浊鼻音和舌尖中阻浊边音发音混淆。n 和 l 都是舌尖中阻声母,成阻部位相同,但是两个音发音方法不同。发鼻音 n 时,软腭下垂,鼻腔通路打开;声带颤动,气流同时到达口腔和鼻腔,在口腔受到阻碍,转从鼻腔透出成声。发边音 l 时,软腭抬起,关闭鼻腔通路;声带颤动;气流到达口腔后从舌头与两颊内侧形成的空隙通过后由口部透出而成声。从发音的感觉上,发边音 l,舌的力度较为松弛;发鼻音 n,舌头相对力度大。

1. 双音节词连用练习

年龄 尼龙 纳凉 浓烈 牛郎 奶酪 内陆 闹铃 难料 能力
冷暖 辽宁 理念 老农 落难 连年 两难 烂泥 留念 龙年

2. 双音节词对比练习

留念—留恋 难色—蓝色 女徒—旅途 牛年—流年
凝脂—灵芝

3. 绕口令

牛郎恋刘娘

牛郎年年恋刘娘,刘娘连连念牛郎,
牛郎恋刘娘,刘娘念牛郎,郎恋娘来娘念郎。

碾牛料

牛拉碾子碾牛料,碾完了牛料留牛料。

四、f-h 不分的矫治

在一些方言中,声母 f 与 h 发音有混淆现象,不是都发成某个音,就是混淆使用。另外,两个音单发虽并不难,但是 f 与 h 快速连读时非常拗口,容易出错,因此有必要加强两个音的辨读训练。

1. 双音节词连用练习

奉还 富含 防护 繁华 反悔 风寒 腐化 分红 防火 负荷
焕发 花费 恢复 荒废 划分 豪放 洪福 汇费 鹤发 混纺

2. 双音节词对比练习

开发—开花 幅度—弧度 公费—工会 防空—航空

飞机—灰鸡　发展—花展　复员—互援　分配—婚配
肩负—监护　伏案—湖岸

3. 绕口令

化肥

化肥会挥发。黑化肥发灰,灰化肥发黑。
黑化肥发灰会挥发,灰化肥挥发会发黑。
黑化肥发灰挥发会花飞。

五、r-l 不分的矫治

r-l 不分的现象出现在一些方言中,影响普通话的准确发音。同时这组音也是外国留学生掌握标准普通话的难点音。

两个音的区别首先是发音部位不同,发声母 r,舌尖向前上方接近硬腭前端,形成适度的间隙;而发声母 l 时,舌尖必须抵住上齿龈的后部,阻塞气流从口腔中路通过的通道,软腭上升。其次两个音发音方法不同,r 是擦音,气流从成阻部位间隙轻微摩擦成声;l 是边音,气流到达口腔后从舌头与两颊内侧形成的空隙通过而成声。

1. 双音节词连用练习

日历　扰乱　人伦　热烈　容量　蹂躏　染料　入流　锐利　软肋
蜡染　落日　缭绕　腊肉　利润　了然　鹿茸　老弱　凛然　乱扔

2. 双音节词对比练习

入股—露骨　柔道—楼道　饶恕—老鼠　热土—乐土
日志—立志

3. 绕口令

晒得心里好难受

真叫热,晒人肉,晒得心里好难受。
晒人肉,好难受,晒得头皮直发皱。

六、r-y 不分的矫治

r-y 不分指 r 和 i 以及以 i 开头的零声母音节混淆,这种现象出现在一些方言中,影响普通话的准确发音。同时这组音也是外国留学生掌握标准普通话的难点音。

虽然一个是辅音,一个是元音,但是两个音发音时舌用力的点不对就会造成混淆。辅音 r 是舌尖用力前伸接近硬腭前端,元音 i 则是舌面前部隆起,练习时应注意区分舌的不同用力位置。

1. 双音节词连用练习

儒雅 容颜 人员 如愿 日夜 热饮 肉眼 燃油 锐意 软硬
依然 阴柔 宜人 翌日 洋人 鸭绒 椰肉 妖娆 岩溶 引入

2. 双音节词对比练习

任课——印刻 柔光——油光 日工——义工 热风——夜风
人丁——银钉

3. 绕口令

买油又买肉

老舅进城看老六,老六高兴买油又买肉。买完了油和肉,老六就要走,老板说:"你给了油钱没给肉钱。"老板娘说:"你给了肉钱没给油钱。"老六说:"我给了油钱也给了肉钱。"

第三节 韵母问题矫治

一、齐撮不分的矫治

齐撮不分是指齐齿呼韵母和撮口呼韵母的混淆。i 为展唇元音，ü 为圆唇元音，嘴唇要撮起。这组音分辨的难点在于撮唇，尤其是在语流当中，撮口呼韵母要做到发音快速、准确、清晰是不太容易的。练习时需要注意嘴唇的外缘不可拢起，而要依靠内缘拢起，这样既简化了动作，有利于快速撮唇，而且会使字音更加清晰。

1. i—ü
（1）双音节词连用练习
抑郁　碧玉　批语　谜语　地狱　体育　礼遇　继续　奇遇　崎岖
雨衣　绿地　律己　履历　举例　拘役　据悉　躯体　曲艺　续集
（2）双音节词对比练习
意见—遇见　移民—渔民　办理—伴侣
分期—分区　季节—拒绝　气象—去向

2. ie—üe
（1）双音节词连用练习
灭绝　铁血　列缺　节约　解决　借阅　节略　孑孓　协约
诀别　越野　月夜　决裂　确切　血液　学业　雪野　雪夜
（2）双音节词对比练习
夜色—月色　切实—确实　茄子—瘸子
大写—大雪　蝎子—靴子　协会—学会

(3) 句段

节约注重细节,如今这家企业每个月能回收200吨铁屑,节电3万度、节水15000吨;今年前两个月,通过节能降耗实现效益近百万元。

3. in—ün
(1) 双音节词连用练习
音韵 因循 音讯 嶙峋 阴云 进军 禁运 新军
云鬓 云锦 军心 军民 寻衅 寻亲 熏心
(2) 双音节词对比练习
印书—运输 今人—军人 通信—通讯 心机—熏鸡
信誉—训喻

4. ian—üan
(1) 双音节词连用练习
烟卷 演员 眼圈 厌倦 边缘 天渊 田园 联选 健全 前缘
原盐 元年 原件 原先 捐献 卷烟 卷帘 权限 悬念 选编
(2) 双音节词对比练习
颜色—原色 大雁—大院 潜力—权利
前部—全部 有钱—有权 闲心—悬心

5. ing—iong
(1) 双音节词连用练习
英勇 应用 平庸 顶用 停用 挺胸 零用 用刑 雄鹰 雄兵
(2) 双音节词对比练习
英才—庸才 情人—穷人 大型—打熊

6. 齐撮辨读综合训练
(1) 多音节词语练习
天气预报 继续努力 国家大剧院 强降雪天气

战略机遇期　电视连续剧　7000 吨级渔船起火
(2)绕口令

女小吕

这天天下雨,
体育运动委员会穿绿雨衣的女小吕,去找穿绿运动衣的女老李。
穿绿雨衣的女小吕,没找到穿绿运动衣的女老李,
穿绿运动衣的女老李,也没见着穿绿雨衣的女小吕。

二、前后鼻音(n—ng)不分的矫治

　　前后鼻韵母分辨不清是比较常见的语音问题。从发音的原理上讲,前鼻音是舌前部翘起,接触硬腭前部,堵塞口腔,软腭下降,气流全部从鼻腔流出,口腔的状态前腔小后腔大;后鼻音,舌体后缩,口腔打开,软腭下降,气流一半从口腔流出,一半从鼻腔流出,因此后鼻音又称为"半鼻音",口腔的状态前腔大后腔小。练习当中,从主观感觉上讲前鼻音的"响点"在面门;后鼻音的"响点"在后脑。前后鼻音不分一般表现为前鼻音不到位。

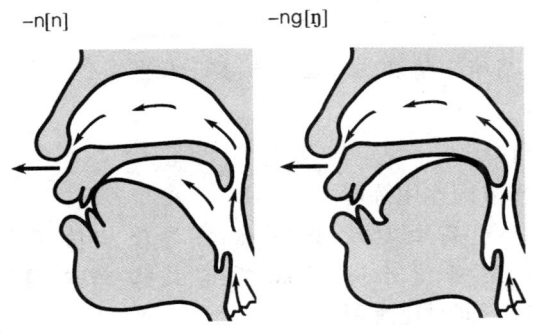

前后鼻韵母区别示意图

解决前鼻音不到位有两个有效方法：

第一，以开带闭。先发开口度较大的前鼻音 an、en，体会舌的走向，然后用这种感觉带发 in，强迫舌的动作到位。

第二，发 i 的延长音，强制舌尖向前上方抵住上齿龈，控制舌体不向后缩，否则前鼻音不纯正。

1. an—ang

（1）双音节词连用练习

鞍钢 班长 漫长 繁忙 返航 单杠 探访 肝脏 酣畅 擅长
昂然 傍晚 茫然 房产 方案 档案 浪漫 账单 伤寒 藏蓝

（2）双音节词对比练习

安然—昂然　反问—访问　担心—当心
弹词—搪瓷　烂漫—浪漫　赞颂—葬送

2. en—eng

（1）双音节词连用练习

奔腾 本能 门生 纷争 真诚 真正 阵风 尘封 深耕 神圣
烹饪 门风 风尘 缝纫 能人 横亘 正门 成分 胜任 省份

（2）双音节词对比练习

真理—争理　申明—声明　陈旧—成就
审视—省市　清真—清蒸　人参—人生

3. in—ing

（1）双音节词连用练习

隐形 拼命 品性 聘请 民兵 金陵 尽兴 心情 新颖 新星
并进 平民 平信 铭心 定亲 听信 灵敏 精心 清贫 省亲

（2）双音节词对比练习

音译—英译　频繁—平凡　林立—伶俐
金质—精致　亲近—清静　信服—幸福

4. ian—iang
(1)双音节词连用练习
咽腔 岩浆 炎凉 变相 绵羊 天亮 联想 见谅 钱粮 贤良
扬言 秧田 样片 量变 江面 抢险 枪眼 项链 相间 镶嵌
(2)双音节词对比练习
简历—奖励　坚硬—僵硬　险象—想象
浅显—抢险　仙姑—香菇　廉价—粮价

5. uan—uang
(1)双音节词连用练习
晚装 端庄 观望 观光 关窗 罐装 宽广 船王 钻床 蒜黄
王冠 光环 慌乱 皇冠 狂欢 装船 装蒜 壮观 双关 双环
(2)双音节词对比练习
晚年—往年　关节—光洁　专车—装车
专员—庄园　机关—激光　手腕—守望

6. uen—ueng(ong)
(1)双音节词连用练习
稳重 轮空 滚筒 滚动 混同 混充 春种 顺从 尊重 遵从
冬笋 通顺 农村 红润 公文 恭顺 红唇 中文 仲春 重孙
(2)双音节词对比练习
炖肉—冻肉　吞并—通病　轮子—笼子
昆腔—空枪　存钱—从前　依存—依从

7. ün—iong
(1)双音节词连用练习
运用　驯熊　云涌　群雄　拥军　用韵
(2)双音节词对比练习
运费—用费　晕车—用车　韵脚—用脚

群像——穷相　勋章——胸章　因循——英雄

8. 前后鼻音韵母综合练习
绕口令

冰凌

春风送暖化冰层,黄河上游漂冰凌,
水中冰凌碰冰凌,积成冰坝出险情。
人民空军为人民,飞来银鹰炸冰凌,
银鹰轰鸣黄河唱,人民空军留美名。

三、o-e 不分的矫治

东北一些方言中,将韵母 o 音发成韵母 e,影响普通话整体语音面貌。韵母 o 是后半高圆唇元音,而韵母 e 是后半高不圆唇元音韵母,两个单元音的发音条件,只有圆唇和展唇的区别。因此发韵母 o 注意唇形自然拢圆,嘴不能懒。

1. 双音节词
播读　博鳌　帛书　拨款　伯乐　薄暮　破败　叵测　迫降　婆婆
魄力　破绽　佛教　佛门　佛陀　默哀　膜拜　莫测　墨绿　默认

2. 绕口令
别摸抹了墨的破玻璃。

老何捕鱼

罗家门前有条河,河里游着一群鹅。
来了捕鱼的老何,挑来一对竹箩。
老何只顾撒网落河,碰翻了一只箩。

竹箩滚下河,套住了一只鹅,
老何忙下河,捞箩来救鹅。
急坏了老何,吓散了群鹅。

四、宽窄复合音韵母发音训练

根据复韵母发音时口腔的开度大小,开度相对较大的归入宽韵母,较小的归入窄韵母。宽韵母的发音如果口腔打不开,没有一定的开度,就容易与窄韵母混淆,包括个人发音习惯造成的混淆,和方音发音习惯造成的混淆。

1. 宽窄复合元音韵母发音训练

(1)ao—ou
①双音节词连用练习
保守 包头 毛豆 稿酬 遭受 逗号 头脑 构造 口号 周报
②双音节词对比练习
稻花—豆花 考试—口试 高洁—勾结 口哨—口授

(2)ai—ei
①双音节词连用练习
暧昧 白费 排雷 代培 栽培 悲哀 胚胎 佩戴 擂台 黑白
②双音节词对比练习
安排—安培 埋头—眉头 分派—分配 来电—雷电

(3)ia—ie
①双音节词连用练习
押解 家业 嫁接 佳节 夏夜 野鸭 叠加 铁甲 接驾 接洽
②双音节词对比练习
对家—对接 红霞—红鞋 大家—大街 出价—出界

(4)ua—uo
①双音节词连用练习
瓜果 跨国 花朵 话说 华佗 多寡 国花 国画 火花 说话

②双音节词对比练习
挂着—过着 国画—国货 滑动—活动 抓住—捉住
(5) iao—iou
①双音节词连用练习
要求 料酒 票友 郊游 娇羞 邮票 丢掉 柳条 求教 袖标
②双音节词对比练习
窑洞—游动 谣传—游船 药片—诱骗 消息—休息
(6) uai—uei
①双音节词连用练习
外围 外汇 怪罪 快慰 衰退 对外 鬼怪 毁坏 腿踹
②双音节词对比练习
外来—未来 歪风—威风 怀乡—回乡 甩手—水手

2. 宽窄鼻韵母发音训练
(1) an—en
①双音节词连用练习
安分 版本 烦闷 难分 山珍 分散 侦探 衬衫 深山 人犯
②双音节词对比练习
板子—本子 盘子—盆子 翻身—分身 展室—诊室
(2) ian—in
①双音节词连用练习
便民 偏信 怜悯 现金 前进 阴天 阴险 民间 金边 今年
②双音节词对比练习
颜色—银色 联姻—林荫 钱行—进行 先行—新型
(3) uan—uen
①双音节词连用练习
晚婚 万吨 传闻 缓存 断魂 文官 紊乱 论断 轮船 寸断
②双音节词对比练习
万端—万吨 乱断—论断 宛若—稳若 传情—纯情

(4) ang—eng
① 双音节词连用练习
旁证 放风 仿生 航程 长城 膨胀 登场 风尚 冷烫 增长
② 双音节词对比练习
东方—东风 躺椅—藤椅 长度—程度 商人—生人
(5) iang—ing
① 双音节词连用练习
阳平 凉亭 将领 相应 象形 营养 影响 羚羊 清凉 形象
② 双音节词对比练习
明亮—明令 降价—竞价 枪弹—清淡 相向—星相
(6) uang—ueng(ong)
① 双音节词连用练习
广东 矿工 皇宫 荒冢 蝗虫 冬装 冻疮 童装 筒状 供状
② 双音节词对比练习
黄光—皇宫
(7) üan—ün
① 双音节词连用练习
援军 全军 眩晕 君权 军犬 寻源
② 双音节词对比练习
元宵—云霄 原油—云游 全体—群体

第二部分 播音发声训练

播音发声训练概说

有声语言是播音员主持人依据稿件、提纲或腹稿传情达意进行再创作并确立自身形象的主要手段。以科学的理论为指导,在用声实践中客观认识、评价自己的声音,学会驾驭自己的声音,使之成为得心应口的创作手段服务于表达,是播音员主持人所应具备的重要基本功之一。

我们学习播音发声,可以从呼吸控制、口腔控制(吐字归音)、喉部控制、共鸣控制、声音弹性等方面来掌握基本理论,并进行系统科学的训练。

播音发声对呼吸控制的要求主要有:以胸腹联合式呼吸为基本呼吸方式;吸气时要打开两肋,吸到肺底,"腹壁"站定;呼气要稳劲、持久、变化自如;换气要句首换气,换气到位,换了就用,留有余地。

播音发声对口腔控制的要求主要有:打开口腔;唇舌力量集中;明确声音发出的路线和字音着力位置。

播音发声对共鸣控制的要求为:以口腔共鸣为主、胸腔共鸣为基础,辅之以少量鼻腔共鸣的混合式共鸣。

播音对喉部控制的要求主要是喉头相对放松、相对稳定;注意结合呼吸控制、口腔控制等综合控制;克服不良的发音习惯及动作。

播音发声的最终目的是为了获得声音弹性,即播音时声音形式对于人们变化着的思想感情的适应能力。我们在有了以上基本理论指导和实际技能之后,在播音用声中要增强自己对声音的控制能力,表现出恰如其分的弹性和色彩变化,最终达到"情""声""气"的结合。

以上几个方面共同组成了播音发声学的主要理论构架。其中,以呼吸控制和口腔控制为最主要、关键的训练内容。

第一单元　呼吸控制

　　气息是发声的动力,在大脑的支配下"气动则声发"。日常谈话和艺术语言发声,都需要呼吸的支持,但不能认为只要会说话就可以胜任艺术语言发声的需要。艺术语言发声的呼吸控制不仅为声音提供动力,还必须服从发声吐字和表情达意的具体要求,建立起情感—气息—声音三者的有机联系。另外呼吸控制对于缓解喉部压力,保护嗓子也有直接的帮助。艺术语言发声对呼吸控制的训练重视,在一千多年前唐代的《乐府杂录》中已得到证实:"善歌者,必先调其气,——既得其术,即可致遏云响谷之妙也。"

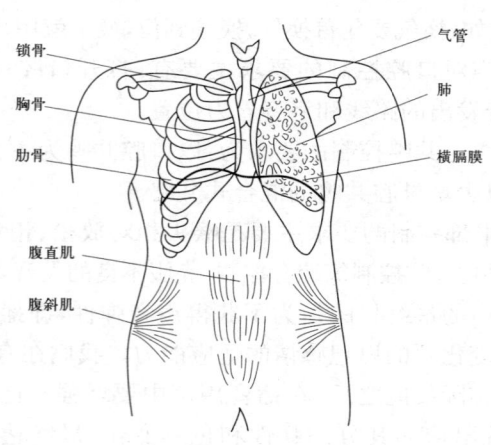

呼吸器官示意图

第一节　呼吸控制的要领

一、吸气的要领

有控制的胸腹联合式呼吸的建立，应首先从吸气的练习开始。在吸气过程中，要调动胸廓、膈肌和腹肌积极运动，使之参与控制，并有效地扩大胸腔容积，增加吸气量。口鼻同时吸气，两肋向两侧扩张，感觉腰带位置渐紧，后腰有撑开感，小腹微收。吸气的具体要领如下：

1. 吸到肺底

以吸到肺底的感觉，引导气息通达体内深部，使膈肌明显收缩下降，有效地增加进气量。可以用"闻花香"的意念来帮助完成。

2. 两肋打开

吸气时，应在肩胸放松的情况下使下肋得到较充分的扩展，此时，膈肌与胸廓的运动产生联系。一般感觉两肋的打开，以左右的平衡运动为主，尤其后腰部感觉较为明显。

3. 腹壁"站定"

吸气时，在胸部扩张的同时，应使腹部肌肉向小腹"丹田"位置收缩，上腹壁保持不凸不凹的状态。

以上提到的三条要领是胸腹联合呼吸一次吸气动作的分解，实际上它们在吸气过程中是"同步"进行的。所以在分解体会的基础上，我们还应获取综合感觉，以建立胸、膈、腹在吸气过程中的相互联系。

二、呼气的要领

普通话语音是在呼气的过程中发出形成的,因此对呼气的控制是整个呼吸控制训练的重点。呼气的练习要把握这样一个过程:一是产生稳劲状态;二是锻炼持久力;三是掌握调节方法,使呼吸运动自如。

1. 稳劲

稳劲的状态是通过呼、吸两大肌群的拮抗产生的。为了弄清这个问题,我们把胸腔比作气球,喉口为气球的进出气口,充好气后……

(1)如果突然放手,球内的空气会由于球皮向内的弹力,不规则地一下放光。这就如同一般生活中的呼气一样,吸气肌肉群的力量一放松,胸廓马上回缩,体内的气就一下排出了(见下图)。

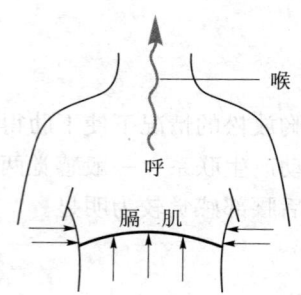

(2)如果用手指将气球的出气口束小,出气便会受到明显的限制,变得规则而均匀。但就人体来说,束小出气口等于束紧喉头,而人为地加强喉头在发声过程中的挡气作用,会造成发声器官的严重"损耗",并使声音紧张僵持,所以这种动作虽然有效,却不可取。发声时脖颈变粗,颈静脉怒突,就与这种错误的呼气控制有关(见下图)。

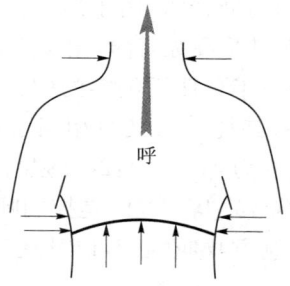

(3)如果有一种力量使充气后的气球在不束缚出气口的情况下规则放气,似乎是不可能的,因为气球只存在着一致向内的弹力。而人体却存在着这种可能性,这就是在呼气时仍适当保持吸气感觉,用吸气肌肉群的力量抵抗呼吸肌肉群的力量,形成一种"拮抗",使呼气变得规则、均匀,达到稳劲控制呼气的目的(见下图)。

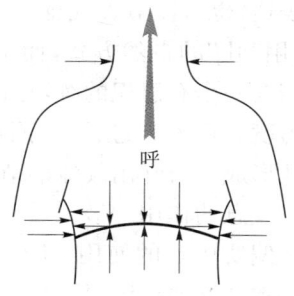

2. 持久

一口气能维持较久,发出较多音节,以及长时间保持良好的呼吸状态,是所谓气息持久的两层含义,它们对于语言表达都具有实际的意义。

要达到持久,从呼气这一环节考虑,节省是关键。节省的具体办法如下:

第一,尽可能使用偏实的中音。根据科学的分析和测试,人在使用低音,尤其是虚弱的低音时,由于声带松弛并留有间隙,耗气量最大。使用高音,尤其是高强音时,由于声带紧张,闭合严密,耗气量只相当于前者的一半。使用偏实的中音时,声带张力和气息压力都处于适中状态,其耗气量又只相当于使用高强音的一半。它们的用气量比例大约为 4(低弱):2(高强):1(中实)。

第二,"吞""吐"结合。"吞""吐"是控制呼气发声的两种意识,以内收感为主导的控制方式叫"吞",以外送感为主导的控制方式叫"吐"。

"吞"并不是倒吸气,而是在呼气过程中,吸气肌肉群最大限度地发挥作用,和呼气的力量形成明显的抗衡,所以呼出的气量较少;"吐"时,呼的力量明显大于吸的力量,所以呼出的气量较多。单从节省气息的角度考虑,当然以运用"吞"的方式为宜,但是从人体的自然运动规律和习惯考虑,需要有张有弛;从声音色彩的变化和感情运动的需要考虑,也要有收有纵。因此,我们提倡"吞""吐"结合,这样既有利于表达,也可以节省气息。

人们一般习惯运用"吐"的自然方式,而不习惯于控制力较强的"吞"的方式,这就需要一个有意识的练习过程。

第三,加强唇舌力度。在咬字过程中,唇的一启一闭,舌的一抬一落,都不同程度地形成了对呼出气流的节制。因此,加强唇舌力度,也可以起到节省气息的作用。

以上三点,无论是偏实中音的使用,还是"吞""吐"的结合,唇舌力度的加强,都是基本技能的训练,平时是可以独立进行的。而在实际运用中,却是综合控制的。

3. 变化

语言的表现力是靠声音色彩的变化来实现的,而声音色彩的变化在很大程度上又要依赖于富有活力的气息运动。因此在获得稳劲、持久的呼吸控制能力的基础上,还应进一步掌握运动着的气息的控制规律,使其能随内容和感情的变化而变化。

"气乃情所致",气息"自动化"控制的枢纽是感情的运动,所以播讲者必须熟悉自己要说的内容,认真理解、具体感受、态度积极,使心理动作起来。如果感情不动,势必导致呼吸的僵滞,影响声音色彩的变化。利用感情调节呼吸运动的方式是呼吸控制的高级阶段,但在训练过程中,只有通过较为长期的、有意识的训练,熟练地掌握胸腹联合呼吸的基本要领,方可能获得自由的、本能的呼吸运动感觉。

随着欣赏习惯的变化,有很多人在追求亲切、自然的声音,这就要正确把握呼吸的弱控制状态。应当明确,强控制是弱控制的基础,弱控制是具有一定难度的、精细的控制,纯自然的低能与弱控制有着本质的区别。

三、换气的要领

气息必须在使用的过程中,及时不断地补充,才能持久地发挥动力作用。换气必须注意以下几点:

1. 句首换气

除了句中的气息补充外,全句结束后都需另行换气,此时需注意不要马上进气,而是在下句开始前进气,否则会破坏句子间的感情转换,并给人以急促感。

2. 换气到位

换气时"丹田"及下肋的感觉可以时大时小,而不能时有时无,不能因换气而改变呼吸方式。

3. 换了就用

吸气后要马上使用,非感情需要不要作较长停顿,否则体内感觉消失,力量也就松懈了。

4. 留有余地

吸气应适度,并非越多越好,一般情况吸到七、八分满就可以了,吸气过满会导致僵持。使用中的气息应有所储存,即使到该换气时,体内还应留有部分余气,如果等用完了再吸,就会使人感到声嘶力竭。

5. 无声吸气

口鼻同时进气可以有效减少吸气声,如果不是为了表现特定情绪,一般来讲要求吸气无声。用声时,小腹保持控制状态,胸腔形成一个有弹性的橡皮球,这样气息一有欠缺,便会在语言的顿挫中,得以"自动"、及时、无声的补充。

播音主持用声多为快吸慢呼,因此保持上述状态并学会偷气、抢气是十分重要的。补得及时才会用得从容。在播讲中,气息的补换是利用语言的停顿进行的。补换的方法可以归纳为以下三种,其中偷气是最常用的方式。

(1)偷气,即短时无声地吸气;

(2)抢气,可以不顾及有无声音的吸气;

(3)就气,虽有停顿,并不进气,而是调动体内的余气进行贴补。

第二节 呼吸控制应注意的问题

播音、朗诵、演讲等艺术语言发声对于呼吸的要求由于其各自发声特点的差异,受发声环境和交流方式制约而不尽相同,但由于它们都属于"说的艺术",因此,存在许多共同之处,基本要求可以概括为稳劲、持久、自如。

一、呼吸控制的目的

我们认为,对于呼吸的控制力,最终不片面地体现在气息充足、稳劲、持久，而是在此基础上使气息压力和声带闭合产生一个最佳的配比关系。这种最佳的配比关系，表现在声音色彩能够呈现丰富的变化，而声音的变化能够得到相应的气息状态的支持。声音的高低、强弱、明暗、虚实等变化，都是由声带不同开闭状态和不同的气息压力产生的，一定的声音状态应有相应的气息压力来支持。

比如，强控制发声时，声带紧张度增加，气息压力应随之加大。弱控制发声，声带紧张度减小，气息压力随之减小，处于"细水长流"的状态。然而在实际用声当中，往往会出现声音已经变化了，而气息状态却僵死不变的情况。如用较低的气息压力支持高强音，势必会产生困难；或者在弱控制发声时，气息状态仍然追求满、强，导致声音得不到气息应有的支持。因此呼吸控制的目的就是掌握气息和声带闭合的最佳配比关系。

二、呼吸控制的内动力

我们常说一句话"气动则声发"，而气息为什么动？这是呼吸控制不应忽略的问题。人们对不同的人讲话、在不同场合讲话、在不同心情时讲话，气息状态和声音状态时刻在发生变化，这种变化来自于内心情感的变化。对内心情感的刺激因素，既有个人的内心体验，也包括外部环境的制约。气息随情感的变化而变化，情感没有运动变化，气息势必僵死，声音势必呆板。因此，情感是呼吸控制的内动力，不注意这一点，就会陷入"唯技巧论"，忽略情感的参与和引发，片面强调呼吸控制的技巧，这种认识是片面的。没有内动力，再漂亮的声音也是抽象和缺乏依据的，不能够产生鲜活、灵动的有声语言。

内动力的强化与个人的综合素质和审美品位直接相关，须下一些"诗外"的功夫来充实和积累。

三、呼吸控制的落实

情感运动引发了气息的变化,这种变化体现在声音当中,也具体落实在了呼、吸两大肌肉群的动作与控制上。气息变化时,肌肉也有运动的感觉,不仅仅是抽象的意识支配,而是具体可感的肌体的动作,因此,用气发声是一个全身心的运动过程。不注意这一点,就会陷入到"唯情感论",认为只要有情感的变化就能自如控制呼吸,这种认识也是片面的。没有对呼、吸两大肌肉群的控制力,没有娴熟的呼吸控制技巧,再深刻的体验和感受也无法外化出来。

呼吸控制的技巧与呼吸潜能的挖掘,须在科学指导的基础上,经过刻苦的练习、体会、反复比较才能掌握。

第三节　呼吸控制训练

一、呼吸肌基础练习

锻炼膈肌、腹肌和咽壁的目的是使它们有力而灵活,在发声当中提供稳定充足的动力,保证声道的畅通。

1. 膈肌、咽壁的锻炼

可以通过发 hei 音将膈肌和咽壁的锻炼合并进行。具体做法是:

第一步,深吸气以后,用这一口气发出两三个扎实的 hei 音,"hei hei hei",不断重复坚持数日。

第二步,在做好第一步的基础上要增加弹发次数,一直到一口气能够弹发七八次。这里需要注意,在弹发的过程当中,气的力度应该均匀,声音要保持一定的音高和音量,音色也要始终一致。

第三步,第二步练习坚持数日以后就可以获得自动进气的感觉,然后由慢到快,稳健轻巧地连续弹发 hei 音,最后达到要慢就慢要快就快的自如程度。

第四步,在做好第三步的基础上,做改变音高、音量和音色的练习。

在开始做这个练习的一段时间里可能会感到下肋膈肌和腹部的动作不能够协调一致,也会感觉到动作和声音不同步,练习的时间长了,还会感觉到腰酸腹痛,这些都是正常现象。如果能够按照上述的要求坚持练习就能够获得动作与声音的和谐与统一,膈肌、咽壁力量和灵活程度会在练习当中得到明显的提高。这个练习还有协调气息和声带状态的作用。中老年人可以用这个方法解决塌中声衰的问题。

2. 腹肌的锻炼

做仰卧起坐对于腹肌的锻炼非常有效,具体动作是这样的:平卧在床上,双手放在头的枕部,慢慢地坐起,反复练习来锻炼腹肌的力量。从能力上讲,应该能够达到连续做 25 次到 30 次这样的能力,才能获得声音训练的基础,也就是说腹肌的力量才够用。

二、吸气和呼气训练

在呼吸训练之前,注意应保持一个积极而松弛的精神状态和肌体状态。身体姿态要求保证呼吸道的通畅,头要正,眼睛平视,胸部微含,肩部自然放松。避免用声时那些错误的体态,如仰头、偏头、伸脖、耸肩、小腹前凸等等。

坐姿,坐在椅子前部,不要窝在椅子里,后腰挺直,身体略向前倾,"含胸拔背",身体重心在腰以下。站着练声可以采用"丁字步"的站姿,两脚自然站好,重心放在稍向前方的脚,靠后的一只脚自然跟上,站姿总的感觉是"舒胸拔背,提臀收腹"。

1. 吸气的练习

在做吸气练习时,保持良好的精神状态,肩胸放松是很重要的,平时所说"兴奋从容两肋开,不觉吸气气自来"就是这个意思。可以通过以下几种方法来体会:

(1)闻花香

双肩放松,不要耸肩,先尽量把体内余气吐光。然后带着"闻花香"的意念从容吸气,感觉气息延后背脊柱而下吸入肺底,后腰部有向两侧打开撑住的感觉,小腹微收,吸到七八成满。保持几秒钟,轻轻呼出气流。

(2)抬重物

在抬起重物时,总要深吸一口气,保持住力量,此时腰部、腹部的感觉和胸腹联合式呼吸时吸气最后一刻的感觉相近。

(3)"半打"哈欠

不张大嘴地打哈欠,进气最后一刻的感觉和胸腹联合式呼吸吸气最后一刻的感觉相近。

2. 呼气的练习

(1)先按照吸气练习的方法吸好气,然后缓慢持续地发出"si"的声音。

(2)吹灰。在上一个练习的基础上,感觉吸好了气,然后撮口做吹灰状,轻轻吹去桌面上的尘土,来体会气息均匀、舒缓地呼出。要求气流均匀、缓慢、量小而集中。

(3)发单元音的延长音。按以上要求吸好气后,发出 a—o—e—i—u—ü 几个单元音的延长音,要求呼出气流均匀、缓慢、集中,声音圆润、响亮、前后力度一致。尽量打开口腔,声音逐渐由小到大、由弱到强,下巴、舌根、喉部放松,让气流集中打到硬腭前。

(4)数数。按要求吸好气后,用一口气数数,1、2、3、4、5、6……

数数和绕口令的练习用来体会气息有力度、有节奏的呼出。同时用气不要用得太苦,不要强憋着忍着多数几个数,要保证声音质量和音色前后一致。

不断重复以上几个练习,以延长呼气时间,力求达到呼出一口气可以持续30秒的标准。

3. 快吸慢呼

(1)设想收到一份意外的惊喜,一刹那间迅速吸气的感觉,口鼻同时进气,吸入肺底,一步到位,并在短时间内可以保持这种吸气的状态。

(2)绕口令

金葫芦银葫芦,一口气数不完二十四个葫芦,一个葫芦,二个葫芦,三个葫芦,四个葫芦……

持之以恒的练习意在延长呼气时间,但不要为了数量忽视了声音的质量和吐字的清晰度。

4. 弹发练习

(1)吸好气,弹发"1、2、3、4",再吸气,弹发"2、2、3、4",如喊操状。

(2)吸好气,弹发"hei ha hei ha"。

利用这个练习,锻炼、体会膈肌和"丹田"的控制能力。

5. 调节能力练习

以发音响亮的音节组成人名,如"小兰""阿毛"等,做喊人的练习。利用这种练习锻炼呼吸肌肉群的调节能力,并使气、声较为自然地结合起来。

(1)设想距离较近,将对方叫住。

(2)设想距离较远,将对方叫住。

(3)不知对方在何处,远近、大小、高低不同呼喊。

三、补换气训练

换气一方面是生理上对氧气的需求,更重要的是出于表情达意的需要,因此播音主持等艺术语言的呼吸控制,换气时要求能够兼顾生理和心理两方面的需要,在表达时找到合适的"气口"进行换气。这往往需要打破书面语言的标点,按照逻辑重新组织语言。有些人看到书面的标点就换气,看不到书面标点就一直读下去直到声嘶气竭,是不符合有声语言表达特点的。

1. 绕口令、贯口词换气训练

一树枣

出东门,过大桥,大桥底下一树枣儿。拿着竿子去打枣儿,青的多,红的少,一个枣儿、两个枣儿、三个枣儿、四个枣儿、五个枣儿、六个枣儿、七个枣儿、八个枣儿、九个枣儿、十个枣儿、九个枣儿、八个枣儿、七个枣儿、六个枣儿、五个枣儿、四个枣儿、三个枣儿、两个枣儿、一个枣儿。这是一个绕口令,一口气说完才算好。

报菜名

蒸羊羔、蒸熊掌、蒸鹿尾儿、烧花鸭、烧雏鸡、烧子鹅、炉猪、炉鸭、酱鸡、腊肉、松花、小肚儿、晾肉、香肠儿、什锦苏盘儿、熏鸡白肚儿、清蒸八宝猪、江米酿鸭子、罐儿野鸡、罐儿鹌鹑、卤什件儿、卤子鹅、山鸡、兔脯、菜蟒、银鱼、清蒸哈什蚂、烩鸭丝、烩鸭腰、烩鸭条、清拌鸭丝儿、黄心管儿、焖白鳝、焖黄鳝、豆豉鲇鱼、锅烧鲤鱼、锅烧鲶鱼、清蒸甲鱼、抓炒鲤鱼、抓炒对虾、软炸里脊、软炸鸡、什锦套肠儿、麻酥油卷儿、卤煮寒鸦儿、熘鲜蘑、熘鱼脯、熘鱼肚、熘鱼骨、熘鱼片儿、醋熘肉片儿、烩三鲜儿、烩白蘑、烩鸽子蛋、炒银丝、烩鳗鱼、炒白虾、炝青蛤、炒面鱼、炝竹笋、芙蓉燕菜、炒虾仁儿、烩虾仁儿、烩腰花儿、烩海参、锅烧海参、锅烧白菜、炸开耳、炒田鸡,还有桂花翅子、清蒸翅子、炒飞禽、炸什件儿、炒排骨、清蒸江瑶柱、糖熘芡仁米、拌鸡丝、拌肚丝、什锦豆腐、什锦丁儿、糟鸭、糟蟹、糟鱼、糟熘鱼片、熘蟹肉、炒蟹肉、清拌蟹肉、蒸南瓜、酿倭瓜、炒丝瓜、酿冬瓜、焖鸡掌儿、焖鸭掌儿、焖笋、烩芝白、茄干晒炉肉、鸭羹、蟹肉羹、三鲜木樨汤,还有红丸子、白丸子、熘丸子、炸丸子、南煎丸子、四喜丸子、鲜虾丸子、鱼脯丸子、饹炸丸子、豆腐丸子、氽丸子、一品肉、樱桃肉、马牙肉、红焖肉、黄焖肉、坛子肉、烀肉、扣肉、松肉、罐儿肉、烧肉、烤肉、大肉、白肉、酱豆腐肉、红肘子、白肘子、水晶肘子、蜜蜡肘子、酱豆腐肘子、扒肘子、炖羊肉、酱羊肉、烧羊肉、烤羊肉、五香羊肉、爆羊肉、氽三样儿、爆三样儿、烩银丝儿、烩散丹、熘白杂碎、三鲜鱼翅、栗子鸡、煎氽活鲤鱼、板鸭、筒子鸡……

2. 句段换气训练

(1)欧盟首脑会议21号晚在布鲁塞尔开幕。此次会议将集中讨论制定欧盟新条约以取代陷入僵局的《欧盟宪法条约》,但在第一天的会议中,与会领导人未能就新条约达成一致。

(2)国际原子能机构总干事巴拉迪22号在维也纳与伊朗首席核谈判代表拉里贾尼会晤后表示,他与拉里贾尼已同意在两个月内制定一项"行动计划",解决伊朗核计划中悬而未决的问题。

(3)阿富汗官员22号证实,驻阿富汗北约国际安全援助部队当天在对塔利班武装人员的空袭中又导致25名平民死亡。至此,今年因驻阿外国军队空袭而造成的阿富汗平民死亡人数已超过200人。

(4)以色列总理奥尔默特21号晚在海法说,计划在下周举行的"四方会谈"可能会给以巴关系带来新开端。埃及、约旦、巴勒斯坦和以色列四方领导人25号将在埃及举行"四方会谈",探讨如何应对巴勒斯坦局势变化及重启巴以和平进程等问题。

(5)最近,智利南部麦哲伦地区的一个湖泊短期内神秘消失。据报道,今年3月,当智利林业部门工作人员巡查这一地区时,大湖还在,面积约四到五公顷,相当于10个足球场大小。但当5月份他们再次巡查时,只发现一片干涸的湖床。对此,专家猜测,可能是湖水从地震造成的湖底裂缝中流失了,也可能是堵塞湖口的巨大冰块融化导致湖水流失。

3. 名单换气训练

新华社北京 11 月 14 日电 中国共产党第十八届中央委员会委员名单（按姓氏笔画为序）：

于广洲 习近平 马 凯 马飚（壮族） 马兴瑞 马晓天 王 君
王侠（女） 王 珉 王 勇 王 晨 王 毅 王三运
王万宾 王玉普 王正伟（回族） 王东明 王光亚 王伟光
王安顺 王志刚 王岐山 王沪宁 王国生 王学军 王建平
王胜俊 王洪尧 王宪魁 王冠中 王家瑞 王教成 王新宪
王儒林 支树平 尤 权 车 俊 尹蔚民 巴音朝鲁（蒙古族）
巴特尔（蒙古族）卢展工 叶小文 田 中 田修思
白玛赤林（藏族）白春礼（满族） 令计划 吉炳轩 朱小丹
朱福熙 全哲洙（朝鲜族）刘 鹏 刘 源 刘 鹤 刘云山
刘亚洲 刘成军 刘伟平 刘延东（女） 刘奇葆 刘晓江
刘家义 刘粤军 刘福连 许达哲 许其亮 许耀元 孙怀山
孙建国 孙春兰（女） 孙政才 孙思敬 苏树林 杜青林
杜金才 杜恒岩 李 伟 李斌（女） 李从军 李立国
李纪恒 李克强 李学勇 李建华 李建国 李鸿忠 李源潮
杨晶（蒙古族） 杨传堂 杨金山 杨栋梁 杨洁篪 杨焕宁
肖 钢 肖 捷 吴昌德 吴胜利 吴爱英（女） 吴新雄
何毅亭 冷 溶 汪 洋 汪永清 沈跃跃（女） 沈德咏
宋大涵 宋秀岩（女） 张 阳 张 茅 张 毅 张又侠
张仕波 张庆伟 张庆黎 张志军 张国清 张宝顺 张春贤
张高丽 张海阳 张裔炯 张德江 陆 昊 陈 希 陈 雷
陈全国 陈求发（苗族） 陈宝生 陈政高 陈敏尔
努尔·白克力（维吾尔族） 苗 圩 范长龙 林 军
林左鸣 尚福林 罗志军 罗保铭 周 济 周 强 周本顺
周生贤 郑卫平 房峰辉 孟学农 孟建柱 项俊波 赵实（女）
赵正永 赵乐际 赵克石 赵克志 赵宗岐 赵洪祝 胡泽君（女）
胡春华 俞正声 姜大明 姜异康 骆惠宁 秦光荣 袁纯清
袁贵仁 耿惠昌 聂卫国 栗战书 贾廷安 夏宝龙 铁凝（女）

徐守盛　徐绍史　徐粉林　高虎城　郭声琨　郭金龙　郭庚茂
郭树清　黄兴国　黄奇帆　黄树贤　曹建明　戚建国　常万全
鹿心社　彭　勇　彭清华　蒋定之　蒋建国　韩　正　韩长赋
焦焕成　谢伏瞻　强　卫　楼继伟　解振华　褚益民　蔡　武
蔡名照　蔡英挺　蔡赴朝　雒树刚　魏　亮　魏凤和

四、气息状态变化能力的训练

当说话人的情感、态度、所处的特定时空以及讲话对象改变的时候，要求用声产生相应的变化，但声音改变的重要前提是气息状态的改变，所谓"要变声音先变状态"就是这个意思。在做以下练习时应注意，在声音变化之前，呼吸状态是如何变化的。

1. 设计不同情感、态度调整气息状态
(1)"好"
分别设计为：①充分肯定；②强烈质疑；③反义语气。
(2)"下雨了"
分别设计为：①盼望已久的及时雨；②警告众人；③兴致全无。
(3)"难道是他"
分别设计为：①惊喜；②惊恐；③竟然是那个不起眼儿的人。

2. 设计不同语境调整气息状态
(1)"听众朋友，您好！"
分别设计为：①晚十一点电台夜话栏目；
　　　　　　②电台早新闻开始语。
(2)"观众朋友，晚上好！"
分别设计为：①《新闻联播》栏目开始语；
　　　　　　②演播室晚会直播现场。
(3)"农历五月初五，俗称'端午节'。端午节是我国汉族人民的传统节日。这一天必不可少的活动逐渐演变为:吃粽子、赛龙舟、挂艾叶、喝雄黄酒。"

分别设计为:①对小学生讲解;②对成年人讲解。

3. 气息状态变化综合训练

"我的狗慢慢向它靠近。忽然,从附近一棵树上飞下一只黑胸脯的老麻雀,像一颗石子似的落到狗的跟前。老麻雀全身倒竖着羽毛,惊恐万状,发出绝望、凄惨的叫声,接着向露出牙齿、大张着的狗嘴扑去。"

(节选自屠格涅夫《麻雀》)

都走了

有位大夫姓陈,医术很好,就是不会说话。

陈大夫六十岁生日那天,在临街的一家饭铺里举行宴会为自己庆祝,他请了好几十位朋友。可临到宴会开始时,客人只来了一小部分。陈大夫有些着急:"唉,该来的还没来。"客人们一听,多心了。他们以为主人说自己是"不该来的",很难为情,于是走了二十多人。陈大夫一看,急得搓手顿脚,说:"不该走的又走了。"剩下的十几位客人以为自己是"该走的",于是又走了几个。

只剩下一位最好的朋友。他对陈大夫说:"你说话也太不注意了,把这么多客人都气走了。"陈大夫似笑非笑地说:"我又没说他们!"这位朋友一听心想:不是冲他们说的,那一定是冲我说的。于是这最后一位客人也走了。

一个大雪的早晨(节选) 杨澜

真的,怎么很少见纽约人堆雪人呢?若是在北京,早已有无数的雪娃娃睁着黑煤球的眼睛,竖着胡萝卜鼻子,神气活现地站在大雪中了。年轻人一见下雪便兴奋起来,急着找伙伴,急着出门,急着打雪仗,急着享受踩上松松的雪地的感觉和声音,急着躲在树后,等同伴路过时拼命摇晃树枝……而那些闹了别扭的,也在纷飞的雪球中大笑着忘了隔阂。只有被塞了一脖子雪,双手由冷变烫,由白变红,头发眉毛全白了,全湿了,那才过瘾,那才骄傲,才是个下雪天的样子。

雪,你何不到中国去?那里有为你欢呼的人们。

五、呼吸控制综合训练

1. 结合声调的练习

(1)夸张上声练习

百 跑 抹 匪 左 此 叟 底 坦 女 脸 准 尺
赏 冗 甲 抢 晓 谷 卡 晃 矮 咬 瓦 雨 矮

(2)双音节词声调组合练习[①]

①阴阴

冰雕 拼音 摸黑 飞天 租金 磋商 蓑衣
丁香 添加 拈阄 拉丁 珍珠 穿梭 商标
扔出 鞠躬 区分 勋章 公关 刊登 徽章

②阴阳

波澜 摸排 喷泉 纷繁 增援 猜谜 搜寻
多元 通达 捏合 拉闸 庄园 抄袭 珊瑚
君王 丘陵 轩昂 耕耘 昆虫 欢迎 安然

③阴上

标点 摸索 飘舞 风采 宗旨 仓储 松柏
雕版 推理 捞取 知己 出版 书本 拘捕
曲解 虚拟 乖巧 夸口 花朵 邀请 英语

④阴去

波浪 篇目 蒙骗 方寸 资讯 参拜 缩略

---

① 每组双音节词按照声母发音部位由前至后顺序排列,在结合声调进行气息训练的同时,也可以巩固语音训练的成效。

| 冬至 | 梯队 | 捏造 | 拉力 | 专利 | 抽样 | 生态 |
| 居住 | 倾诉 | 香皂 | 规范 | 康复 | 欢聚 | 烟雾 |

⑤阳阴

别针	盘剥	眉梢	焚香	责编	蚕桑	随机
敌区	投标	农耕	流星	直观	纯真	时区
人参	菊花	秦腔	旋梯	国标	葵花	湖泊

⑥阳阳

白杨	平原	描眉	扶持	足球	辞呈	随行
嫡传	驼铃	牛黄	螺旋	卓绝	偿还	石油
容颜	角逐	潜伏	循环	国防	魁梧	河渠

⑦阳上

博览	频谱	毛毯	拂晓	族谱	磁铁	随感
毒品	投保	泥土	伦理	竹笋	垂柳	什锦
荣辱	夹袄	群岛	学养	国宝	魁伟	恒久

⑧阳去

白桦	频道	眉目	伐木	足迹	层次	随意
独奏	团聚	浓淡	炉灶	植被	崇拜	时尚
容貌	决策	渠道	玄奥	国粹	狂乱	环绕

⑨上阴

捕捉	普通	满仓	俯冲	组装	草编	损伤
典章	统一	暖冬	理工	嘱托	闯关	审批
乳胶	卷曲	取消	选修	感恩	凯歌	缓冲

⑩上阳

匾额	品牌	满足	否决	总裁	草鞋	索赔
赌博	椭圆	袅娜	柳条	转达	揣摩	守恒
冗长	解读	巧合	雪莲	鼓楼	恐龙	谎言

⑪上上

北斗	普选	母语	反响	走访	草本	索引
典礼	铁轨	扭转	脸谱	整点	尺码	水彩
荏苒	久远	曲谱	小品	鼓点	傀儡	火腿

⑫上去

笔墨	朴素	买办	反串	子夜	草案	扫荡
抵抗	挑战	纽带	旅伴	缜密	储备	省略
忍耐	窘迫	抢救	响彻	谷穗	孔雀	毁谤

⑬去阴

变通	配音	面纱	奋发	座钟	簇拥	散播
旦夕	炭疽	闹钟	立春	驻扎	创收	社区
日出	嫁接	窃听	袖珍	故都	快餐	焕发

⑭去阳

布局	票房	脉搏	奉还	灶台	措辞	素描
洞穴	跳棋	嫩芽	论坛	仲裁	串联	视图
润滑	救援	趣闻	血缘	雇员	矿泉	户籍

⑮去上

并轨	迫使	木马	附属	字典	凑巧	色彩
盗版	退伍	逆耳	料理	撰写	臭氧	试管
入党	剧本	确保	宪法	挂彩	控股	豁免

⑯去去

必备	瀑布	墨绿	复制	奏效	促进	隧道
待业	退化	内讧	路况	注册	赤道	释放
日历	校对	切中	谢幕	挂号	客栈	话剧

(3) 夸张四声连读练习

安常处顺	山明水秀	风调雨顺	发凡起例	花团锦簇
经年累月	深谋远虑	高朋满座	金迷纸醉	思前想后
地广人稀	木已成舟	背井离乡	梦想成真	信以为真
痛改前非	覆水难收	刻骨铭心	奋起直追	字里行间

2. 运用诗词做呼吸控制训练

(1)强控制练习

江城子·密州出猎　苏轼

老夫聊发少年狂,左牵黄,右擎苍,锦帽貂裘,千骑卷平冈。为报倾城随太守,亲射虎,看孙郎。

酒酣胸胆尚开张,鬓微霜,又何妨？持节云中,何日遣冯唐？会挽雕弓如满月,西北望,射天狼。

满江红　岳飞

怒发冲冠,凭阑处、潇潇雨歇。抬望眼、仰天长啸,壮怀激烈。三十功名尘与土,八千里路云和月。莫等闲、白了少年头,空悲切。

靖康耻,犹未雪。臣子恨,何时灭。驾长车踏破、贺兰山缺。壮志饥餐胡虏肉,笑谈渴饮匈奴血。待从头、收拾旧山河,朝天阙。

七律·人民解放军占领南京　毛泽东

钟山风雨起苍黄,百万雄师过大江。虎踞龙盘今胜昔,天翻地覆慨而慷。

宜将剩勇追穷寇,不可沽名学霸王。天若有情天亦老,人间正道是沧桑。

(2)弱控制练习

虞美人·听雨　蒋捷

少年听雨歌楼上。红烛昏罗帐。壮年听雨客舟中。江阔云低断雁、叫西风。

而今听雨僧庐下。鬓已星星也。悲欢离合总无情。一任阶前点滴、到天明。

青玉案　贺铸

凌波不过横塘路。但目送、芳尘去。锦瑟华年谁与度。月桥花榭,琐窗朱户。只有春知处。

飞云冉冉蘅皋暮。彩笔新题断肠句。试问闲愁都几许。一川烟草,满城风絮。梅子黄时雨。

声声慢　李清照

寻寻觅觅,冷冷清清,凄凄惨惨戚戚。乍暖还寒时候,最难将息。三杯两盏淡酒,怎敌他、晚来风急。雁过也,最伤心,却是旧时相识。

满地黄花堆积。憔悴损、如今有谁堪摘。守着窗儿,独自怎生得黑。梧桐更兼细雨,到黄昏、点点滴滴。这次第,怎一个愁字了得。

3. 篇章

下面是不同类型的稿件,涉及新闻播报、现场报道、专题配音、主持人谈话和晚会主持,在练习时注意气息支持力度应有相应的变化。

(1)新闻消息

本台消息:昨天,联合国人口司公布了一份有关世界人口增长趋势的最新统计报告。报告中预测,到2050年,世界人口数量将比目前增长25亿,达到将近92亿,而且到那个时候,中国将不再是世界第一人口大国,取而代之的将是目前位居第二的印度。

(摘自央视《新闻联播》)

(2)现场报道:人大附中高考现场

各位观众,今天是6月7日,全国900多万人参加高考。我现在在北京人大附中,把第一手消息分享给大家。今年与以往不同,安保大大提升,有持枪警察守候,威严的警察队伍充分保证每一位考生的安全。同时人大附中特别设立了红地毯通道,而非像往常一样全部挤在校园门口,更加便捷地保证考生的安全与顺利进出。

在校门口的城管队伍提供免费水、医疗急救。看到此,家长们是不是更安心了?人大附中的老师们都会穿着红色衣衫,守候在校园门口,送给孩子们最温暖的拥抱。

现在,语文学科考试已经开始,在此衷心祝福每一位考生:发挥出自己的正常水平,考出理想的成绩!

(3)专题解说:山西《酒楼市井图》

山西展出的200平方米古代壁画中,有一幅壁画备受专家推崇,那就是山西繁峙岩山寺的金代壁画《酒楼市井图》,众多专家称其为墙壁上的《清明上河图》。

这个近100平方米的壁画——《酒楼市井图》就是岩山寺金代壁画中特别具有生活气息的代表作之一:在画面的池塘上建酒楼一座,楼内备有桌凳,楼外挂有招幡,上书"野花钻地出,村酒透瓶香",用于招揽过路游客;在楼内品酒喝茶、说唱卖艺、凭栏赏景者甚多,酒楼门外为商贩云集的市场,热闹非凡;正在叫卖的小贩布满街头,或推车、或挑担、或手提;而在形形色色的人群中,有的在为顾客伏案切肉,有的提着两条大鱼回家,有的为主人撑伞,有的手捧鸟笼等等,这些人既有盲人、达官贵人,又有婴孩、僧侣等等,这种世俗场景真实地反映了当时的社会风貌。

(摘自央视国际历史频道)

(4)主持人谈话:巧洗葡萄

观众朋友,现在是葡萄大量上市的时候,我们可以仔细看这个葡萄,它表面有一层白霜,白霜上面还黏附着一些泥土,你洗的时候很难,手重了洗烂,手轻了洗不掉怎么办?

我教给您一个简单的办法,但是非常有效。把这个葡萄放在水里面,然后拿面粉也行,淀粉也行,一般用两勺就可以了,放进水里。然后你不要使劲地去揉他,你要这样子来回倒腾,然后到水里来回地涮洗,面粉和淀粉都是有黏性的,它会把你看到的那些脏东西包括残留的农药都给带下来。好,现在大家看一下,基本上这个葡萄就现出它亮晶晶的本色了。

(摘自央视《为您服务》)

(5)晚会主持:季羡林——最难时也不丢掉良知

(演播室现场主持)

亲爱的观众朋友们,晚上好!让我们一起走进感动中国颁奖盛典。和往常一样,我们聚集在这里,一起收获上一个年度留给我们的感动,它可以让我们感到温暖,它让我们的心灵向善,更重要的是,让我们感觉到了一种继续向前走的力量。

有一个人,当听说自己入围了感动中国这样的一个评选过程的时候,他非常好奇地问身边的人,我做了什么让别人感动的事情了吗?我能感动别人吗?来,让我们一起认识他。

(专题片配音)

96岁的季羡林先生长年任教北京大学,在语言学、文化学、佛教学和比较文学等方面都有很深的造诣,研究翻译了梵文著作和德、英等国的多部经典,其著作已汇编成24卷的《季羡林文集》。季先生为人所敬仰,不仅因为他的学识,还因为他的品格。他说:即使在最困难的时候,也没有丢掉自己的良知。他在"文革"期间偷偷地翻译印度史诗《罗摩衍那》,又完成了《牛棚杂忆》一书,凝结了很多人性的思考。他的书,不仅是个人一生的写照,也是近百年来中国知识分子历程的反映。

(演播室现场主持)

推选委员给予季羡林高度评价,推选委员会的感动印象是:智者永,忍者寿,长者随心所欲。曾经的红衣少年,如今的白发先生,留得十年寒窗苦,牛棚杂忆密辛多。心有良知璞玉,笔下道德文章。一介布衣,言有物,行有格,贫贱不移,宠辱不惊!获奖者——季羡林。

(改编自央视《感动中国》)

第二单元　口腔控制

口腔是人体发声的最后一部分通道,作为语音的制造场,在大脑的支配下,口腔加工出载有一定意义和感情的词语。作为发声器的"喇叭",口腔使喉部发出的声音得到扩大和调制——口腔控制对于吐字和共鸣来说,都具有直接意义。

实践证明,在发声训练中要"抓好两头,解放中间"。这两头,一头指的是"下头",即利用丹田控制呼吸;另一头指的是"上头",即利用口腔形成清晰动听的字音。抓好这两头,就可以最大限度地解除喉部——即"中间"的负担,使之经久耐用,充分发挥作用。口腔控制在整个发声控制中的地位作用是不容忽视的,它是发声训练的重要一环。

口腔的作用表现在字、声两个方面,控制得当,两者能相得益彰。以字带声是处理字、声关系的总原则,脱离了吐字要求,声音再美也没有意义。从这一角度看,对口腔控制的要求实际上就是对吐字的要求——准确规范、清晰集中、圆润饱满、流畅自如。

第一节　咬字器官的配合要领

发音的过程是口腔诸咬字器官的动作对喉部发出的声束和肺呼出气流的节制加工的过程,不同的节制加工方式形成不同的元音、辅音和音节。咬字器官包括双唇、上下齿、舌、硬腭和软腭等。其中唇、舌和软腭在吐字过程中动作最积极、作用最大。

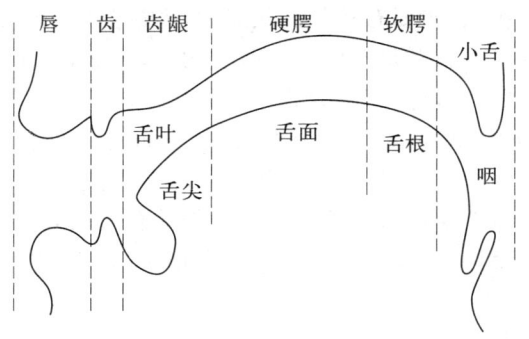

咬字器官示意图

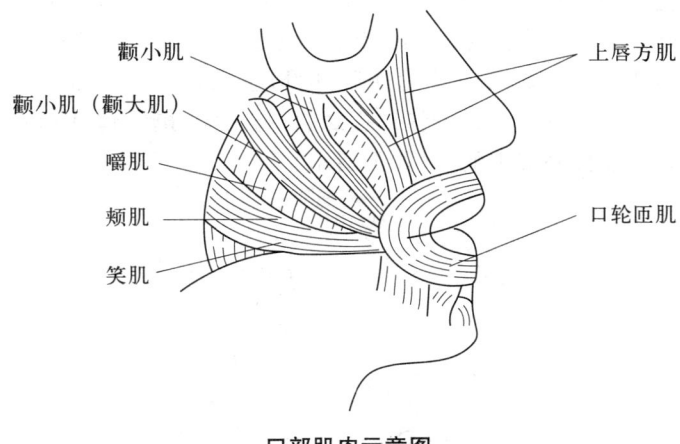

口部肌肉示意图

一、唇舌灵活、力量集中

唇舌灵活是语音流畅、自如的前提,在这方面达不到一定标准,就会出现吃字(音节部分或全部含混不清)、滚字(音节间"粘连")、走音现象和语言的僵滞。

声音要集中,咬字器官的力量就要集中,它主要应表现在唇和舌上。唇齿相依,唇要有较强的收撮力,力量要集中到唇中央三分之一。唇的力量分散是造成字音散射的主要原因。通过练习唇力的绕口令,如"八百标兵"就会获得明显感觉。

舌力的集中要注意到两个方面:一方面是将力量主要集中在舌的前后中纵线上。另一方面舌在发音过程中要取"收势",收拢上挺。这样才能保证舌在咬字过程中弹动有力而灵活。舌力集中的练习应以字词为主,把上述要求体现到字词练习中。

二、打开口腔

艺术语言发声注重声音和吐字的品质,就应讲求口腔开度。打开口腔不等于张大嘴,张大嘴时口腔呈"前>后"型,实际上是前开后不开。按照要求口腔的前后部都应打开,上颚上抬,下颌放松,呈"前⊃后"型。这是通过"提颧肌、打牙关、挺软腭、松下巴"四个方面的配合来实现的。(如图所示)

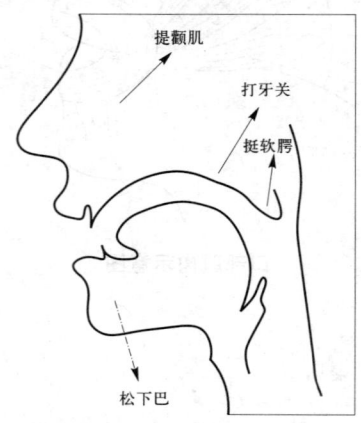

1. 提颧肌

提颧肌是抬起上颚前部的动作。颧肌用力向上提起时,口腔前上部有展宽感,鼻孔也随之有少许张大,同时使唇,尤其是上唇贴紧牙齿。唇齿相依使唇的运动有了依托,较之于松颧噘唇、唇齿分离更容易把握咬字的力度。提颧肌对提高声音的亮度和字音的清晰度都有明显作用。

颧肌提起时,面部略呈微笑状,可以用微笑的动作来体会。但应和由于高兴引起的微笑区别开来,不能由此造成不顾作品内容,"美滋滋"地发音的毛病。

另外,还可以用开大口同时展开鼻翼的办法来体会,这样快速做上几十次后,颧肌就会明显感到发酸,反复练习,颧肌力量加大了,该用时也就会自然地提起了。

2. 打牙关

上下颌之间的关节俗称牙关,打开牙关是抬起上颚的中部动作。打牙关就是要使上下槽牙在咬字时有一定的距离,尤其双侧上后槽牙应始终保持向上提起的感觉。张口时有槽牙上提的感觉,类似于半打哈欠,闭口时有上门齿下扣的感觉,类似于啃苹果。虽然日常口语时很少有人咬紧牙关,但这里要作为一个要领应特别注意到打开牙关的问题。因为它不仅可以丰富口腔共鸣,还可以使咬字位置适中、力量稳健,其作用是非常明显的。

打牙关就是要使上下槽牙在咬字时有一定的距离,尤其双侧上后槽牙应始终保持向上提起的感觉。可以用以下方法练习:

(1)提起颧肌反复咀嚼,以加强两腮的力量。打牙关和两腮的咬劲配合起来,才能在咬字中发挥作用。

(2)感觉字像橄榄在上下槽牙间,反复咀嚼,每咀嚼一次发出一个字音。

(3)以发"a"的感觉为基础,带动各种音节的发音。

在所有的音节中,开口度最大的音节是带有 a 的音节。以开带闭,以宽带窄,是体会和把握打开牙关的有效方法。如"兰 lan"这个音节就带有"a",加上声母"l"的发音较声母"b""p"等宽松,因此它最适用来体会打开牙关。依照发这个音的体会,带动后面音节的发音,发窄、紧的音节也就可以打开牙关了。可以试试下面的练习：

"蓝蓝的天上白云飘，白云下面马儿跑。"

我们只是通过上述方法来加大发声时的口腔开度，取得更好的吐字效果。开与不开是比较而言，并不存在绝对量，在实际发声时牙关开度也不能一成不变，对基本要领不能僵死地理解。

3. 挺软腭

软腭在上颚后部，用舌尖抵硬腭向后舔会感觉到它的具体位置。不说话时，软腭松软下垂，日常口语时也很少有人有意识将它挺起。挺软腭是抬起上颚后部的动作，它可以起到两方面的作用，第一，加大口腔后部空间，改善音色；第二，缩小鼻咽入口，避免声音大量灌入鼻腔而造成鼻音。

结合咬字，软腭挺起时，口腔后部应呈倒置的桃形，并非抬得越高越好。此外，如以小舌头（腭垂）为中点的话，软腭挺起时两侧力量应向小舌头集中。如果力量相反，软腭兜下来，就会造成字"扁"、鼻音等问题。所以要特别注意到用力的方向。

挺软腭的感觉可以用夸张吸气和"半打哈欠"来体会，一般在这种时候软腭是挺起的状态，适度保持这种状态去发音，就可能会听到不同平时的声音效果。此外，有些字音（如"好 hao"）发音时可以明显感觉到口腔后部的开度较大，用它去带发其他音节也会收到较好的效果。

"挺软腭"是一个基本状态，但应注意到，音节的结构成分是各不相同的，再加上表达需要，播讲时不能一成不变，还应有程度上的变化，否则又会带来"音包字"的问题。

4. 松下巴

由于生理构造的原因，松下巴在打开口腔方面比抬上颚更具有实质性效果。有的人平时说话就表现出下巴用力、主动"帮忙"的问题，播讲时更为明显，认为只有这样才能做到咬字有力，字音清晰。其实这是一种错误，它会使舌根紧张，咽管变窄，口腔变扁，把字咬"横"、咬"死"。

咬的力量主要在口腔上半部,下巴则应处于放松、"从动"的状态。发音时,只有下巴自然内收才能放松。日常牙痛时说话,下巴一般是比较松弛的,不妨模仿一下。

5. 明确声音发出的路线和字音着力位置——"声抵腭前"

在口腔打开的前提下,还应讲究声音发出的路线和字音的着力位置。应把声音沿软腭硬腭的中纵线推进到硬腭前部。硬腭前部是发音的主要内感区,以此为字音的着力位置,可以明显改善音色,提高声音效果,尤其在弱控制时,掌握这一要领可以使声音小而不塌。

发音是否合乎这个要求,可以从音色上鉴别:做得正确,会获得声音从口以上透出的感觉,音色集中而明朗;做得不对,发出的声音如同下巴"铲"出的一样,音色扁而散。

综上所述,咬字器官在发音过程中要互相配合,协调动作。总的感觉应该是"开口如半打哈欠,闭口如啃苹果"。

三、调整口腔状态的训练

1. 口部操训练

为了更有效地控制构字器官,能够做到"得心应口",需要通过一些动作的训练使其灵活有力。口部操的训练就相当于构字器官的热身运动,包括唇、舌、颊等部位的训练。做口部操的目的是为了排除语音负担,来提高咬字器官的力度和灵活度,流传的口部操是很多的,下面向大家介绍几节比较实用的口部操。

(1) 唇的练习

第一节:"喷"

双唇紧闭,堵住气流,突然放开发出 po 音。注意不要满唇用力,把力量集中在唇中央三分之一处。

第二节:"咧"

先把双唇噘起来,然后向嘴角用力,向两边伸展,这样反复进行。

第三节:"撇"

先把双唇噘起来,然后向左歪再向右歪交替进行。

第四节:"绕"

双唇紧闭,噘起,然后左转360度,再向右转360度,这样交替进行,注意向左和向右转的次数应相同。

(2)舌的练习

第一节:"伸"

把口开大,提颧肌,要感觉鼻孔略微张开一些,然后努力地把舌头往外伸,舌尖越尖越好,伸完了以后,再往回缩,缩到最大的程度,这样反复来做。

第二节:"刮"

舌尖抵下齿背,舌体用力,用上门齿的齿沿刮舌尖和舌面,这样反复进行。

第三节:"捣"

把一个像枣核一样的物体,竖放在舌面上,比如说,一个枣核或者一小块糖,两头尖,两头正对着前舌,这是竖放,用舌面挺起的动作使它翻转起来,这样反复进行。

第四节:"弹"

先把力量集中在舌尖,抵住上齿龈,堵住呼出的气流,然后突然打开爆发出 te 音,反复进行。这里应该注意,舌的中纵线要用力,爆发出的 te 音越有力越好。

第五节:"顶"

先闭唇,用舌尖来顶左右的内颊,交替进行。

第六节:"转"

闭唇,把舌尖伸到齿和唇的中间,先向顺时针方向环绕360度,然后再按逆时针方向环绕360度,这样交替进行。

第七节:"立"

先把舌头自然平放在下齿槽当中,然后向左向右来回翻立。这一节是为了锻炼舌头的力量左右平衡,所以很重要。

(3)颊的练习

颊部的锻炼也是很重要的,如果颊部的肌肉没有力量,咬字就很含混,字音的清晰度就受影响,这一部分往往也是人们不注意的,实际上它非常重要。

只有一节:"咬"

嘴角咧开,缩舌,用力来做咀嚼动作,像嚼胶姆糖一样,每一次做口部操的时候应该多做几次。

2. 唇舌灵活、力量集中的训练

(1)唇舌灵活度的训练

①锻炼唇的灵活度

圆唇和不圆唇混编双音节词

补习	排序	马术	敷衍	杂乱	蚕农	桑榆
代数	塔钟	内幕	来往	占卜	传递	纱布
人工	句法	曲牌	稀疏	改换	康复	和煦

齐齿呼和撮口呼混编双音节词

冰雪	编剧	批阅	票据	秘诀	棉絮	叠韵
订阅	挑选	体恤	鸟雀	年均	利用	俚语
羁旅	鲸鱼	奇遇	抢掠	西域	信用	音韵

②锻炼舌的灵活度

演变	颜面	便笺	编年	片面	偏见	缅甸
棉线	碘盐	电线	田边	天堑	年检	捻线
连年	连线	简练	艰险	牵连	前线	现年

(2)唇舌力量集中的训练

①唇力集中训练

双唇阻声母混编双音节词练习

| 播报 | 褒贬 | 奔跑 | 鞭炮 | 帮忙 | 表明 | 排版 | 炮兵 | 铺排 |

偏僻　泡沫　篇目　膜拜　目标　门派　名片　明媚　密码

②舌力集中训练

舌力集中的练习应以字词为主，体会舌体收拢上挺，力量集中在舌中纵线。可以反复发出"ga、ka、ha、jia、qia、xia、da、ta、na、la"，由后至前全面锻炼舌力。

3. 打开口腔的训练

下面这组四音节词都是开口度较大的音节在前，较小的在后，有助于帮助大家找到打开口腔的状态，和以开音带闭音，达到闭口音稍开的要求。

班门弄斧　旁敲侧击　满园春色　反唇相讥　载歌载舞
藏龙卧虎　三顾茅庐　大动干戈　条分缕析　拿来主义
牢不可破　沾沾自喜　长年累月　山高水低　燃眉之急
假公济私　乔迁之喜　小家碧玉　管窥蠡测　开天辟地
花前月下

4. 声抵腭前的训练

下面这组四音节词最后一个音节都有字尾，有助于帮助大家明确字音沿软硬腭中纵线向前推进的路线，找到声抵腭前的感觉。

百花齐放　漂洋过海　茅塞顿开　繁花似锦　在劫难逃
沧海桑田　三教九流　当之无愧　泰山北斗　南腔北调
老态龙钟　张灯结彩　窗明几净　山回路转　绕梁之音
价廉物美　巧舌如簧　逍遥法外　肝胆相照　慷慨解囊
汗马功劳

5. 绕口和贯口的训练

绕口练习是一项在声、韵、调发音准确的基础上进行的发音强化训练。平时存在的语音问题在绕口令里会集中出现，问题会被放大，因此对于矫正语音很有帮助。另外绕口练习可以让咬字器官更加和谐、灵活地配合,避免在工作中吃字、吐字不清、嘴皮子不听使唤,能有效降低出错率,是播音员、主持人应具备的基本功。

贯口是曲艺表演中一口气快速连续说、唱出一节或一段词的技巧。这项训练的目的是使发音器官具有快速、准确、清晰的发音能力,但不能理解为有这种能力,就要不分场合运用到所有的稿件当中。做这项练习应对语言进行分组,找好气口,把握好语言节奏,吐字清晰,表情达意准确,因此带有一定的综合性。

本书练习材料当中的绕口令和贯口词可根据情况,有选择地去练。

在练习的时候要注意到以下几点:

第一是要强己所难,也就是把握不好的段子要多练勤练。

第二是要由慢到快,慢或者快都要吐字清晰。

第三要结合用气,做到开口前,气息下沉,喉部放松,运行当中补气自如。

第四要做到快而不乱,把握节奏,内容清楚,注意语言的表现力和生动性。不能将绕口练习理解为耍嘴皮子,练习时应设定不同的语境和播讲对象,要有交流感。

第二节　吐字归音

"吐字归音"是我国传统声乐艺术提及咬字方法时所用的一个术语,它的具体内容既包括发音的基本要领,也包括发音的审美要求。这种咬字方法是从汉语语音特点出发的,它把一个音节的发音过程分为出字(旧说称"出声")、立字(旧说称"行音")、归音(旧说称"收声归韵")三个阶段,通过对每个发音阶段不同的控制,使吐字达到清晰、饱满、弹发有力的境界。

一、音节结构

中国传统音韵学把一个汉语音节分为声、韵、调三部分。声即声母,也叫字头。韵即韵母,分为韵头(也叫字颈、介音)、韵腹(也叫字腹、主要元音)、韵尾(也叫字尾)。调即声调,也叫字神。声调贯穿音节始终,主要体现在韵腹上。在发音实践上,根据汉语发音特点我们把韵头归入字头部分。

二、吐字归音的要领

这里以头尾俱全的音节"电 diàn"为例,来说明吐字归音对音节各部分的具体要求。

1. 出字

出字指字头(声母)和字颈(韵头、介音)的发音过程,要求"部位准确,叼着有力"。

在实际发音中,这种要求主要落实在声母的发音过程中。例如"电 diàn"的声母"d"的发音过程应是:先在准确位置(舌尖与上齿背)成阻,蓄积足够气力,然后迅速除去舌尖与上齿背的阻力,打开口腔。老艺人把出字过程形象地比作"叼",说"叼字如叼虎",意思是说,出字时就像大老虎叼着小老虎跳跃山涧一样不紧不松,叼得紧了会死,叼得松会掉。又说咬字要用七寸三分劲儿。这都说明了出字要用巧力,必须集中而富于弹性。

字颈(韵头、介音)都是由窄元音 i、u、ü 充当的,虽然属于韵母的一部分,但在实际发音中却与声母的关系密切,它决定了出字时的口形。为了便于掌握,不致使介音过度延长,我们可把头、颈看作一个单位。以"电"字为例,各成分间的关系可以这样表示:

d-i—a—n

只有出字有力,才可能带动整个音节,使之响亮、清晰。从美的角度,在出字时我们强调"叼"的感觉,而不能把吐字归音的"吐"简单地理解为"喷吐",从而过分使用外向力。只有"叼"才能和气息、共鸣很好地结合在一起。照搬说唱艺术中的"喷口""腮的开展鼓动力"等是不恰当的。过分强调外向力,会造成字散、声塌、气竭的问题。

2. 立字

立字的过程是韵腹的发音过程,要求"拉开立起,字音饱满"。一个音节的发音是否能达到字润珠圆,与韵腹的发音有密切关系。

以"电 diàn"字为例,出字过后就应打开口腔至发 a 的状态。气要跟上、充实并取得较丰富的泛音共鸣。与字头、字尾比较,韵腹的发音过程最长,应有"竖起"和"立体"展开的感觉。即使窄元音 i、u、ü 充当韵腹时,口腔也应适当开大些,这叫做"闭口音稍开"。

3. 归音

归音是指音节发音的收尾过程,要做到"干净利索,趋向鲜明"。归音的过程是力渐松、气渐弱、口渐闭、声渐止的过程,与出字、立字比较,掌握起来难度更大。

这里应首先注意到不能因韵腹取音响亮而任意延长,造成因声废字。归音时也不能"拖泥带水留尾巴"。"趋向鲜明"是指唇舌的动作要"到家"。如 i 作韵尾时,舌位要提到一定高度;u 做韵尾时,唇形应拢起,收圆;n 作韵尾时,舌尖要收到上齿龈,并阻住口腔通道,鼻音一出立即收声;ng 作韵尾时,舌根应收到软、硬腭交界处,并阻住口腔通道,鼻音一出立即收声;o 作韵尾时(即 iao、ao 中的 o),要在发到 u 时收音。

4. "枣核形"

出字、立字、归音要求的吐字过程应构成一个完整、立体的形状——"枣核形",它不仅是吐字归音的规矩,也体现了清晰集中、圆润饱满的审美要求。"枣核形"是以声母为一端,韵尾为一端,韵腹为核心。如图所示:

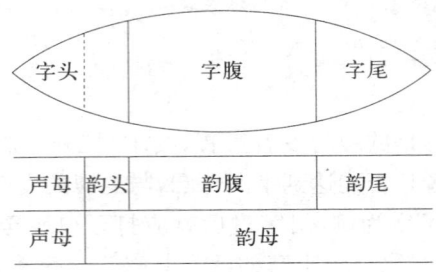

应该注意的是,强调"枣核形"绝不等于将一个字音分解,依次读出它的各个音素。

"电 dian"是头、腹、尾俱全的音节,比较容易体会和把握"枣核形"(有人将这类字称为"枣核字")。此外还有其他一些类型的音节不易把握,现作些说明:

零声母音节——为了把握"枣核形",应将第一个元音半辅音化,遇到 a、o、e 时稍加喉头阻塞,遇到 i、u、ü 稍加摩擦。这种使元音部分辅音化的发音方式主要是为了字音清晰,连读时不易产生误解。如"皮袄 pi'ao"中的 a 就应稍加喉头阻塞,不然在连读中就可能被误听为"漂 piao"。

"开尾音节"——没有韵尾的音节。这种音节容易读散,不易形成"枣核形"。为了使其声音集中,也应有归音感觉,即韵腹发音终了时,口腔应随之收小,把音"拢住"。

掌握了这些规律,即使不是"枣核字",也可以发成"枣核形"。

"枣核形"训练是使发音规格化的必要过程,作为技巧训练它最终是要为表达思想感情服务的,所以,在投入使用时,"枣核形"不能一成不变。字字出于一模,板板眼眼,必然会削弱语言的感情色彩,破坏语言节奏,影响内容的表达。视不同情况使"枣核形"有所变化,或拉长或缩短,还可以调节吐字力度,这都是于表达有利的。

第三节　吐字归音训练

一、叼字（字头）的训练

1. 音节练习

ba—bi—bu pa—pi—pu ma—mi—mu
fa—fu
za—zi—zu ca—ci—cu sa—si—su
da—di—du ta—ti—tu na—ni—nu—nü la—li—lu—lü
zha—zhi—zhu cha—chi—chu sha—shi—shu ra—ri—ru
ji—jü qi—qü xi—xü
ga—gu ka—ku ha—hu

2. 同声母双音节词练习

靶标 百倍 拍品 皮袍 脉门 冒昧 方法 反方 自足 总则
璀璨 从此 色素 四散 定夺 导电 天坛 体统 袅袅 男女
力量 流泪 周知 重镇 传承 穿插 水杉 属实 融融 人瑞
基建 境界 轻巧 亲戚 学习 信息 巩固 高贵 开口 旷课
回话 呼唤

3. 叼字绕口练习
（1）双唇阻声母绕口令

炮兵和步兵

炮兵攻打八面坡，炮兵排排炮弹齐发射。
步兵逼近八面坡，歼敌八千八百八十多。

(2) 唇齿阻声母绕口令

化肥会挥发

灰化肥会发黑,黑化肥会发灰。
灰化肥挥发会发黑,黑化肥挥发会发灰。

(3) 舌尖前阻声母绕口令

子词丝

四十四个字和词,组成一首子词丝的绕口词。
桃子李子梨子栗子橘子柿子槟子和榛子,载满院子村子和寨子。
刀子斧子锯子凿子锤子刨子和尺子,做出桌子椅子和箱子。
名词动词数词量词代词副词助词连词,造成语词诗词和唱词。
蚕丝生丝熟丝缫丝染丝晒丝纺丝织丝,自制粗丝细丝人造丝。

(4) 舌尖中阻声母绕口令

短刀

断头台倒吊短单刀,歹徒登台偷短刀。
断头台塌盗跌倒,对对短刀叮当掉。

老农和老龙

老龙恼怒闹老农,老农恼怒闹老龙。
农怒龙恼农更怒,龙恼农怒龙怕农。

(5) 舌尖后阻声母绕口令

朱叔锄竹笋

朱家一株竹,竹笋初长出,朱叔处处锄,锄出笋来煮。
锄完不再出,朱叔没笋煮,竹株也干枯。

(6)舌面阻声母绕口令

田建贤回家

田建贤前天从前线回到家乡田家店,只见家乡变化万千,繁荣景象呈现在眼前,连绵不断的青山,一望无边的棉田,新房连成一片,高压电线通向天边。

(7)舌根阻声母绕口令

哥挎瓜筐过宽沟

哥挎瓜筐过宽沟,赶快过沟看怪狗。

光看怪狗瓜筐扣,瓜滚筐空哥怪狗。

二、立字(字腹)的训练

1. 音节练习

(1)开口呼韵母音节练习

a、o、e、ai、ei、ao、ou、an、en、ang eng、er

(2)齐齿呼韵母音节练习

i、ia、ie、iao、iou、ian、in、iang、ing

(3)合口呼韵母音节练习

u、ua、uo、uai、uei、uan、uen uang、ueng、ong

(4)撮口呼韵母音节练习

ü、üe、ün、üan、iong

2. 同韵母双音节词练习

(1)开口呼同韵母双音节词

大麻 喇嘛 磨破 泼墨 苛刻 赭色 自此 丝丝 值日 实事
摆开 采买 贝贝 黑肥 讨饶 抛锚 偷偷 殴斗 鞍山 男单
真人 本身 当堂 沧桑 更生 萌生

(2) 齐齿呼同韵母双音节词
立即 米粒 下压 恰恰 姐姐 猎猎 叫嚣 秒表 秋游
悠久 盐碱 脸面 音信 频频 洋姜 良乡 应景 命令
(3) 合口呼同韵母双音节词
吐露 弧度 花袜 挂画 过活 罗锅 拽歪 外踝 巍巍 渭水
弯弯 还款 昏昏 温吞 孔融 动工 惶惶 双簧 嗡嗡
(4) 撮口呼同韵母双音节词
区域 寓于 缺略 跃跃 远远 全权 群群 汹涌

3. 协调和改善语音音色

在语音当中，一个音区别另一个音的本质特征就被称为语音音色。协调和改善语音音色就是在音位理论的基础上，也就是在不影响"达意"的前提下适当调整发音部位和方法，求得音素和音节发音的和谐悦耳。

具体的练习方法：

第一，以开带闭，使闭音稍开。

开音是指开口度比较大的音节，闭音是指开口度比较小的音节。以开带闭是要选择第一个音节开口度比较大，第二个音节开口度比较小的两字词来进行练习。发音的时候以第一个开口度比较大的音节的发音感觉去带动第二个音节的发音，这样做就是以开带闭的意思，因为它可以使第二个音节在发音时候共鸣得到调整，从而达到协调改善音色这样一个目的。比如"安宁""安"开口度比较大，"宁"开口度比较小，利用第一个字"开"的感觉去带动下面一个音节的发音，使后头这个相对开口度小的音节开度加大，达到协调改善音色这样一个目的。

安宁 保密 排挤 茅庐 房间 杂技 采集 扫除 当局
太极 纳米 来去 战俘 长笛 沙粒 刚毅 开闭 焊钳

第二，以闭带开，使开音稍闭。

道理是一样的，比如"技法"，"技"是比较闭的音节，它在前头，使"法"这个开度比较大的音节带动它稍微闭一些，这样来取得音色的和谐。

碧海　频道　棉毯　富含　地毯　涂蜡　女单　立法　助长
出台　顺达　入账　激打　荨麻　形态　谷仓　苦胆　旅伴

第三,以前带后,使后音稍前。

这里所说的前音是指发音位置偏前的音节,后音是指发音位置偏后的音节。显而易见,以前带后是要选择第一个音节发音位置偏前而第二个音节发音位置偏后的两字词进行练习。比如说"提高","提"是发音偏前的,"高"发音偏后,在练习的过程当中要以第一个音节的发音感觉去带动第二个音节的发音,这样就可以使第二个音节的共鸣得到改善。

壁布　皮肤　密度　自述　刺客　丝绒　提防　体侧　泥土
林木　植入　持股　时空　日落　寄托　起色　虚度　雨露

第四,以后带前,使前音稍后,道理和上面是相同的。

哺育　坡地　魔力　富裕　阻止　侧目　素食　德育　土地
努力　落实　古诗　歌迷　空隙　枯枝　红旗　厚礼　护林

第五,以优带劣。

用好的声音感觉来带动差的感觉,比如有人读上声和去声的时候声音劈哑,那么就可以用读阳平时发声的状态来带动发上声和去声,这就是以优带劣。这项练习是针对个人的不同发音特点进行的。

三、归音(字尾)的训练

诗词的朗读强调押韵呈现出的声音的美感,有助于训练归音的到位程度。

望岳　杜甫

岱宗夫如何？齐鲁青未了。
造化钟神秀，阴阳割昏晓。
荡胸生层云，决眦入归鸟。
会当凌绝顶，一览众山小。

注：①夫：fú，语气助词。②了：liǎo，无穷无尽。③眦：zì，眼眶。

山行　杜牧

远上寒山石径斜，白云生处有人家。
停车坐爱枫林晚，霜叶红于二月花。

注：①斜：xiá，古音。

别董大　高适

千里黄云白日曛，北风吹雁雪纷纷。
莫愁前路无知己，天下谁人不识君。

登鹳雀楼　王之涣

白日依山尽，黄河入海流。
欲穷千里目，更上一层楼。

满江红　岳飞

怒发冲冠，凭阑处、潇潇雨歇。抬望眼、仰天长啸，壮怀激烈。三十功名尘与土，八千里路云和月。莫等闲、白了少年头，空悲切。

靖康耻，犹未雪。臣子恨，何时灭。驾长车踏破、贺兰山缺。壮志饥餐胡虏肉，笑谈渴饮匈奴血。待从头、收拾旧山河，朝天阙。

芙蓉楼送辛渐　王昌龄

寒雨连江夜入吴,平明送客楚山孤。
洛阳亲友如相问,一片冰心在玉壶。

秋浦歌　李白

白发三千丈,缘愁似个长。
不知明镜里,何处得秋霜。

回乡偶书　贺知章

少小离家老大回,乡音无改鬓毛衰。
儿童相见不相识,笑问客从何处来。

赋得古原草送别　白居易

离离原上草,一岁一枯荣。野火烧不尽,春风吹又生。
远芳侵古道,晴翠接荒城。又送王孙去,萋萋满别情。

望月怀远　张九龄

海上生明月,天涯共此时。情人怨遥夜,竟夕起相思。
灭烛怜光满,披衣觉露滋。不堪盈手赠,还寝梦佳期。

饮酒　陶渊明

结庐在人境,而无车马喧。
问君何能尔?心远地自偏。
采菊东篱下,悠然见南山。
山气日夕佳,飞鸟相与还。
此中有真意,欲辨已忘言。

凉州词　王翰

葡萄美酒夜光杯,欲饮琵琶马上催。

醉卧沙场君莫笑,古来征战几人回。

钗头凤　陆游

　　红酥手,黄縢酒,满城春色宫墙柳。东风恶,欢情薄,一怀愁绪,几年离索。错、错、错。

　　春如旧,人空瘦,泪痕红浥鲛绡透。桃花落,闲池阁,山盟虽在,锦书难托。莫、莫、莫。

四、吐字归音"枣核形"训练

1. 儿歌示范朗读

　　给儿童示范朗读歌谣,要求朗读者吐字必须清晰饱满、响亮圆润,以便使孩子能听清楚、喜欢听,并且正确地进行模仿。下面的练习有助于帮助大家找到吐字归音"枣核形"的感觉。

蚕

桑叶嫩,桑叶香,蚕儿吃,白又胖,
吐银丝,细又长,织出绸缎做衣裳。

凑"十"歌谣

一加九,十只小蝌蚪,二加八,十只花老鸭,
三加七,十只老母鸡,四加六,十只金丝猴,
五加五,十只大老虎。

小老鼠上灯台

小老鼠,上灯台,偷油吃,下不来。
吱吱吱,叫奶奶,叽里咕噜滚下来。

摇啊摇

摇啊摇,摇到外婆桥,外婆叫我好宝宝。

糖一包,果一包,还有汤团和年糕。

2. 记录速度新闻播报

(1)马万祺先生公祭仪式在澳门举行

央视网消息:杰出的社会活动家、著名的爱国人士、澳门工商界知名人士,中国共产党的亲密朋友、中国人民政治协商会议第八、九、十、十一届全国委员会副主席,中华文学基金会会长,澳门中华总商会永远会长,澳门镜湖医院慈善会永远主席,澳门大华行投资有限公司董事长马万祺先生悼念和公祭仪式,6月1号在澳门综艺馆举行。

马万祺先生因病于2014年5月26号18时在北京逝世,享年95岁。

(2)《人民日报》评论员文章:从战略全局高度谋划新疆工作

央视网消息:明天出版的《人民日报》将发表评论员文章,题目是《从战略全局高度谋划新疆工作——论学习贯彻习近平总书记新疆工作座谈会重要讲话精神》。

文章指出,习近平总书记在第二次中央新疆工作会议上的重要讲话,高屋建瓴、旗帜鲜明、内涵丰富,具有很强的政治性、全局性、战略性。做好当前和今后一个时期的新疆工作,就要认真学习贯彻总书记讲话精神,使新疆工作站在高处,想在远处,干在实处。

五、吐字综合训练

1. 广告语

下面的广告语都是大家非常熟悉的,可以设计好情境朗读,尽量让自己的吐字接近所设想的感觉和意境。可以适当模仿,但更要想想如何创新。

(1)"国窖1573"

(2)"山高人为峰"

(3)"中国中央电视台"
(4)"药材好,药才好。"
(5)"滴滴香浓,意犹未尽。"
(6)"钻石恒久远,一颗永流传"
(7)"科技以人为本"
(8)"人头马一开,好事自然来"
(9)"牛奶香浓,丝般感受"
(10)"沟通从心开始"
(11)"境由心生,自在娇子"
(12)"一品黄山,天高云淡"
(13)"我是、我行、我素"
(14)"鹤舞白沙·我心飞翔"
(15)"更多选择更多欢笑"
(16)"止,而后能观。风动,竹动,心动;有节,情意不动。中国银行"
(17)"一花一草皆生命,一枝一叶总关情。"
(18)"同一个世界同一个梦想"
(19)"用爱心为生命加油!"
(20)"尊重历史,憧憬未来。"

2. 篇章
(1)中共中央、国务院、中央军委对探月工程嫦娥三号任务圆满成功的贺电

央视网消息:中共中央、国务院、中央军委12月15号对探月工程嫦娥三号任务圆满成功致贺电。贺电全文如下:

工业和信息化部、国家国防科技工业局、总装备部、中国科学院、中国航天科技集团公司、中国电子科技集团公司并参加探月工程嫦娥三号任务的全体同志:

在探月工程嫦娥三号任务取得圆满成功之际,中共中央、国务院、中央军委向参加这次任务的全体科技工作者、干部职工、解放

军指战员,表示热烈祝贺和亲切慰问!

嫦娥三号任务圆满成功,首次实现了我国航天器在地外天体软着陆和巡视勘察,标志着我国探月工程第二步战略目标的全面实现,在我国航天事业发展中具有里程碑意义。这是在以习近平同志为总书记的党中央坚强领导下,航天战线落实创新驱动发展战略的重大成果,是中国人民在攀登世界科技高峰征程上铸就的新辉煌,是中华民族为人类探索利用太空作出的又一卓越贡献。嫦娥三号任务是我国航天领域迄今最复杂、难度最大的任务之一,工程全线坚持自力更生、勇于探索、大力协同、攻坚克难,体现了坚定的道路自信、理论自信、制度自信。你们创造的丰功伟绩、展示的拼搏精神,将激励全党全军全国各族人民更加信心满怀地投身改革开放和社会主义现代化建设,奋力开拓中国特色社会主义更为广阔的发展前景。祖国和人民将永远铭记!

探索浩瀚宇宙、和平利用太空,是中华民族的千年梦想和不渝追求。以嫦娥三号任务圆满成功为标志,我国探月工程将全面转入无人自动采样返回的新阶段,任务更加艰巨,挑战前所未有。希望工程全体同志紧密团结在以习近平同志为总书记的党中央周围,深入贯彻落实党的十八大和十八届二中、三中全会精神,大力弘扬"两弹一星"精神和载人航天精神,再接再厉,团结拼搏,改革创新,锐意进取,不断谱写中国航天事业发展新篇章,为全面建成小康社会、不断夺取中国特色社会主义新胜利、实现中华民族伟大复兴的中国梦作出新的更大贡献!

(2)晚会主持:2012春节联欢晚会主持词

男:亲爱的朋友们,大家……

合:过年好!

男:这里是中国中央电视台2012年春节联欢晚会的直播现场。感谢全国各族人民,感谢全世界的中华儿女跟我们一起喜迎壬辰龙年!

女:这里是高朋满座的团圆大联欢!感谢电视机前的千家万

户又一次准时守候！感谢各位现场的来宾携家人与我们团聚一堂，共度除夕！

男：这里是全新打造的春晚舞台！在这里要感谢所有的观众朋友们在过去的整整三十年里和中央电视台的春节联欢晚会相携相守，相亲相知！

女：在这迎春纳福的喜庆之夜，感谢中华民族传承千载的伟大文明，让我们喜庆团圆的中国年恩泽万代，福佑东方！

男：这正是：看今朝，九州春色起龙年，八方欢歌庆团圆。

女：新人新岁新意满，拜亲拜友拜大年！

男：2012年是壬辰龙年，龙是中华民族的图腾，所以一到龙年啊，咱这心里是特别期盼，特别高兴。我想要是这属龙的朋友今晚登台表演也一定会特别投入，他呀要和自己的一位朋友带来一段充满激情的表演。让我们掌声欢迎王力宏、李云迪……

女：观众朋友，我们今年春晚的主题是回家过大年。这一到过年啊，对于咱们中国人来说，无论家有多远、路有多难、天有多冷，都挡不住游子回家的脚步。因为那里有爹妈期盼的眼睛，那里有我们的根，而春节的根延续的也是中华儿女世世代代的血脉情缘，它总能够在这个特殊的日子里，指引着我们回到最初的家园。

男：文化是民族的血脉，是人民的精神家园。千百年来，习俗在变，但是回家团聚的渴望不会改变；拜年的形式在变，但是晚辈尊敬长辈的心意是永远不会变的。无论岁月如何变迁，无论习俗如何改变，那血浓于水的亲情永远不变……

女：东海涌春潮莺歌燕舞，中天辉丽日虎跃龙腾。

男：西域起龙图呈祥献瑞，中原闻鹊喜祈福拜年。

女：南地响鞭炮迎新辞旧，中宵传贺语恭喜发财。

男：北国沐龙光人和政善，中花开盛世物阜民安。

女：亲爱的朋友们，2012年是壬辰龙年。龙是中华民族的图腾，龙年是属于每一位中华儿女的年份。每到这一年啊，我们的心里会格外地期盼，格外地高兴。在龙年钟声即将敲响的时候，我们也要再一次深情地祝愿,祝愿中华民族走向伟大复兴,祝愿我们的祖国繁荣富强,祝愿百姓生活幸福安康,祝愿我们每一位在新的一年都能够一路阳光!

男:今夜让我们举杯,用最朴素的语言祝福生活!

女:今夜让我们共舞,用最美丽的心情迎接春天。

男:感谢朋友们携家人来到现场,更要感谢电视机前的观众朋友,和我们一起迎来了龙年2012年中央电视台春节联欢晚会。要和大家说再见了,让我们一起用微笑拥抱龙年!

(3)专题解说:长城

长城以其"上下两千年,纵横十万里"久远广阔的时空跨度,被赞誉为人类历史上最为宏伟壮观的人工建筑奇迹。长城在中国历史上发挥了深远巨大的影响,也积淀和凝聚了极为丰富深刻的思想内涵,鲜明地体现出构筑者的思想感情、思维方式、价值取向,熔铸了中华民族的文化精神。

人们往往从长城厚重纷繁的历史底蕴中抽取含义不尽相同甚至完全相反的比喻和象征,各种比喻或象征之间的反差非常之大。如果是在一般情况下拿长城作为某种比喻或象征,从长城斑驳多彩的内涵中撷取一二自无不可;但如果是以长城作为中华民族精神的象征,就应在严肃考察长城历史作用的前提下,选择其最本质的特征、最能激励中华民族奋进的内涵加以考辨、阐释和弘扬。

(摘自央视国际)

(4)新闻消息:彗星

本台消息:9年来最亮的一颗彗星马克罗特彗星最近开始出现在北半球早晨和傍晚的天空中。据了解,这颗以发现者马克罗特命名的彗星是去年8月7日在澳大利亚被发现的,当时十分暗淡。然而,最近几天,它的亮度已经可以和夜空中最明亮的金星媲美。马克罗特彗星来自非常遥远的奥尔特云,经过上百万年的长途跋涉,将于本月12日飞近太阳,随后又将飞回遥远的奥尔特云,不再回归。

(摘自央视《新闻联播》)

(5)现场报道:庆祝北京奥运会倒计时一周年

观众朋友,今天北京奥运会迎来了倒计时一周年,全国各地举行了丰富多彩的庆祝活动迎接奥运。今天晚上8点8分,国际奥委会将在天安门广场向全世界发出参加2008年奥运会的邀请,这是第一次从举办国发出。在奥运会倒计时一周年之际发出邀请是奥运史上的惯例,以往都从国际奥委会总部瑞士洛桑举行。我们看到天安门广场上,庆祝晚会的各项准备工作都已就绪。来自内地、港澳台和欧美各国的文体明星,今晚将在象征天圆地方的舞台上做精彩表演。

(摘自央视《新闻联播》)

(6)主持人谈话:菲律宾的编织屋顶

观众朋友,咱们中国有句老话,说淘气的孩子三天不打,上房揭瓦。这句话在热带就没法用了,因为这里的房顶都是用树叶做成的。这个针线活可是相当大的手笔,尖细的叶子是针线,宽大的叶子就是布料了。就算是巧手的裁缝,要织出一片屋顶,遮住一片天,也不是那么容易的。这编房顶可不是小事儿,如果扎得不结实,最后还得返工,那可真叫添乱了。

(摘自央视《正大综艺》)

(7)散文

一脚踏进昆明,心都醉了。论季节,北方也许正是搅天风雪,水瘦山寒,云南的春天却脚步儿勤,来得快,到处早像催生婆似的正在摧动花事。有红梅、白梅、绿梅,还有硃砂梅,一树一树的,每一树梅花都是一树诗。

其实这还不是最深的春色。且请看那一树,油光碧绿的树叶中间托出千百朵重瓣的大花,那样红艳,每朵花都像一团烧得正旺的火焰。这就是有名的茶花。不见茶花,你是不容易懂得"春深似海"这句诗的妙处的。

想看茶花,正是好时候。翠湖的茶花多,开得也好,红彤彤的一大片,简直就是那一段彩云落到湖岸上。华庭寺有棵松子鳞,是明朝的,五百多年了,一开花,能开一千多朵。大理地面还有一棵更老的呢,上千年了,开起花来,满树数不清数,都叫万朵茶。

我对着茶花沉吟起来。茶花是美啊。如果用最浓最艳的朱红,画一大朵含露乍开的童子面茶花,岂不正可以象征着祖国的面貌?

(节选自杨朔《茶花赋》)

第三单元 喉部控制

喉部构造决定了一个人声音的特征,但是发声方法不同,声音的质量会有很大的差异。用声方法是后天可以通过训练改善的。没有经过发声训练的人往往在喉部控制方面存在一些问题,比如喉部紧张用力、挤压嗓子,或者用声过实、过虚,超出了语言表达需要的范围和程度等等。喉部控制的掌握不仅能为语言表达增色,还能延长嗓子的使用寿命,防止由不科学发声引发的喉部疾病,让声音能"得心应口"。

喉位于气管上端,是气息作用的直接目标,是呼吸通道的一部分,气流经过声带,使其振动,产生喉原音,它的基本功能是制声。喉原音未经声道的扩大和调制,声音很微弱。

声带是喉的一部分,它前端在最大的软骨的后端,大约 2cm 左右,附着在 2 块软骨上。声带呈瓷白色,无血管附着。男声比女声声带长,所以偏低,大于 2cm,女声声带小于 2cm。声带上有黏膜,像水的波纹一样对称振动叫黏膜液,声带上不能长任何东西,要有完好的闭合,声音才能干净,闭合不好声音就会出现暗哑,长东西也会哑。

第一节 喉部控制的要领

一、喉头相对稳定

喉头要相对固定,提喉发音就会紧张,致使声音带有"挤"的色彩;压喉发出的声音听起来"空",影响吐字的清晰。因此应保持喉头的相对稳定是获得自然、通畅的声音的基础。发声时自己感觉声音的宽窄要合适,并结合自己的声音类型找到适合的用声位置,不应刻意改变。

二、喉部相对放松

在发音时,两声带不是紧密闭合,而是轻松靠拢的状态,喉部在放松的状态下,肌肉活动才能灵活自如,产生泛音共鸣丰富的声音。声带紧密闭合的状态下,发出的声音硬而直,声带本身容易疲劳,喉部着力越大,声音越暗淡。

喉部放松控制的感觉可以概括为:用吸气的状态发音。吸气时,声带呈轻松张开的状态,尽管发音时两声带不可能是打开的,但尽量保持这样的意念发音,两声带就能轻松靠拢。如此发出的声音,是虚实声结合的音色柔和的声音,听起来亲切自然。

三、喉部控制与呼吸控制、口腔控制配合

在发声过程中,喉部控制不能脱离呼吸控制和口腔控制单独进行,三者必须紧密配合,协调动作,才能发出合乎质量要求的声音。

由于声带松紧、薄厚的变化,声门控制状态产生变化,使声音呈现出高低、强弱、明暗、虚实等变化,这些变化离不开另一个重要的支持——气息。喉部控制一个重要的要领就是使声带闭合力和气息压力产生一个最佳的配比关系。一定的声音状态应有相应的气息压力来支持。在实际用声当中,往往会出现声音已经变化了,而气息状态却僵死不变的情况。长期这样用声会导致声嘶力竭或声带的病变。另外,气息和声带的闭合在时间上要配合好,做到气到声闭。

对喉部的保护核心就是放松。声音不好首先是气息不支持,

气息不支持就拼嗓子,就是喉部着力了。声音的变化体现气息的状态。发声时应注意气息压力与声带闭合力的配比关系。

主要练习方法是气泡连音。气泡音是最放松的,喉是放松的,声带是放松的,但能发出声音来。气泡连音 eeeee······ei 送出一个正常的声音,但保持住了声带放松的基本状态。从单发时获取到放松的感觉,把它移植到正常的发音过程中。

不同音色的喉原音在口腔内受到咬字器官的节制,形成了不同的语音,为了使喉部相对放松,除了注意气息的供给,还必须强调和口腔的控制的配合。在发声时唇舌无力,不仅造成吐字含混,还会加大喉的负担,导致喉部处于紧张状态,影响声音质量。

我们通常将喉部控制与呼吸控制、口腔控制的配合概括为:"抓两头,解放中间",两头分别指气息和口腔控制,中间指的是喉部。三者相配合的目的就是实现喉部的相对放松。

四、把握好基本音色

播音发声的基本音色是以实为主,虚实结合的声音,要有一定的亮度,但并非越亮越好。声音实、虚、亮、暗都是声带的不同状态产生的,任何一种状态如果过分使用就会对声带形成损害。很多人声音往往用得过亮,致使声音过分紧张,发出的声音不柔和。

五、用声状态积极、有感情

在发声时,应注意整体状态要积极自然,对稿件有热情,有较强的播讲愿望,并且能够有目的、有变化地发声。被动的、冷漠的、机械的、无目的的发声必然加剧喉的疲劳感。

六、克服不良用声习惯

用声时应注意自己的体态、动作,不能仰头、低头或偏头发声,这些不良习惯会使喉部产生压迫感，影响声音质量。正确的姿态要求头要正，眼睛平视，下颌微收，双肩自然下垂，胸部放松。

第二节 发声能力拓展训练

一、音高变化训练——扩展音域

音高变化的能力范围也可以叫做音域。音高变化训练被称为扩展音域，戏曲、曲艺艺术称为"吊嗓"。播音专业人员应当有能力驾驭更多类型的稿件，声音应有很大的适应能力，音域的拓展训练是必要的基本功训练。正常人依靠自然养成的音域只有半个八度，音域的扩展训练标准要定在接近或者达到两个八度的水平，具备的能力必须大于我们的应用范围，声音的使用才能游刃有余。

扩展音域最常使用的训练方法有两种：一种是声音的上绕下绕练习；另一种是用同一首诗歌进行不同音高范围的朗读。

1. 螺旋式上绕、下绕练习

从自然音高开始，发 a 音或者 i 音，层层上绕，气息要拉住，小腹逐渐收紧，这是上绕。下绕练习相反也就是从自然音高开始发 a 音或者 i 音，层层下绕，上绕时气息要拉住，下绕时候气息要托起，小腹逐渐放松。周而复始，循序渐进。

2. 阶梯式升高、降低练习

先用单音节字从话音域自然音高中某一个音开始，连续发音，依照音阶逐次升高或降低。练习时注意说与唱的区别，避免发出唱声。然后可以扩展到语句练习，在保持合理语势的情况下，整体提高或降低音调。训练时应注意与呼吸控制的配合。

3. 用不同的音高朗读同一首诗

这个练习是用不同的音高朗读同一首诗,并且按照朗读诗歌的一般要求去做的,要结合朗读诗歌的要求,注意到内容和情感表达来进行练习,不是单纯的去做一种声音训练。

做上述练习要注意,首先是要量力而行,也就是说要从自然音色比较好的音高开始逐步地向高低两方面扩展。然后用客观判断来确认一下,如用钢琴或者校音器来确定上绕下绕音的音域范围。从最低音开始发到最高音,然后再从最高音发到最低音,根据自己的能力范围,要有能力在保证一定音色质量的前提下做上绕和下绕,在这个大范围当中的中间部分就是最佳的使用范围。

4. 综合练习

提示:注意每个句子起音高度要有变化,特别是相同句式反复出现时。

(1)诗词

十六字令三首　毛泽东

　　山,快马加鞭未下鞍。惊回首,离天三尺三。
　　山,倒海翻江卷巨澜。奔腾急,万马战犹酣。
　　山,刺破青天锷未残。天欲堕,赖以拄其间。

(2)散文

物我两忘　刘墉

一位舞蹈家说,在我上场之前,我先尽量地放松,使舞蹈的情绪与冲动渐渐提升起来。然后我便觉得地板不再是冷硬的地板,而变成了我的朋友。她是那么的温柔而且有弹性,仿佛是我爱人的肌肤一般,她张开双臂,迎接我投入其间。于是我便轻盈地,仿佛出壳的魂魄,把自己对生命的爱,以一种浑然的姿态,融入其中。我已经不知道什么是舞台,什么是我,什么是音乐,什么是动作,因为我就是舞,舞就是灵魂。

一位钢琴家说,在我还没有弹出第一个音符的时候,我以极短的时间,调整自己的呼吸,仿佛是弓箭手,将箭搭在弦上的一刹那,他的心不在弓,也不在箭,而在靶上。同样的,我的心不在琴键,不在观众,甚至不在音符,而在那浑然一体的爱和赞颂。这时那原本冷硬的琴键也便不在冷硬,而仿佛是正在召唤我似的,叫我以十指、身体和全部的生命投向它。我还可能有什么惧怕吗?因为我已不再是我,琴已不再是琴,我就是琴,琴就是音乐,音乐就是生命啊!

所以当你觉得舞台是硬的,琴键是冷的,观众是可怕的,自己是怯懦的时候,绝不可能有最佳的表现。只有媒体不再是媒体,过程不再是过程,神理合一、物我两忘的时刻,才能达到艺术的最高境界。

二、音强变化训练——调节响度

在我们日常生活当中,语言声音响度变化的幅度一般不大,而声音响度的变化在艺术语言创作当中是必须要有的,两者存在一定的差距。另外在没有扩音设备和噪音比较大的环境当中用声,对专业人员声音响度的要求也高于非专业人员,因此对于声音响度的调节要经过一定的训练才能满足有声艺术语言使用的要求。音强变化的训练也称为调节响度,戏曲、曲艺艺术称为"喊嗓"。

声音响度的变化主要取决于气息压力的变化,二者是成正比的,另外还和共鸣以及声带的作用有关系。当音强产生变化时,应特别注意气息状态的支持,灵活变化气息状态,使其和喉部声门的闭合力处于一个较为和谐的配比关系,不能生拼嗓子。声音响度调节的训练方法和要领有以下几点:

第一,利用设想听众人数的方法来变化音量,从感觉上去调整。比如说一对一,一对十,一对一百,一对几百等等。如果是在没有扩音设备的情况之下,那么就必须根据听众人数多少来调节声音的大小。让声音响度从小到大的练习过程中,始终能有目标感、对象感,不至于空喊。

第二,利用设想同听众之间不同距离的方法,做变化音量的练习。比如说面对面到相隔几排桌椅,到隔着一间屋子,隔着一条马路,到两个山头之间,在这种空间感觉的引导下调节变化不同的音量。

第三,利用不同的语言方式(或语体)来变化音量。比如自言自语、谈心、朗读、演讲或者领诵,不同的方式、不同的语体,需要有音量的变化。

声音响度的调节需要注意的问题:

第一,音量和音高不一定成正比。

我们日常生活当中的发声习惯是音量一大声音就高,音量一小声音就低,在训练的时候我们就要特别注意进行一些与平日习惯不同的练习,比如小音量高音练习,大音量低音练习。

第二,音量和吐字力度不一定成正比。

从我们的生活习惯来看,大音量的时候往往咬字力度是加大的,致使声音变得僵直;而小音量的时候,咬字的力度也随之减小了,字音含混不清,音色也不好听了。但是在我们有声语言艺术创作当中,应该注意到它存在着相反的一种规律,这样才能够把握住音量和咬字力度的关系,音量减小时,咬字力度反应加大,使音色能够保持一致。

另外在进行上述练习的时候,还要注意量力而行,从中等音量开始逐步向大小两个方向发展;把握相对统一的音色,大音量不喊不挤,小音量不压不捏。

练习:《长江之歌》朗诵

要求:(1)设置不同听众人数朗诵。

(2)设置不同用声环境,如话筒前、小礼堂、人民大会堂等。

你从雪山走来,春潮是你的风采,
你向东海奔去,惊涛是你的气概。
你用甘甜的乳汁,哺育各族儿女,

你用健美的臂膀，挽起高山大海。
我们赞美长江，你是无穷的源泉，
我们依恋长江，你有母亲的情怀。
你从远古走来，巨浪荡涤着尘埃，
你向未来奔去，涛声回荡在天外。
你用纯洁的清流，灌溉花的国土，
你用磅礴的力量，推动新的时代。
我们赞美长江，你是无穷的源泉，
我们依恋长江，你有母亲的情怀。
啊！长江！

三、音色变化训练

1. 取得和稳定基本音色

具体练习的要求如下：

第一，要有相对较大的口腔开度，应该注意到这个开度不是指张大嘴，主要是后声腔要开，前部的动作不要过大。

第二，舌头要自然平，稍收拢，上下齿微露，唇齿相依，口腔前庭也就是唇齿之间不留空隙。

第三，各咬字器官要保持均衡的紧张状态，这种均衡的紧张状态不等于不用力。

第四，吸气吸到七八成满，呼气的时候要注意均匀平稳。

第五，要依据自己习惯的音量和音高，以及对音色的评价标准来发出标准的 a 音来，基本音色是以实为主虚实结合的音色。

按照以上要求练发延长的 a，取得和稳定基本音色。a 这个音是出现在语音当中口腔开度最大的一个音素，它也是在汉语当中出现频率比较高的一个音素。用 a 的发音作为声音训练的主要方法之一，有利于取得符合特定艺术形式要求和自身条件的最佳音色，并且可以使这种基本音色稳定下来。另外，通过练发不断延长的具有稳定音色的 a 音还可以提高气息稳定持久的控制能力。练发延长的 a 音要取得的基本音色应该是一种以实为主虚实结合的音色。

2. 基本音色的虚实变化

在取得和稳定基本音色的基础上,还应求得音色的变化。我们训练的是声音色彩,不是音色。音色不能改变,但声音色彩是可以改变的。声音色彩变化主要表现为声音的虚实变化,这种虚实变化是在以实为主虚实结合这样一种基本音色的基础上来进行的。实声是声门闭合紧,无缝隙,明亮坚实的声音;虚实声的声门状态较实声稍松,略有缝隙和气流的摩擦声;虚声的声门状态没有完全闭合,气流摩擦声较大;发气声时,声门状态大开,声带基本不颤动。

虚实声的变化要求喉头虚声不松懈,实声不捏紧;气息流量,虚声的时候不多,实声的时候不少;从咬字的力度来看,虚声的时候不松,实声的时候不紧,字音要比较充实。当然这都是相对的,不能一成不变,僵死地理解。

具体的练习步骤:

第一,做单元音虚实对比练习。以单元音 i 和 a 为主,先发实声的 a 和 i 音,再发相对虚的 a 和 i 音,最后做由虚向实或者由实向虚的过渡练习。

第二,是词语的起声状态练习。这种练习可以以两字词为主,两字词的第一个字先硬起,也就是用实声来起声;再软起声,用虚实结合的这样的音色;最后,用气起声,也就是用虚的这样音色来起声。

第三,短句的虚实结合练习。这里可以用五言或者七言诗的诗句为练习材料,在每一句当中安排不同的虚或实和虚实结合的音节词语,使不同色彩的字词自然组合成一句,也就是要从诗的思想感情,从它的内容出发来朗读。

(1)虚实对比练习

a(实)—a(虚)　i(实)—i(虚)　a(虚)—a(实)　i(虚)—i(实)

大海(实)—大海(虚)　伟大(实)—伟大(虚)

飞沙走石(实)—飞沙走石(虚)
大刀阔斧(实)—大刀阔斧(虚)

(2)虚实过渡练习

微波浩渺(虚实)的海面上,霎(虚)时间(虚实)洒(虚)遍了银光(虚实)。

(3)综合练习

提示:声音色彩的虚实变化,对应于稿件情感的变化,每个人理解不同,不强求一致。另外,声音色彩的变化的层次是丰富的,运用时不能生搬硬套。

①诗词

黄鹤楼　　崔颢

昔人已乘黄鹤去,此地空余黄鹤楼。
黄鹤一去不复返,白云千载空悠悠。
晴川历历汉阳树,芳草萋萋鹦鹉洲。
日暮乡关何处是?烟波江上使人愁。

②新闻:两岸春节包机对飞

本台消息:以"阳光之旅,相约世博"为主题的东航世博号,载着290名归乡过年的台湾乘客从上海浦东机场顺利起飞。这是大陆首班飞往台湾的班机,今年两岸春节包机对飞拉开了序幕。

在今天的乘客中,东航工作人员找到了两年前乘坐过两岸春节包机的小旅客,工作人员把他们以前的照片制成相册,送给了孩子们。在北京首都机场,今天第一架飞往台北的国航班机机身喷上了北京2008年奥运福娃图案。国家民航总局的消息说,明后两天,两岸将会有19个往返航班起降在北京、上海、广州、厦门和台北、高雄,春节包机将进入载运高峰。

(摘自央视《新闻联播》)

广西野生金花茶怒放兆丰年

本台消息:在广西十万大山,我国特有的珍稀濒危植物40多万株野生金花茶正迎来灿烂盛放的季节,金花茶被称为"植物界的大熊猫",目前全世界9成的数量分布在十万大山兰山支脉一带。

(摘自央视《新闻联播》)

③散文

曲曲折折的荷塘上面,弥望的是田田的叶子。叶子出水很高,像亭亭的舞女的裙。层层的叶子中间,零星地点缀着些白花,有袅娜地开着的,有羞涩地打着朵儿的;正如一粒粒的明珠,又如碧天里的星星,又如刚出浴的美人。微风过处,送来缕缕清香,仿佛远处高楼上渺茫的歌声似的。这时候叶子与花也有一丝的颤动,像闪电般,霎时传过荷塘的那边去了。叶子本是肩并肩密密地挨着,这便宛然有了一道凝碧的波痕。叶子底下是脉脉的流水,遮住了,不能见一些颜色;而叶子却更见风致了。

(节选自朱自清《荷塘月色》)

四、喉部控制综合训练

> **训练提示**
>
> ☞以下训练应注意语境对用声的规定性,将对于音高、音强、音色的训练综合起来加以运用。

1. 晚会主持:华益慰——"值得托付生命的人"

(演播室现场主持)

亲爱的观众朋友们,晚上好!让我们一起走进《感动中国》颁奖盛典。和往常一样,我们聚集在这里,一起收获上一个年度留给我们的感动,它可以让我们感到温暖,它让我们的心灵向善,更重要的是,让我们感觉到了一种继续向前走的力量。

我们先来了解这个名字,他与中国历史上的名医华佗同姓,他用优秀的职业技术使所有来到他身边的病人受益,他让我们所有人对这个职业的期待得以安慰。这可能就是华益慰这三个字,连在一起带给我们的感动。

（专题片配音）

华益慰是著名医学专家，一生兢兢业业，被患者誉为"值得托付生命的人"。华益慰医术高明，行家称华益慰的手术特点是精巧细腻，好似绣花，十分精湛。别人用一号线，他甚至用零号线，尽可能减少病人的损伤。不仅如此，他更像亲人一样为患者着想，这正是华益慰一生所秉承的"医乃仁术"。为了给病人省下上万元的手术费用，华益慰经常采用传统的方法，忍受着腰部的剧痛，伏在手术台上四五个小时精心缝合，这样患者只需花费 400 元钱。从医 56 年，华益慰只做着一件事，那就是对得起病人。

（演播室现场主持）

推选委员给予华益慰高度评价，推选委员会的感动印象是：不拿一分钱，不出一个错，这种极限境界，非有神圣信仰不能达到。他是医术高超与人格高尚的完美结合。他用尽心血，不负生命的嘱托。获奖者——华益慰。

（改编自央视《感动中国》）

2. 晚会主持：香港回归十周年晚会

观众朋友，晚上好，这里是庆祝香港回归祖国十周年晚会直播现场！1997 年 7 月 1 日，是一个举国欢庆的日子。那一天，中华民族的百年国耻得以洗雪，"东方明珠"香港顺利回归。时光飞转，岁月如流，而今我们迎来了香港回归后的第一个十年！

观众朋友，香港面积为 1100 多平方公里，是北京的十五分之一，人口 690 多万，相当于北京的一半。然而就是在香港，每秒钟，就有一万多美元的外资流入，每分钟，就有一架飞机起降，每小时，就有两千六百多个货柜在装卸，每一天，就有 42 万旅客进出香港。

十年前，美国著名财经杂志《财富》甚至以《香港之死》一文来断言九七后香港的没落，这篇文章称：香港回归中国后，北京会控制港府的各个部门，外商会受到不公平的待遇。十年后，香港向世界交出了一份这样的答卷：从 2003 年以来，香港的平均经济增长率达到了6.8%,高于美国、欧盟和日本这些成熟经济体1到2个百分点;在瑞士洛桑管理学院最新公布的2007年全球竞争力的评比中,香港在五十五个国家和地区中位居全球第三。

香港,百年沧桑,十年欣喜!十年来,你用勃勃生机和繁荣稳定告诉世人,你一路走来的步伐是多么坚定;十年来,"一国两制"的方针不仅得到香港同胞的拥护,也获得了国际社会的广泛认同。十年了,香港,我们在这里说出对你的祝福,让香港倾听,让中国铭记,让世界瞩目!

第四单元　共鸣控制

气流经过声带，使其振动，产生了一种非常微弱的声音叫喉原音。只有经过声道共鸣腔才能被扩大和调制。在这一调制过程中形成了字音，调制如果科学合理，还会对声音起到美化的作用，使声音清晰圆润、泛音丰富，几个共鸣腔的共同作用，使声音浑厚不失明亮，扎实不失柔和。因此共鸣控制是改善声音质量的重要环节。

第一节　播音共鸣的特点和控制要领

一、共鸣器官及播音共鸣的特点

共鸣器官由喉以上的喉腔、咽腔（喉咽、口咽、鼻咽）、口腔和鼻腔（鼻窦、蝶窦、额窦），以及喉以下的气管和胸腔构成。

喉腔产生喉原音，声音很小，形成可以调节的声音的第一次共鸣，播音发声要求喉头放松，避免刺激迷走神经；另外喉头应相对稳定，避免喉部肌肉疲劳，保证喉原音的质量。

咽腔容积较大，管子较长，形状改变幅度较大，是重要的可以调节的共鸣腔。播音发声要求在发声过程中身体坐正，后咽壁积极、正直并保持一定的坚韧度，同时强调软腭抬起的积极状态。

播音发声以口腔共鸣也就是中部共鸣为主，口腔在发声过程中最为灵活，是非常重要的可以调节的共鸣腔。在发声过程中要求打开后声腔：提颧肌、打牙关、挺软腭、松下巴。同时强调唇舌力量的集中,以及声音的着力位置,也就是响点:硬腭前部的腭前区。字音是在口腔内形成的,必须结合吐字运用口腔共鸣,以保证字音清晰、字正腔圆。

鼻腔产生的共鸣艺术性强,修饰色彩强,鼻腔共鸣的适量使用可以使声音集中、明亮。发声时依靠软腭的挺与垂来改变鼻腔共鸣的大小,如果鼻音过重,必须挺软腭,使软腭积极起来。另外与口腔共鸣相结合,声音着力点是硬腭前部,再往上就容易出现过多的鼻音。

胸腔容积大,低频共鸣明显,可以使声音浑厚、结实。发声时要求两肋打开撑住,保持积极状态,在腹壁站定时能自由开合。这里须注意积极有控制意识就好,如果气息全集中在胸部会导致两肋僵死。另外,胸部的响点不是固定不变的,也不是所有节目都需要丰富的胸腔共鸣,结合具体情况灵活调节。如果共鸣量过强,会产生"音包字"的现象,影响到字音的清晰度,是不符合播音发声特点的。

根据播音主持工作新闻属性的要求,声音要朴实、自然、大方,因此播音发声共鸣的特点是以吐字清晰为前提,以口腔共鸣为主,以胸腔共鸣为基础,泛音共鸣适量的声道共鸣方式。做到可以灵活变化各种共鸣的比例,保证共鸣控制与呼吸控制、口腔控制、喉部控制的协调,互相配合支持发声。

二、共鸣控制的要领

发音的整体感觉:气息下沉,两肋扩张,喉部、胸部放松,声音像一根弹性声音柱,有胸部的支持垂直向上,经口咽处流动向前,沿上颚中线前行,"挂"于硬腭前部,透出口外。声音通畅,运行自如。具体应注意以下几点:

第一,脊背直而舒展,颈不要前探或后坐,颈前部肌肉放松,保持咽管的通畅,利于发挥咽腔的共鸣作用。

第二,胸部放松。不要故意挺胸,吸气不应过满,否则容易造成胸廓僵硬,不利于灵活调节胸部共鸣。发音时放松胸部,主观感觉声音像从胸部响点透出,有利于增加胸共鸣色彩。

第三,适当打开后槽牙,使槽牙之间有一定距离,下颌活动灵活,不要"咬牙"发音,取得丰富的口腔共鸣。

第四,感觉经口咽出来的声束,沿上颚中线前行,向硬腭前部流动冲击,透出口外,声音明朗集中,增强了发声效率。

第五,共鸣与呼吸控制密切相关。共鸣调节只有通过气息调节才能实现。较强的共鸣需要足够的气息量;高泛音共鸣需要空气柱有较高的密度与压力,小腹控制较紧;低音共鸣的运用需要一定气息量,小腹控制较松;中音共鸣比较节省气力,但空气柱也需要一定的密度与流量,才能把声音送到口腔前部,充分发挥口腔的共鸣作用。气流过强过弱都不利于共鸣的灵活调节。

第二节 共鸣控制的训练

一、共鸣状态练习

一是,以自己感觉最舒服的音高发六个单元音 a、o、e、i、u、ü,体会上下贯通的共鸣状态。发音时用手轻按前胸上部和两颊都会感到振动。

二是,降低声音高度发六个单元音,体会胸腔共鸣的加强;提高声音高度发音,体会胸腔共鸣的减弱,共鸣位置的上移。

二、胸腔共鸣训练

1. 体会练习

(1)发 ha、hei

手放在胸前,发 ha 或者 hei,随着声音高低变化,胸部的振动感会减少或增加。胸腔振动明显时,声音是低沉、浑厚的,仔细体会这时胸廓的开度和两肋积极的状态,并把这种感觉贯穿或者移植到其他的发声训练当中。

(2)用夸张上声体会

好 hǎo　　美 měi　　海 hǎi　　吼 hǒu　　访 fǎng　　板 bǎn

2. 多音节词训练

训练提示:这组词开口度较大,易于体会胸腔共鸣。注意先找到积极的两肋撑开的状态。

淡雅　畅游　傍晚　朝阳　宝藏　贝雕　苍茫　灿烂　婵娟　长征
刀山火海　眉飞色舞　豪言壮语　鹏程万里　拔苗助长

3. 诗词

渔家傲·秋思　范仲淹

塞下秋来风景异。衡阳雁去无留意。四面边声连角起。千嶂里。长烟落日孤城闭。

浊酒一杯家万里。燕然未勒归无计。羌管悠悠霜满地。人不寐。将军白发征夫泪。

4. 歌词

大海啊,故乡　王立平作词

小时候妈妈对我讲,大海就是我故乡,海边出生海里成长。大海呀大海,是我生活的地方,海风吹海浪涌,随我漂流四方。大海啊大海,就像妈妈一样,无论天涯海角,总在我的身旁。大海啊故乡,大海啊故乡。

三、口腔共鸣训练

口腔是人体可调节的最重要的共鸣腔,口腔也是字音的制造场,因此口腔共鸣的调整应结合字音进行训练,本书口腔控制部分的训练同时适用于口腔共鸣训练。

1. 声抵硬腭前的体会

(1)音节训练

打开牙关,发出以下复韵母,体会声束沿上颚前行,"挂"于硬腭前部的感觉。

ai ei ao ou iao iu ian ui

发出以下较短促的音节,体会声束冲击硬腭前部的感觉。

ba bi bu pa pi pu ma mi mu

(2)象声词练习

当啷啷 吧嗒嗒 滴溜溜 咣当当 呼啦啦 咕噜噜 扑通通

2. 诗词

题菊花   黄巢

飒飒西风满院栽,蕊寒香冷蝶难来。
他年我若为青帝,报与桃花一处开。

春晓   孟浩然

春眠不觉晓,处处闻啼鸟。
夜来风雨声,花落知多少。

三、鼻腔共鸣训练

1. 体会练习

增加和减少鼻音共鸣是由软腭的下垂和挺起来进行调节的,软腭抬起,鼻腔共鸣减少。可以用 a、i 两个元音来体会软腭不同状态下,交替发出两个元音的口音和鼻化元音,体会软腭的不同状态及产生的不同声音色彩。

2. 鼻音词汇训练

面容 面孔 年龄 牛郎 泥泞 版面
昏黄 洋装 温暖 瓮中 晚班 横眉

3. 诗词

闻官军收河南河北　杜甫

剑外忽传收蓟北,初闻涕泪满衣裳。
却看妻子愁何在,漫卷诗书喜欲狂。
白首放歌须纵酒,青春作伴好还乡。
即从巴峡穿巫峡,便下襄阳向洛阳。

月夜忆舍弟　杜甫

戍鼓断人行,边秋一雁声。
露从今夜白,月是故乡明。
有弟皆分散,无家问死生。
寄书长不达,况乃未休兵。

四、音高变化的共鸣训练

(1) 拔音练习。即由最低拔向最高发 a、i、u,体会共鸣状态的变化。

(2) 绕音练习。一种是上绕音,由低至高螺旋向上发 a、i、u;一种是下绕音,由高至低螺旋向下发 a、i、u。

五、共鸣综合训练

1. 寓言

冬天与春天

冬天讥笑春天,专挑他的毛病,并责备他说,只要春天一到,人们就不再安静了,有的走进原野山林观赏风景,高兴地把采集来的鲜花插在头上;有的扬帆远航,漂洋过海到别的国家游玩,毫不担心什么狂风暴雨。他又说:"我却如同一个威严的帝王,我对天发令,使人们害怕狂风暴雨和大雪;我对地发令,使人们害怕天寒地冻;我强迫人们老老实实地只待在家里度日。"春天说道:"正因如此,人们希望尽早地告别冬天。人们认为我的名字就是美丽。宙斯也说,春天是所有名字中最美的。因此,人们总是盼望春天来到。"

这是说,威逼强迫只能使人产生反感,和煦温馨却使人向往。

(摘自《伊索寓言》)

2. 寓言

狗、公鸡和狐狸

狗与公鸡结交为朋友,他们一同赶路。到了晚上,公鸡一跃跳到树上,在树枝上栖息,狗就在下面树洞里过夜。黎明到来时,公鸡像往常一样啼叫起来。有只狐狸听见鸡叫,想要吃鸡肉,便跑来站在树下,恭敬地请鸡下来,并说:"多么美的嗓音啊!太悦耳动听了,我真想拥抱你。快下来,让我们一起唱支小夜曲吧。"鸡回答说:"请你去叫醒树洞里的那个看门守夜的,他一开门,我就可以下来。"狐狸立刻去叫门,狗突然跳了起来,把他咬住撕碎了。

这故事说明,聪明的人临危不乱,巧妙而轻易地击败敌人。

(摘自《伊索寓言》)

3. 小故事

骆驼跳舞　　阿诺德·洛贝尔

骆驼决心成为一名芭蕾舞演员。她说:"要使每个动作高雅完美,这是我唯一的欲望。"

她一次又一次练习足尖旋转,反复用足尖支立身体,单腿站立,伸前臂,抬后脚,每天上百次地重复这五个基本姿势。在沙漠炎热的骄阳下,她一直练了好几个月,脚起了泡,浑身酸疼不已,但是她从未想过停下不练。

终于,骆驼说:"现在我是一名舞蹈演员了。"她举行了一个表演会,在邀请来的朋友和评论家面前翩翩起舞。跳完后,她深深地鞠了一躬向大家致谢。

观众没有一个鼓掌。其中有一位发言说:"作为一名评论家和这群伙伴的代言人,我必须坦率地对您说,你的动作笨拙难看,你的背部弯弓,圆滚滚的凹凸不平。你跟我们一样,生来是骆驼,成不了芭蕾舞演员,将来也成不了!"

观众中有的悄悄地讪笑着,有的大声嘲讽着。就这样,他们穿过沙漠离去了。

"他们这样认为可就错了。我刻苦地进行训练,毫无疑问,我已经成为一名出色的芭蕾舞演员了。我跳舞只图自己快活,所以我要坚持不懈地跳下去。"

她真的这样做了,这使她愉快了好些年。

——知足者常乐。

第五单元　声音弹性

第一节　声音弹性及其获得

学习普通话语音发声,我们认识了如何使自己语音纯正,声音悦耳,但不能仅仅满足于此。因为纯正悦耳的语音也许并不能恰当地表情示意,我们获知的许多概念和情绪是由声音的色彩决定的,比如一个"好"字,我们可以说出好的程度,也可以表示出反义的色彩。声音的色彩及其对比变化,直接服务于表达,是艺术语言层面对发声的要求。播音发声要求声音色彩丰富,具备可变性,通常称作"声音弹性"。

一、声音弹性

声音弹性是指声音对于人们变化着的思想感情的适应能力,简单地说就是声音随感情变化而来的伸缩性、可变性。弹性这个词是一个物理学名词,在这里我们用在播音发声当中。人的思想感情总在不停地运动变化,这种思想感情的运动状态是播音创作的内在动力,它要求气息、声音随之而运动变化,以体现出它所感受到的一切,这实际就是播音表达的过程。播音表达要求富于弹性的声音,而我们对播音发声进行训练,就是为了取得声音的弹性。

二、声音弹性的特点

第一是表现为声音的可变性。离开了声音各方面的变化,那就谈不上声音的弹性,这里面最主要的是气息状态和声音色彩的变化。

第二是声音的变化呈现出对比性。也就是说声音的弹性是在对比当中表现出来的,是相对的,比如像气息的深浅以及急缓,声音的高低、强弱、虚实、明暗、刚柔以及薄厚等等都是这样。

第三是这种对比具有层次性。在每一个对比项目当中都可以表现出不同的层次,而层次之间有着细致的差别,控制水平越高,层次间的差别越细。

第四,声音的弹性不是以单项对比的形式出现的,而是以多种对比项目的复合形式出现的,这就产生了变化万端的声音色彩和性格。

三、声音弹性的获得

首先我们要知道,人的思想感情是运动的,声音是可变的,这两条是取得声音弹性的必要条件。运动着的思想感情是声音弹性的内在依托,这是取得声音弹性的先决条件。

要使声音富于弹性一定要注意气息随感情的运动,因为气息是发声的动力,是由情及声的桥梁。

此外,发声能力的拓展是有利于声音弹性的加强的,我们在发声的各个环节上的控制都需要留有余地,这样才有利于声音弹性的产生,在任何一个环节上表现出运动的极限都是形成声音弹性的障碍。

第二节 声音弹性训练

> **训练提示**
> ☞ 注意声音色彩各要素与内在情感的配合
> ☞ 注意声音色彩各要素的对比呈现
> ☞ 注意声音色彩各要素的分寸把握
> ☞ 声音色彩各要素与感情色彩没有绑定关系,应丰富表达手段

一、声音色彩各要素的对比训练

1. 高与低对比训练

喜悦　王蒙

　　高兴,这是一种具体的被看得到摸得着的事物所唤起的情绪。它是心理的,更是生理的。它容易来也容易去,谁也不应该对它视而不见失之交臂,谁也不应该总是做那些使自己不高兴也使旁人不高兴的事。让我们说一件最容易做也最令人高兴的事吧,尊重你自己,也尊重别人,这是每一个人的权利,我还要说这是每一个人的义务。

　　快乐,它是一种富有概括性的生存状态、工作状态。它几乎是先验的,它来自生命本身的活力,来自宇宙、地球和人间的吸引,它是世界的丰富、绚丽、阔大、悠久的体现。快乐还是一种力量,是埋在地下的根脉。消灭一个人的快乐比挖掘掉一棵大树的根要难得多。

　　欢欣,这是一种青春的、诗意的情感。它来自面向着未来伸开双臂奔跑的冲力,它来自一种轻松而又神秘、朦胧而又隐秘的激动,它是激情即将到来的预兆,它又是大雨过后的比下雨还要美妙得多也久远得多的回味……

　　喜悦,它是一种带有形而上色彩的修养和境界。与其说它是一种情绪,不如说它是一种智慧、一种超拔、一种悲天悯人的宽容

和理解,一种饱经沧桑的充实和自信,一种光明的理性,一种坚定的成熟,一种战胜了烦恼和庸俗的清明澄澈。它是一潭清水,它是一抹朝霞,它是无边的平原,它是沉默的地平线。多一点儿、再多一点儿喜悦吧,它是翅膀,也是归巢。它是一杯美酒,也是一朵永远开不败的莲花。

2. 强与弱对比训练

海燕　高尔基

在苍茫的大海上,狂风卷集着乌云。在乌云和大海之间,海燕像黑色的闪电,在高傲地飞翔。

一会儿翅膀碰着波浪,一会儿箭一般地直冲向乌云,它叫喊着,就在这鸟儿勇敢的叫喊声里,乌云听出了欢乐。在这叫喊声里充满着对暴风雨的渴望!在这叫喊声里,乌云听出了愤怒的力量、热情的火焰和胜利的信心。

海鸥在暴风雨来临之前呻吟着,呻吟着,它们在大海上飞窜,想把自己对暴风雨的恐惧,掩藏到大海深处。海鸭也在呻吟着,它们这些海鸭啊,享受不了生活的战斗的欢乐:轰隆隆的雷声就把它们吓坏了。蠢笨的企鹅,胆怯地把肥胖的身体躲藏到悬崖底下……

只有那高傲的海燕,勇敢地,自由自在地,在泛起白沫的大海上飞翔!

乌云越来越暗,越来越低,向海面直压下来,而波浪一边歌唱,一边冲向高空,去迎接那雷声。

雷声轰响。波浪在愤怒的飞沫中呼啸,跟狂风争鸣。看吧,狂风紧紧抱起一层层巨浪,恶狠狠地把它们甩到悬崖上,把这些大块的翡翠摔成尘雾和飞沫。

海燕叫喊着,飞翔着,像黑色的闪电,箭一般地穿过乌云,翅膀掠起波浪的飞沫。看吧,它飞舞着,像个精灵,高傲的、黑色的暴风雨的精灵,它在大笑,它又在高叫!它笑那些乌云,它因为欢乐而高叫!这个敏感的精灵,它从雷声的震怒里,早就听出了困乏,它深信,乌云遮不住太阳,是的,遮不住的!

狂风怒吼……

雷声轰响……

一堆堆乌云,像青色的火焰,在无底的大海上燃烧。大海抓住闪电的剑光,把它们熄灭在自己的深渊里。这些闪电的影子,活像一条条火蛇,在大海里蜿蜒游动,一晃就消失了。

暴风雨!暴风雨就要来啦!

这是勇敢的海燕,在怒吼的大海上,在闪电之间,高傲地飞翔,这是胜利的预言家在叫喊:

让暴风雨来得更猛烈些吧!

3. 虚与实对比训练

愿化泥土 巴金

最近听到一首歌,我听见人唱了两次:《那就是我》。歌声像湖上的微风吹过我的心上,我的心随着它回到了我的童年,回到了我的家乡。近年来我非常想念家乡,大概是到了叶落归根的时候吧。有一件事深深地印在我的脑子里,3年半了。我访问巴黎,在一位新认识的朋友家中吃晚饭。朋友是法籍华人,同法国小姐结了婚,家庭生活很幸福。他本人有成就,有名望,也有很高的地位。我们在他家谈得畅快,过得愉快。可是告辞出门,坐在车上,我却摆脱不了这样一种想法:长期住在国外是不幸的事。一直到今天我还是这样想。我也知道这种想法不一定对,甚至不对。但这是我的真实思想。几十年来有一根绳子牢牢地拴住我的心。1927年1月在上海上船去法国的时候,我在《海行杂记》中写道:"再见吧,我不幸的乡土哟!"1979年4月再访巴黎,住在凯旋门附近一家四星旅馆的四楼,早饭前我静静地坐在窗前扶手椅上,透过白纱窗帷看窗下安静的小巷,在这里我看到的不是巴黎的街景,却是北京的长安街和上海的淮海路、杭州的西湖和广东的乡村,还有成都的街口有双眼井的那条小街……到8点钟有人来敲门,我站起来,我又离开了"亲爱的祖国和人民"。每天早晨都是这样,好像我每天回国一次去寻求养料。这是很自然的事,我仿佛仍然生活在我的同胞中间,在想象中我重见那些景象,我觉得有一种力量在支持我。于是我感到精神充实,心情舒畅,全身暖和。

我经常提到人民,他们是我所熟悉的数不清的平凡而善良的人。我就是在这些人中间成长的。我的正义、公道、平等的观念也是在门房和马房里培养起来的。我从许多被生活亏待了的人那里学到热爱生活、懂得生命的意义。越是不宽裕的人越慷慨,越是富足的人越吝啬。

然而人类正是靠这种连续不断的慷慨的贡献而存在、而发展的。

近来我常常怀念六七十年前的往事。成都老公馆里马房和门房的景象,时时在我眼前出现。一盏烟灯,一床破席,讲不完的被损害、受侮辱的生活故事,忘不了的永远不变的结论:"人要忠心。"住在马房里的轿夫向着我这个地主的少爷打开了他们的心。老周感慨地说过:"我不光是抬轿子。只要对人有好处,就让大家踏着我走过去。"我躲在这个阴湿的没有马的马房里度过多少个夏日的夜晚和秋天的黄昏。

门房里听差的生活可能比轿夫的好一些,但好得也有限。在他们中间我感到舒畅、自然。后来回想,我接触到通过受苦而净化了的心灵就是从门房和马房里开始的。只有在十年动乱的"文革"期间,我才懂得了通过受苦净化心灵的意义。我的心常常回到门房里爱"清水"恨"浑水"的赵大爷和老文、马房里的轿夫老周和老任的身边。人已经不存在了,房屋也拆干净了。可是过去的发过光的东西,仍然在我心里发光。我看见人们受苦,看见人们怎样通过受苦来消除私心杂念。在"文革"期间我想得多,回忆得多。有个时期我也想用受苦来"赎罪",努力干活。我只是为了自己,盼望早日得到解放。私心杂念不曾消除,因此心灵没有得到净化。

现在我明白了。受苦是考验,是磨炼,是咬紧牙关挖掉自己心灵上的污点。它不是形式,不是装模作样。主要的是严肃地、认真地接受痛苦。"让一切都来吧,我能够忍受。"我没有想到自己还要经受一次考验。我摔断了左腿,又受到所谓"最保守、最保险"方法的治疗。考验并未结束,我也没有能好好地过关。在病床上,在噩梦中,我一直为私心杂念所苦恼。以后怎样活下去? 我不能回答这个问题。

漫长的不眠之夜仿佛一片茫茫的雾海,我多么想抓住一块木板浮到岸边。忽然我看见了透过浓雾射出来的亮光:那就是我回到了老公馆的马房和门房,我又看到了老周的黄瘦脸和赵大爷的大胡子。我发觉自己是在私心杂念的包围中,无法净化我的心灵。门房里的瓦油灯和马房里的烟灯救了我,使我的心没有在雾海中沉下去。我终于记起来,那些"老师"教我的正是去掉私心和忘掉自己。被生活薄待的人会那样地热爱生活,跟他们比起来,我算得什么呢? 我几百万字的著作还不及轿夫老周的四个字"人要忠心"。(有一次他们煮饭做菜,我帮忙烧火,火不旺,他教我"人要忠心,火要空心"。)想到在马房里过的那些黄昏,想到在门房里过的那些夜晚,我仿佛回到了自己的童年。

我多么想再见到我童年时期的脚迹! 我多么想回到我出生的故乡,摸一下我念念不忘的马房的泥土。可是我像一只给剪掉了翅膀的鸟,失去了飞翔的希望。我的脚不能动,我的心不能飞。我的思想……但是我的思想会冲破一切阻碍,会闯过一切难关,会到我怀念的一切地方,它们会像一股烈火把我的心烧成灰,使我的私心杂念化成灰烬。

我家乡的泥土,我祖国的土地,我永远同你们在一起接受阳光雨露,与花树、禾苗一同生长。

我唯一的心愿是:化作泥土,留在人们温暖的脚印里。

4. 快与慢对比训练

麻雀　屠格涅夫

我打猎归来,沿着花园的林荫路走着。猎狗跑在我前面。

突然,狗放慢脚步,蹑足潜行,好像嗅到了前边有什么野物。

我顺着林荫路望去,看见了一只嘴边还带黄色、头上生着绒毛的小麻雀。风猛烈地吹打着林荫路上的白桦树,麻雀从巢里跌落下来,呆呆地伏在地上,孤立无援地张开两只羽毛还未丰满的小翅膀。

我的狗慢慢向它靠近。忽然,从附近一棵树上飞下一只黑胸脯的老麻雀,像一颗石子似的落到狗的跟前。老麻雀全身倒竖着羽毛,惊恐万状,发出绝望、凄惨的叫声,接着向露出牙齿、大张着的狗嘴扑去。

老麻雀是猛扑下来救护幼雀的。它用身体掩护着自己的幼儿……但它整个小小的身体因恐怖而战栗着,它小小的声音也变得粗暴嘶哑,它在牺牲自己!

在它看来,狗该是多么庞大的怪物啊!然而,它还是不能站在高高的、安全的树枝上……一种比它的理智更强烈的力量,使它从那儿扑下身来。

我的狗站住了,向后退了退……看来,它也感到了这种力量。

我赶紧唤住惊慌失措的狗,然后我怀着崇敬的心情,走开了。

是啊,请不要见笑。我崇敬那只小小的、英勇的鸟儿,我崇敬它那种爱的冲动和力量。

爱,我想,比死和死的恐惧更强大。只有依靠它,依靠这种爱,生命才能维持下去,发展下去。

5. 松与紧对比训练

草地夜行[①]

茫茫的草海,一眼望不到边。大队人马已经过去了,留下一条踩得稀烂的路,一直伸向远方。

干粮早就吃光了,皮带也煮着吃了。我空着肚子,拖着两条僵

[①] 摘自人教版小学语文课本五年级第九册。

硬的腿,一步一挨地向前走着。背上的枪支和子弹就像一座山似的,压得我喘不过气来。咳!就是在这稀泥地上躺一会儿也好啊!

迎面走来一个同志,冲着我大声嚷:"小鬼,你这算什么行军啊?照这样,三年也走不到陕北!"

他这样小看人,真把我气坏了。我粗声粗气地回答:"别把人看扁了!从大别山走到这儿,少说也走了万儿八千里路。瞧!枪不是还在我的肩膀上吗?"

他看了看我,笑了起来,就和我并肩朝前走。他比我高两头,宽宽的肩膀,魁梧的身材,只是脸又黄又瘦,两只眼睛深深地陷了下去。

"小同志,你的老家在哪儿?"他问我。"金寨斑竹园!听说过吗?""啊,斑竹园!有名的金寨大暴动,就是从你们那儿搞起来的。我在那儿卖过帽子。"

一点不错,暴动前,我们村里来过几个卖帽子的人。我记得清清楚楚,爸爸还给我买了一顶。回家来掀开帽里子一看,里面有张小纸条,写着"打倒土豪劣绅"。真想不到,当年卖帽子的同志竟在这里碰上了。

我立刻对他产生了敬佩的感情,就亲热地问他:"同志,你在哪部分工作?我怎么从来没见过你呀?""我吗?在军部。现在出来找你们这些掉队的小鬼。"他一边说,一边摘下我的枪,连空干粮袋也摘了去。"咱们得快点走呀!你看,太阳快落了。天黑以前咱们必须赶上部队。这草地到处是深潭,掉下去可就不能再革命了。"

听了他的话,我快走几步,紧紧地跟着他,但是不一会儿,我又落了一大段。

他焦急地看看天,又看看我,说:"来吧,我背你走!"我说什么也不同意。这一下他可火了:"别磨蹭了!你想叫咱们俩都丧命吗?"他不容分说,背起我就往前走。

天边的最后一丝光亮也被黑暗吞没了。满天堆起了乌云,不一会儿下起大雨来。我一再请求他放下我,怎么说他也不肯,仍旧一步一滑地背着我向前走。

突然,他的身子猛地往下一沉。"小鬼,快离开我!"他急忙说,"我掉进泥潭里了。"

我心里一惊,不知怎么办好,只觉得自己也随着他往下陷。这时候,他用力把我往上一顶,一下子把我甩在一边,大声说:"快离开我,咱们两个不能都牺牲!……要……要记住革命!……"

我使劲伸手去拉他,可是什么也没有抓住。他陷下去了,已经没顶了。

我的心疼得像刀绞一样,眼泪不住地往下流。多么坚强的同志!为了我这样的小鬼,为了革命,他被这可恶的草地夺去了生命!

风,呼呼地刮着。雨,哗哗地下着。黑暗笼罩着大地。"要记住革命!"——我想起他牺牲前说的话。对,要记住革命!我抬起头来,透过无边的风雨,透过无边的黑暗,我仿佛看见了一条光明大路,这条大路一直通向遥远的陕北。我鼓起勇气,迈开大步,向着部队前进的方向走去。

6. 刚与柔对比训练

白杨礼赞　茅盾

那是力争上游的一种树,笔直的干,笔直的枝。它的干呢,通常是丈把高,像是加以人工似的,一丈以内,绝无旁枝;它所有的丫枝呢,一律向上,而且紧紧靠拢,也像是加以人工似的,成为一束,绝无横斜逸出;它的宽大的叶子也是片片向上,几乎没有斜生的,更不用说倒垂了;它的皮,光滑而有银色的晕圈,微微泛出淡青色。这是虽在北方的风雪的压迫下却保持着倔强挺立的一种树!哪怕只有碗来粗细罢,它却努力向上发展,高到丈许,两丈,参天耸立,不折不挠,对抗着西北风。

这就是白杨树,西北极普通的一种树,然而绝不是平凡的树!

它没有婆娑的姿态,没有屈曲盘旋的虬枝,也许你要说它不美丽,——如果美是专指"婆娑"或"横斜逸出"之类而言,那么,白杨树算不得树中的好女子；但是它却是伟岸，正直，朴质，严肃，也不缺乏温和，更不用提它的坚强不屈与挺拔，它是树中的伟丈夫！当你在积雪初融的高原上走过，看见平坦的大地上傲然挺立这么一株或一排白杨树，难道你就只觉得树只是树，难道你就不想到它的朴质，严肃，坚强不屈，至少也象征了北方的农民；难道你竟一点儿也不联想到，在敌后的广大土地上，到处有坚强不屈，就像这白杨树一样傲然挺立的守卫他们家乡的哨兵！难道你又不更远一点想到这样枝枝叶叶靠紧团结，力求上进的白杨树，宛然象征了今天在华北平原纵横决荡用血写出新中国历史的那种精神和意志。

7. 明与暗对比训练

秋天的怀念　史铁生

双腿瘫痪后，我的脾气变得暴怒无常。望着望着天上北归的雁阵，我会突然把面前的玻璃砸碎；听着听着李谷一甜美的歌声，我会猛地把手边的东西摔向四周的墙壁。母亲就悄悄地躲出去，在我看不见的地方偷偷地听着我的动静。当一切恢复沉寂，她又悄悄地进来，眼边红红的，看着我。"听说北海的花儿都开了，我推着你去走走。"她总是这么说。母亲喜欢花，可自从我的腿瘫痪后，她侍弄的那些花都死了。"不，我不去！"我狠命地捶打这两条可恨的腿，喊着："我活着有什么劲！"母亲扑过来抓住我的手，忍住哭声说："咱娘儿俩在一块儿，好好儿活，好好儿活……"可我却一直都不知道，她的病已经到了那步田地。后来妹妹告诉我，她常常肝疼得整宿整宿翻来覆去地睡不了觉。

那天我又独自坐在屋里，看着窗外的树叶唰唰啦啦地飘落。母亲进来了，挡在窗前："北海的菊花开了，我推着你去看看吧。"她憔悴的脸上现出央求般的神色。"什么时候？""你要是愿意，就明天。"她说。我的回答已经让她喜出望外了。"好吧，就明天。"我说。她高兴得一会坐下，一会站起："那就赶紧准备准备。""唉呀，烦不烦？几步路，有什么好准备的！"她也笑了，坐在我身边，絮絮叨叨地说着:"看完菊花,咱们就去'仿膳',你小时候最爱吃那儿的豌豆黄儿。还记得那回我带你去北海吗?你偏说那杨树花是毛毛虫,跑着,一脚踩扁一个……"她忽然不说了。对于"跑"和"踩"一类的字眼儿,她比我还敏感。她又悄悄地出去了。

她出去了。就再也没回来。

邻居们把她抬上车时,她还在大口大口地吐着鲜血。我没想到她已经病成那样。看着三轮车远去,也绝没有想到那竟是永远的诀别。

邻居的小伙子背着我去看她的时候,她正艰难地呼吸着,像她那一生艰难的生活。别人告诉我,她昏迷前的最后一句话是:"我那个有病的儿子和我那个还未成年的女儿……"

又是秋天,妹妹推我去北海看了菊花。黄色的花淡雅、白色的花高洁、紫红色的花热烈而深沉,泼泼洒洒,秋风中正开得烂漫。我懂得母亲没有说完的话。妹妹也懂。我俩在一块儿,要好好儿活……

8. 纵与收对比训练

草原上升起不落的太阳　美丽其格作词

蓝蓝的天上白云飘,白云下面马儿跑,挥动鞭儿响四方,百鸟齐飞翔。要是有人来问我,这是什么地方?我就骄傲地告诉他,这是我们的家乡。

这里的人们爱和平,也热爱家乡,歌唱自己的新生活,歌唱共产党。毛主席共产党,抚育我们成长,草原上升起不落的太阳。

9. 厚与薄对比训练

猴吃西瓜

猴王找到了一个大西瓜,可是,怎么吃呢?这个猴啊,是从来也没有吃过西瓜。忽然,他想出了一条妙计,于是,把所有的猴都招集来了。

他清了清嗓子:"今天,我找到了一个大西瓜。至于这西瓜的吃法嘛,我当然……当然是知道的。不过,我要考验一下大伙的智慧,看看谁能说出这西瓜的吃法。如果说对了,我可以多赏他一块。如果说错了,我可要惩罚他!"

大伙你看看我,我看看你,可是谁也没有吃过西瓜。小毛猴眨巴眨巴眼睛,挠了挠腮说:"我知道,吃西瓜是吃瓤!""不对!小毛猴说得不对!"秃尾巴猴跳了起来:"我小的时候跟我妈去姥姥家,吃过甜瓜,吃甜瓜就是吃皮。我想,这甜瓜也是瓜,西瓜也是瓜,吃西瓜嘛,当然也是吃皮。"

这时候,大伙争执起来,有的说:"吃西瓜吃皮!"有的说:"吃西瓜吃瓤!"可争了半天,也没争出个结果,于是都不由得把目光集中到一只老猴的身上。

这老猴认为出头露面的机会来了,他捋了捋胡子,打扫了一下嗓子说:"这吃西瓜嘛,当然……当然是吃皮了。我从小就爱吃西瓜,而且……而且一直都是吃皮的。我想,我之所以老而不死,就是因为吃了这西瓜皮的缘故……"

大伙都欢呼起来:"对!吃西瓜吃皮!""吃西瓜吃皮!"猴王认为找到了正确答案,他站起身来,上前一步,开言道:"对!大伙说得对!吃西瓜是吃皮。哼!就小毛猴崽子一个人说吃西瓜吃瓤,那就让他一个人吃吧!咱们大伙,都吃西瓜皮!"

西瓜一剖两半,小毛猴吃瓤,大伙,是共分西瓜皮。有个猴吃了两口,就捅了捅旁边的说:"哎,我说这可不是滋味啊!""咳,老弟,我常吃西瓜,西瓜嘛,就是这味!"

二、声音弹性综合训练

1. 寓言

乌鸦兄弟

乌鸦兄弟俩同住在一个窠里。

有一天,窠破了一个洞。

大乌鸦想:"老二会去修的。"

小乌鸦想:"老大会去修的。"

结果谁也没有去修。后来洞越来越大了。

大乌鸦想:"这一下老二一定会去修了,难道窠这样破了,它还能住吗?"

小乌鸦想:"这一下老大一定会去修了,难道窠这样破了,它还能住吗?"

结果又是谁也没有去修。

一直到了严寒的冬天,西北风呼呼地刮着,大雪纷纷地飘落。乌鸦兄弟俩都蜷缩在破窠里,哆嗦地叫着:"冷啊!冷啊!"

大乌鸦想:"这样冷的天气,老二一定耐不住,它会去修了。"

小乌鸦想:"这样冷的天气,老大还耐得住吗?它一定会去修了。"

可是谁也没有动手,只是把身子蜷缩得更紧些。

风越刮越凶,雪越下越大。

结果,窠被风吹到地上,两只乌鸦都冻僵了。

2. 故事

农夫买药　陈斌

有个农夫的老婆生了病,乡里医生开了药方子,农夫便进城抓药,可他不知道怎样称呼药剂师。在药店门口,他看到一个小孩,便请教他。

"叫庸医!"孩子欺负他老实,就眨巴着眼说。

农夫进了药店,客气地对药剂师说:"你好,庸医!"

药剂师听了很生气,甩手就打了他一巴掌。

"我想抓点退烧药,庸医。"

"啪!"药剂师又给了他一耳光。

"就这些吗?"

"对!"药剂师气鼓鼓地说。

回到家。农夫叫妻子赶快下床,说已经把药抓回来了。妻子起身看了看他空着双手,忍不住问他:"药在哪呢?"

"药在这儿。"他说着,冷不防打了妻子一耳光。

妻子看着他气势汹汹的样子,又挨了一巴掌,早已吓得出了一身汗——烧居然退掉了。

农夫又进城找药剂师。他走进药铺对药剂师说:"上次抓的药还有一个,没吃完,今天来退给你,庸医。"说完,狠命地打了药剂师一耳光。

3. 台词

(1)雷军长片段

只见他在台上来回踱了两步又站定,双手叉腰,怒气难抑。终于,炸雷般的喊声从麦克风里传出:"我的大炮就要万炮轰鸣,我的装甲车就要隆隆开进,我的千军万马就要去杀敌,就要去拼,就要去流血!可刚才,有那么个神通广大的贵妇人,她竟有本事从几千里之外,把电话要到我这前线指挥所!此刻,我指挥所的电话,分分秒秒,千金难买!可那贵妇人来电话干啥?她来电话是让我给她儿子开后门儿,让我关照关照她的儿子!走后门儿,竟敢走到我这流血牺牲的战场上!我雷某不管她是天老爷的夫人,还是地老爷的太太,走后门儿,谁敢把后门儿走到我这流血牺牲的战场上,没二话,我雷某要让她的儿子第一个扛上炸药包,去炸碉堡!去炸碉堡!!……"

(摘自电影《高山下的花环》)

(2)哈姆雷特(节选)

哈姆雷特：母亲，有什么事情？
王　　后：哈姆雷特，你把你父亲大大地得罪了！
哈姆雷特：母亲，你把我父亲大大地得罪了！
王　　后：好了，好了，你的回答真是瞎扯！
哈姆雷特：得了得了，你的问话别有居心！
王　　后：怎么了，哈姆雷特？
哈姆雷特：什么又怎么了？
王　　后：你忘了是我？
哈姆雷特：我没有忘，没有！你是皇后，你丈夫弟弟的妻子。我真但愿你不是我的母亲。
王　　后：好，我去叫会说话的跟你说。
哈姆雷特：来来，你坐下来，你不许动。我要在你面前竖一面镜子叫你看一看你的内心的最深处。
　　　　　　（哈姆雷特早就疑心幕布后面有耳朵，他一剑刺了进去）
王　　后：你要做什么，是不是要杀我！救命，救命
　　　　　　（波洛纽斯：救命，救命～）
哈姆雷特：什么？耗子，死吧，我叫你死！
王　　后：啊～
哈姆雷特：死吧！
王　　后：你干了什么了？
哈姆雷特：不，我不知道，那是国王！
　　　　　　（可他不知道是波洛纽斯老头，谁叫他多管闲事，自己找上门来，这下不仅没有了耳朵，连命也搭上了，活该！）
王　　后：哦～好一桩鲁莽血腥的行为！
哈姆雷特：血腥的行为？好母亲，这跟杀死一位国王再嫁给他的兄弟一样狠了！
王　　后：杀死国王？
哈姆雷特：对，母亲，正是这句话。
　　　　　　（不管母亲怎么哭个不停，哈姆雷特决心要伤透她的心）

哈姆雷特：别老拧着你的手，你坐下来，让我拧拧你的心，我一定拧，只要你的心不是石头做成的！

王　　后：到底什么事，你敢这么粗声粗气的！

哈姆雷特：你干的好事啊，你玷污了贤惠的美德，把贞操变成伪善，从真诚的爱情的容颜上夺去了玫瑰色的光彩画上道伤痕，把婚约都变成了毒鬼的誓言！

王　　后：到底什么事？

哈姆雷特：请你看看这幅画像，你再看这一幅。这就是他们兄弟俩的画像。这一幅面貌是多么的风采啊，一对叱咤风云的眼睛，那体态不活像一位英勇的神灵刚刚落到摩天山顶，这副十全十美的仪表仿佛天神特为选出来向全世界恭推这样一位完人——这就是你（以前）的丈夫。你再看这一个——你现在的丈夫像颗烂谷子就会危害他的同胞，你看看这绝不是爱情啊。像你这样岁数情欲该不是太旺，该驯服了，该理智了，而什么样的理智会叫你这么轻挑，是什么魔鬼迷住了你的心呢？羞耻啊，你不感到羞耻么？如果半老女人还要思春，那少女何必再讲贞操呢？

王　　后：哦，哈姆雷特，别说了，你使我看清我自己的灵魂，看见里面许多黑点，洗都洗不干净。

哈姆雷特：嘿，在床上淋漓的臭汗里过日子，整个儿糜烂呐！守着肮脏的猪圈无休止地淫乱！

王　　后：哦，哈姆雷特，别再说了，这些话就像一把把尖刀，别说了，好哈姆雷特！

哈姆雷特：一个凶犯，一个恶棍——奴才，不及你先夫万分之一的奴才，一个窃国盗位的扒手，从衣服架子上偷下了王冠装进了他自己的腰包！

王　　后：别说了！

哈姆雷特：一个耍无赖的——国王！

（摘自莎士比亚《哈姆雷特》）

第六单元　发声问题矫治

第一节　发声问题矫治要则

一、什么是发声问题

发声问题不单纯指嗓音问题,还包括由字音造成的吐字、共鸣等综合发声问题。声音和语音是紧密结合的,声音是意义的载体,本身也有表情作用,字音离不开声音的依托。

声音和语音的关系还表现在,声音总会受语音的影响。比较各地方的发音我们发现,语音不同,用声状态也相应有所改变,语音的位置影响共鸣的位置、口腔的状态、气息的深浅等等。影响声音的诸要素中,语音是重要的一个,如果认识不到这一点,声音的调整可能就会不得要领。

二、嗓音和语音综合问题矫治的类型

1. 声母调整对声音的影响

(1)声母的发音力度对声音的影响

声母发音如果力度小,就会造成吐字松散、含混;如果声母的发音力度过强,则会产生许多噪音,听上去非常笨拙。这都是常见的发声问题。因此,针对声音松散或笨拙,我们可以考虑对声母的发音进行调整,加强字头的力量,特别是塞音和擦音要有力度;零声母音节要添加字头。值得注意的是,声母的发音力度要适可而止,否则声音会显得笨拙;成阻时接触面积不要过大,点到为止。零声母音节若起头过于用力会产生喉杂音,特别是加喉塞音打头时,这属于语音型的喉杂音,要通过语音的调整来解决。

(2)声母的发音部位对声音的影响

最典型的例子便是尖音问题。它的产生多数是由于僵死的理解发音部位,使得声音偏前、比较尖锐,所以我们就可以通过调整辅音的发音部位使尖音的问题得到纠正。

另外,还应注意英语发音对汉语发音的影响。现在的播音员主持人重视英语的学习,这本无可厚非,但把英语的发音习惯有意无意地用到汉语中,这是不可取的。比如,汉语中的 zh、ch、sh 是舌尖音,口型自然,没有大的动作,但很多人用英语的习惯发汉语这几个音,口形夸张,噘唇明显,就会在声音上产生不必要的杂音,使声音不干净、不清晰。去掉这种杂音必须通过调整声母的发音部位来解决。

2. 韵母调整对声音的影响

韵母的主要组成部分是元音,而元音的形成主要是由共鸣产生的。元音的发音涉及口腔的开度、舌高点的前后和唇形的圆展三方面。韵母的发音如果在这三方面处理不好,声音会受很大影响。

(1)口腔开度对声音的影响

在元音当中开口度最大的音是 a,最小的是 i,但是,a 音如果开口过大,声音就会"咧";i 这样小开口度的音,如果开口度过小,声音就会含混不清。我们的做法是"开音稍闭,闭音稍开"。

(2)舌高点的前后的声音的影响

比如 u 和 ü,一个是后高圆唇元音,一个是前高圆唇元音。声音偏前、单薄或靠后、沉闷,就可以通过调整舌高点的前后来解决,这就是所谓的"前音稍后,后音稍前"。

(3)唇形的圆展对声音的影响

i 和 ü 都是前高元音,不同在于一个是扁唇,一个是圆唇。解决声音发扁可适当调整唇的状态。

(4) 复合元音舌位动程对声音的影响

播音对声音的要求是圆润动听,这部分由嗓音决定,部分由吐字决定。刚才我们谈到的是单元音在本音位之内的调整和滑动,复合元音也是如此,若滑动过程不足,声音就会不圆润。

由此我们可以看到,大量的共鸣问题都是同字音结合在一起的,特别是由舌产生的共鸣问题应结合字音找问题。

3. 声调调整对声音的影响

(1) 声调的幅度对声音的影响

大量存在的问题是声调幅度太小,声音平板,字立不起来,缺少立体感。这样声音听起来清晰度不够,也缺少韵律感。特别是在诗词朗诵当中,声调更能体现出声音韵律和回环的美。因此,播音时声调幅度应适当加大,使声音抑扬顿挫、跌宕起伏。

(2) 声调的相对高度对声音的影响

声调和音强、音长都有关系,但它的性质主要决定于音高。声调的高度具有相对性,不要求音高频率的绝对值。由于人的嗓音高低各不相同,声调高低并不是要求人人发得同样高。不注意这一点,用声偏高或偏低会影响声音的共鸣。用声过高会使声音单薄发飘,去声字容易"劈"或"冒";用声过低则会使上声字"哑"。因此,要注意字和句段的起音高度。不注意声调相对高度的调整,也会使播读听起来缺乏变化和生气。

第二节 发声问题矫治

一、鼻音问题的矫治

鼻音是按共鸣状况(也属发音方法)划分的辅音类别之一。软腭下降堵住口腔通路,气流主要从鼻腔通过,以鼻腔做共鸣腔而发音，与气流主要从口腔通过的口腔音相对。

普通话有三个鼻辅音：m、n、ng。其中 m 只能做声母；n 既可以做声母，也可以做韵尾；ng 只能做韵尾。因此，普通话发音中声母和韵母都有可能涉及鼻音。另外，在普通话语流音变中，有一种现象叫"儿化"。其中后鼻韵母音节儿化的发音规则是，丢掉韵尾 ng，主要元音鼻化，发音时口腔、鼻腔同时共鸣，称作鼻音化，并卷舌，如"瓶儿""绳儿"。除此之外，普通话没有鼻化元音。

发音中正常的鼻音是发声共鸣的重要组成部分，这里所谓的鼻音问题，指的是通过听觉感觉到的发音过程中鼻音成分过多或鼻音缺失的问题，如非儿化音节中的元音鼻化现象，或鼻韵母归音不到位的鼻音缺失现象。因此，鼻音问题既包括语音问题，也包括嗓音问题，应有针对性地进行矫治。

看待鼻音问题应有一定的宽容度，鼻音的多少是通过听觉主观判断的结果，因此，应当更加注重有声语言的整体和谐和传播效果，把鼻音问题矫治到可容忍的范围之内。

1. 问题表现

鼻音问题有两种表现：一种在不该有鼻音色彩时，听起来鼻腔共鸣过度丰富，俗称"嗡鼻儿"；另一种听起来声音发堵，鼻韵母很难归音到位，俗称"囔鼻儿"。

2. 问题后果

不恰当的元音鼻化或鼻音缺失，不仅使得普通话的标准程度受到影响，也造成了字音不清晰，影响信息的传达，影响受众接受信息。另外，鼻音过重使得播音员、主持人的气质显得小气，也容易给人虚情假意的感觉。

3. 问题实质

根据以上分析的问题的表现，鼻音问题分为开放性鼻音问题和阻塞性鼻音问题两种。

开放性鼻音问题有可能是器质性问题,如唇腭裂,必须靠手术进行弥补才能矫治;更多的情况是由于发声方法不当造成的,比如口腔开度小,软腭无力、下垂,打开了鼻腔的通路,部分气流从鼻腔流出;也有人刻意追求"小亮音儿"或所谓的"亲切感"把字音送到鼻腔里。

阻塞性鼻音问题大多由于疾病,如感冒、鼻中隔偏曲、鼻甲肥厚造成,对其矫治必须倚赖对疾病的治疗;某些方言的发音习惯也容易带有阻塞性鼻音问题,对其矫治必须从普通话语音的矫治入手,强调吐字归音的到位程度。

4. 问题矫治
(1)开放性鼻音问题的矫治
一是,体会软腭动作。

比较软腭抬起与下垂状态下,发出的声音分别为口腔音和鼻腔音,体会软腭动作与声音的关系,锻炼软腭使其动作灵活。

通过比较会发现,用"半打哈欠"的感觉带动软腭抬起,放松舌根、牙关,加大后声腔开度,就可以关闭鼻腔通路,发出正确的口腔音。

二是,阻塞鼻腔通路发单元音的延长音。

用手指轻轻地捏住鼻翼,阻塞鼻腔通道,强迫软腭上升,发 a—o—e—i—u—ü,使声音进入口腔。这六个单元音都是口腔音,如果发音过程中,鼻子有堵塞感,说明软腭动作不到位,使得声音又分流到了鼻腔,应进行调整,直到阻塞鼻腔能发出以上正常的单元音,才说明软腭的动作是到位的。找到正确的感觉以后,可以松开手,将正确的状态移植到说话和其他稿件中。

三是,音节练习。
①单纯的口腔音音节练习
开口呼　a o e er ai ei ao ou
齐齿呼　i ia iao ie iou

合口呼　u ua uai uei u
撮口呼　ü üe

②鼻韵母音节练习

在单纯口腔音练习准确和熟练的基础上，可以练习鼻韵母音节。练习时，先发好主要元音，再发鼻韵尾，然后连起来发。

前鼻韵母　an ian uan üan in en uen ün
后鼻韵母　ang iang uang ing eng ueng ong iong

（2）阻塞性鼻音问题的矫治

阻塞性鼻音问题，从听觉的感觉上，是鼻音的缺失。鼻韵母归音必须到位，不能半途而废，否则听起来会带有方音色彩，还有一种鼻腔不通的堵塞感。

一是，可以用上面的鼻韵母音节练习进行矫治。

二是，音节对比练习。

ai—an　ie—ian　ua—uan　üe—üan　i—in　e—en
uo—uen　ü—ün　a—ang　ia—iang　ua—uang
i—ing　e—eng　uo—ueng　o—ong　ü—iong

二、声音不集中的矫治

1. 问题表现

音色显得单薄，暗淡，声音欠力度、亮度。

2. 问题后果

发声效率低下，不能很好地作用于话筒和人耳。用声时间长，嗓子容易累，费力不讨好。

3. 问题实质

前声腔开得过大，后声腔塌，口腔整体处于松散状态，失去了一部分口腔共鸣；唇舌无力，不能配合字音沿上颚中纵线打到硬腭前;实声用得少;鼻腔共鸣少。

4. 问题矫治

(1)前声腔开口不能咧,注意唇齿相依,使唇的动作有依托,便于控制;加大后声腔开度。

(2)声音集中的喷弹练习。

发 ba、da、ga、pa、ta、ka,给声音找一个落点,用意念控制声音从嘴里喷弹出去,从硬腭前送出,打中这个落点。做这一练习不能忽略呼吸控制的配合。

(3)词语练习

①象声词练习

吧哒哒　滴溜溜　哗啦啦　乒乓乓　刷拉拉　当啷啷

②爆破音双音节词

爆破　奔腾　乒乓　烹调　登顶　对台　搭配　通报　谈判　通透

③合口、撮口音双音节词

文物　慰问　万物　外文　忘我　玉宇　粤语　勇于　源于　孕育

三、吐字不清的矫治

1. 问题表现

字音之间界线不清,含混一片,字音粘连,字音扁,颗粒感差,不饱满。严重时甚至产生吃字现象。

2. 问题后果

吐字不清、字音粘连使得声音通过话筒容易造成衰减,影响收听效果;不能很好地体现出普通话字音清亮饱满的美感。

3. 问题实质

字头叼不住,字腹拉不开,归音不到位。

4. 问题矫治

(1) 出字——叼住弹出

加强字头的力量,塞音、擦音要有力,接触面要小而准,零声母音节要添加字头。

(2) 立字——拉开立起

加大复韵母的舌位动程,单元音也应有本音位之内的滑动,加大声调的幅度。

(3) 归音——弱收到位

归音做到趋向鲜明、干净利落,弱收到位。

可以结合吐字归音单元的练习进行矫治。练习时先把节奏放慢,做到位、调整好,再逐渐加快,在加快过程中,吐字不能走形。

四、声音闷暗的矫治

1. 问题表现

听起来 u 音色彩重,音色沉闷、含混不清,欠明亮,有"音包字"的感觉。

2. 问题后果

声音闷暗使得声音缺乏穿透力,不容易听清楚,会造成信息的衰减;另外也缺乏表现力,不容易吸引受众注意。

3. 问题实质

口腔各咬字器官松散无力、牙关不开,不能很好地将声音反射到硬腭前端,口腔共鸣差;吐字位置靠后,舌位靠后,同时字音也不清楚;发音时双唇前突,不能唇齿相依,加大了沉闷的音色;或者由于发音时双唇过于用力,撮口过圆,加大了前声腔的容积;发音时面无表情甚至拉着脸,整体状态懈怠,也会造成声音不积极、不明朗。

4. 问题矫治

(1) 咬字器官的配合

提颧肌、打牙关、挺软腭、松下巴,口腔肌肉积极而自然,加强反射声波的能力。

(2) 唇齿相依

上唇贴上齿,不能噘唇。撮口呼发音时注意发力位置在上唇,而不是如吹哨状双唇撮起,过于用力。

(3) 声抵前腭

将声音沿硬腭的中纵线送抵硬腭前部,使声音听起来明亮、有穿透力。

(4) 整体状态积极自然

增强讲话前的播讲愿望,不能懈怠;发音时应涉及具体语境,明确讲话目的,有恰当的表情配合,身心投入播讲。

(5) 加强"出字"的训练

吐字归音对于字头的处理叫出字,出字应做到叼住弹出,唇舌喷弹有力并且轻巧。对照《普通话音节表》,做 21 个声母与开、齐、合、撮四呼拼合音节练习。

(6) 加强唇舌力度和口腔开合度

可以选择双唇阻声母与开口呼韵母相拼的音节进行练习。练习时放慢发音速度,注意出字有力,字腹充分拉开立起,归音到位。

如:b—an—ban p—ao—pao m—ang—mang

(7) "后音稍前"

在不影响音准的前提下,发音位置靠后的声母、韵母,如舌根阻声母和合口呼韵母,在实际发音时应有意识地向前送,不能太靠后,这也称为"后音稍前"。

(8) "窄音稍宽"

窄音开口度相对较小,如声母与齐齿呼相拼的音节,在实际发音时应注意,在不影响音准的前提下,有意稍稍加大开口度,使声音更饱满、圆润、响亮。这也叫做"窄音稍宽"。

五、喉音重、压喉的矫治

1. 问题表现

喉音重的声音听起来像是闷在喉咙里,声音颗粒粗糙,音色不柔美,显得生硬、滞涩,声带振动不自如。喉音会使得 a 的发音当中,掺有 e 的音色,声音在喉部产生了回响。

2. 问题后果

这样用声会感觉嗓子累、干、疼,导致用声不能持久,时间长了,声带容易产生病变。

3. 问题实质

第一,气息浅,聚集到上胸部,不能有效地把声束送抵硬腭前部。

第二,口腔各咬字器官不能积极运作,字音在口腔得不到应有的调制和美化,口腔共鸣不丰富。

第三,舌根部过度用力,后声腔开得过大,造成力量压迫于喉部,加大了声带的负担。由于气息、口腔不能很好地配合,声音打不出来,闷在喉咙里。

第四,语音本身造成的喉音重。固定出现在某些读音中,和语音有明显的对应关系。比如,零声母音节的喉音,特别是开头添加喉塞音时;开尾音节的喉音;声调和语调引起的喉音。

4. 问题矫治

(1)调整呼吸

头位保持正、直,不要习惯性地压低、偏向一方,不要耸肩。吸气吸入肺底、两肋打开、小腹微收;呼气均匀、通畅、持久、自如,托送声束沿口腔软腭、硬腭达到硬腭前部。为了减轻嗓子的负担,我们提出"抓两头解放中间",一头就是气息。

(2) 获得正确的口腔状态

在发声过程中注意正确的口腔状态的保持,提颧肌、打牙关、挺软腭、松下巴,这些具体的肌肉动作参与发声,可以获得良好的口腔共鸣,减少喉的负担。特别是可以用张口吸气或"半打哈欠"体会喉咙、舌根、下颚放松的感觉。

(3) 加强唇舌的力量

"抓两头解放中间"的另一头是口腔,在有了正确的口腔状态的前提下,应把注意力由喉部转向口腔的唇舌的运动,适当加大唇舌的动程,让唇舌力量集中,使咬字器官主动参与发声,目的也是减轻喉部负担。

特别是加强舌前部的力量,使舌力取得一种平衡,舌的中前部的力量加上了以后,与紧张的舌根就造成一种力的抗衡,可以取得使舌根部的力量减小的效果。

(4) 用元音 i 的延长音调制音色

先体会以上提到的气息和口腔的状态,发音时,声音往前打,i——,打到硬腭前。体会并保持住这种状态做以下练习。

(5) 叹气法

利用叹气来放松舌根和喉部。觉得舌根和喉部的紧张都解除了以后,再逐渐地转化成为实声。这种状态下喉音就会减少或者消除了。

(6) 词语练习

① 加强双唇的力量

斑驳 鞭炮 饱满 评比 偏僻 泡沫 膜拜 名牌 苗圃 貌美

② 加强舌尖的力量

对待 动态 电脑 推动 剔透 体能 铁路 年度 农田 论点

③ 加强舌面的力量

京剧 军旗 继续 气节 前期 迁徙 先进 胸腔 象形 现象

④ 体会正确的声音着力位置

飘扬 棉田 飞翔 罪魁 夺冠 内蒙 税款 举例 劝导 勘探

六、声音单薄、窄细的矫治

1. 问题表现

声音音色单一,通常表现为偏高、尖细,不扎实,缺乏低频共鸣。

2. 问题后果

不易于控制,适应性差,欠缺公信力和庄重感。

3. 问题实质

气息浅,并且提气;胸腔不能主动参与发声,导致低音共鸣弱;后声腔塌,吐字偏前;习惯性发高音,欠变化;有时与身体状况有关,矮小瘦弱者往往低音共鸣稍差。

4. 问题矫治

(1)胸腹联合式呼吸

注意吸气的要领:吸入肺底,两肋打开,腹壁站定,建立起胸、膈、腹在吸气过程中的相互联系,增强呼吸的稳健感。

(2)适当扩大胸腔容积,增加低音共鸣

发声时要求两肋打开撑住,保持积极状态,在腹壁站定时能自由开合,可以使声音浑厚、结实。

保持上述的状态,发 hei—hei—hei,ha—ha—ha,体会胸腔明显的振动感,再把这种感觉移植到其他发声当中。

(3)加大后声腔开度,调整吐字位置

提颧肌、打牙关、挺软腭、松下巴,加大后声腔开度,加大舌位动程,避免吐字偏前。

特别应注意调整 a 音的位置,元音 a 在口腔中一般处于中央的位置;在韵母 ang 中,由于受到后鼻韵尾 ng 的影响,a 音处于中央偏后的位置。可以发 ang 这个韵母，找到 a 音较为靠后的状态，然后带发其他含有 a 音的音节，矫枉过正。

（4）注意起音音高

声源音低易于引起低音共鸣，并且在播读或说话时应注意音高呈现出的变化。

（5）增强体质

健康的体质是稳劲的气息的根本保障，人体质弱或生病时，声音有气无力，较为单薄。

（6）词语练习

北海　窗口　苍黄　荡漾　风雨　高耸　海马　角楼　夸奖　峦嶂

七、几种主要与喉的状态有关的发音问题

1. 用声偏高

（1）问题表现

整体偏高的用声给人感觉声音尖锐、刺耳。

（2）问题后果

费嗓子；表现力差。

（3）问题实质

人用声的高低取决于声带松紧、厚薄、长短的变化。声带拉紧、变薄、变短的紧张状态下，才能发出高音。发高音时，声带负荷加大，长时间这样用声就会造成声带疲劳、干疼。有人频繁使用小高音，误认为小一点声说话就可以省嗓子，然而声带绷紧的情况下声音才能高，虽然音强小也费嗓子，所以用声切忌缺乏变化。

（4）问题矫治

①注意说话时句段开头起音的高度，让起音有高低的变化。

②加大声调高低变化的对比度。

③不要单一使用拔高的方式突出语句重音。

2. 用声过实、过亮

(1)问题表现

声音紧张,过于明亮,缺少润泽,有挤捏感,声音刺耳。

(2)问题后果

加大喉的负担,导致用声不能持久,声带易发生病变;表现力差,适应性差,不利于控制;给人拿腔拿调的虚假之感。

(3)问题实质

声门在闭合紧、无缝隙的状态下才可以发出明亮坚实的实声,有人一味追求亮音,使得喉头不自然地吊高、挤捏;在发声方法上,舌根下压、舌根僵硬,使声音在咽腔、喉腔得不到共鸣的调制;另外发声人只凭借挤捏喉部产生亮音,却不注意气息的配合支持,更加大了喉的负担。

(4)问题矫治

①调整呼吸。

采用胸腹联合式呼吸,气息要深,加大送气量。

②加大后声腔开度。

提颧肌、打牙关、挺软腭、松下巴,保证后声腔的开度和畅通。

③发气泡连音。

发气泡连音时喉是放松的,声带是放松的,但能发出声音来。先发气泡连音 eeeee……ei,送出一个正常的声音,保持住声带放松的基本状态,把它移植到正常的发音过程中。

④增加后口腔开度音节练习。

对照《普通话音节表》,选择声母与开口呼、合口呼韵母相拼的音节进行练习,注意随着字腹的拉开立起,体会到后口腔开度的加大。

3. 用声过虚

(1)问题表现

气多、声少、字少,声音松散无力。

(2) 问题后果

浪费气息,不能做到呼气时的"节流";加剧声带负担;声音表现力差,只适用于特定内容的表达。

(3) 问题实质

虚声是声带没有完全闭合的状态下,产生的气流摩擦声。声带过于松弛,不能有效阻挡气息流出口腔。

(4) 问题矫治

①明确播音用声的特点。

以实声为主、虚实结合、富于变化的用声。

②加强对声带的控制能力。

对照《普通话音节表》,做音节虚实变化练习。

③弹发数字。

可以练习喊口令:1234,2234。这样弹发的声音是偏实的声音,找到实声的气息和声带状态后,再延长发音时间,循序渐进。

④注意气息的支持。

发实声不能单拼嗓子,必须注意声音和气息的配比关系,以气托声。

八、声音色彩单一的矫治

1. 问题表现

用声变化小,表达内容平均用力,无轻无重,语气不到位,就像有声打字机。

2. 问题后果

不能准确、鲜明、生动地表达,使得受众不能很好地接收信息。

3. 问题实质

声音各要素,音高、音长、音色、音强变化不明显;抓不住语句目的、重点,不理解稿件,感受浅。

4. 问题矫治
(1)大胆尝试,突破自己的用声习惯
(2)注意稿件内容的传达和感情变化

九、识稿慢的矫治

1. 问题表现
表达过程中出错多,不流畅。

2. 问题后果
在直播过程中造成播出事故。

3. 问题实质
有稿播音存在眼睛、大脑和发声器官的配合问题。眼睛看稿子,大脑进行分析解码,然后指挥发声器官正确发声。如果看一个字念一个字,大脑没有充分的反应时间,来不及组织语言。

4. 问题矫治
在看稿时,视觉应做到有一定的提前量,便于组织语言,流畅地表达。这个问题的矫治依赖大量的出声朗读,先不备稿,强制性地建立眼睛、大脑和发声器官的良好配合关系,直到能做到朗读新文章少出错或不出错的程度。

第七单元　练声与嗓音保护

"工欲善其事,必先利其器",播音专业人员语言功力的锤炼,最基础的是娴熟掌握科学的吐字发声方法、纯正的普通话语音。艺术的高低真伪只有两个区别,一个是基本功,一个是人格。因此,有必要通过科学而长期的练声训练获得扎实的基本功,让它为高层次的创作增色添丽,而不是掣肘添乱。

练声是运用系统的方法和材料,对具备一定先天条件的人,开发发声器官潜在能力,以适应特定技术要求的声音训练过程,主要任务是挖掘潜力、拓展能力和修正不良习惯。科学的练声过程是理论与实践、方法与效果高度统一的过程。

第一节　练声应注意的问题

一、练声效果检验标准

一是,发声者是否获得了稳定的心理状态,具有较强的精神控制能力。

二是,发声者是否建立了较坚实的发声基础,具备了对发声器官的主动支配能力。

三是,声音的表现力是否得到丰富和提高,达到与表情达意统一的境界。

四是,练声前存在的问题是否得到纠正。

二、练声的原则

一是,练声要在具备一定的理论知识的基础上进行,也就是说要用理论去指导实践。

二是,要结合练声者的具体发声条件。

三是,要结合有声语言艺术和普通话语音特点的规律,要强调以字带声,不能因声废字。

四是,训练的幅度要大于使用的幅度,具备的发声能力应大于使用的范围。

五是,训练中要做到状态积极,量力而行,循序渐进。

六是,把基本功训练与实践应用紧密地联系起来。要通过练声和播音、朗诵、演讲等实践两方面来提高嗓音质量和发声能力,不可以失之偏颇。

三、练声的时间和地点

练声时间的选择和练声效果之间没有必然的联系。什么时间练可以因人而异,只要能把它作为正常作息安排的一部分,天天去练,不间断就可以了。如果在睡眠过后练声需要注意,要经过一些轻缓的运动,先把身体活动开,特别要使大脑由抑制转入兴奋状态再发声。

关于练声时间的长短,应该根据嗓子的承受能力和练声的效果来定。对于初学者来说,时间宜短,每次 15 到 20 分钟;次数宜多,每天练三到四次为好,逐渐地随着嗓子承受能力的提高,可以逐步加强时间和减少次数。

另外,每次练声不必强求时间划一,这和感觉有关系,感觉比较好的时候,效果明显的时候,时间可以适当延长。感觉不好,一时不见效果的时候,就可以停下来另找时间再练。这样做有助于稳定练声时的心态,对提高练声效果是有积极意义的。

关于练声的地点，应该选择在噪音比较小、没有明显回音的地方，比如田野、河边、播音室等等。天气不好，气温比较低的时候，应该选择在适当的室内场地练声。由于发声环境影响听觉反馈，所以最好不要频繁地更换练声地点。

四、练声的状态和应该注意的问题

练声的基本状态是松弛而积极，区别于松懈和紧张。精神紧张致使发音器官也处于紧张状态，发僵、发拙，时间长了会造成生理性的损伤；如果过于松懈，发声器官不能积极运作，也达不到应有的练声效果。因此练声时心情应保持平和愉快，精神振奋、情绪饱满，不能焦躁不安或萎靡不振。

练声一定要有目的性，就是说必须知道自己要练什么、怎么练，达到什么样的目标，练习的任何内容都要有对象感、目标感，不能空喊，否则会加速声音疲劳，不容易将练声坚持下去。对于坚持练声的厌烦和麻木往往是由于目的性的缺失和效果不明确造成的。

练声还应有长期作战的心理准备，不能希望练习的效果立竿见影地体现在工作中。有些人练习的效果一时半刻没有得到认可就丧失信心，大可不必，因为建立起一种新的发声习惯，或者说改掉不科学的习惯，或者拓展发声能力不可能是一天两天的事，应循序渐进、坚持不懈。

但是应注意，与发声有关的问题是逐步解决的，而语音的矫治必须一步到位。如果不到位，即便是很接近正确状态，还等于是错误的，这样的练习无异于重复和巩固错误，毫无积极意义，事实上这已经成为了很多人的常态，因此语音问题的解决要练就练到位。如果说发声问题的解决是持久战，语音问题则是打歼灭战，应短平快，但效果要长期巩固。

五、练声的内容

练声的基本内容应该包括常规练习和特殊练习两个部分。

所谓常规练习就是每天都要进行的，为增强发声各方面控制能力所编排的练习，包括发声能力的训练和运用能力的训练。与发声有关的肌肉的锻炼、呼吸控制、扩展音域、绕口贯口练习等都属于发声能力的训练，运用能力的训练是将基本功消化后的综合运用。

所谓特殊练习是针对发声当中存在的各种问题所进行的针对性练习，因人而异。在常规练习的基础上，根据自己在语音和发声当中的难点问题、个人化问题，进行集中练习，加大训练量。

第二节 嗓音保护

嗓音保护是播音专业人员、教师、培训师、窗口行业服务人员等嗓音职业工作者的迫切要求，嗓音职业工作者由于工作的特点，容易患有与发声器官有关的职业病，直接影响到职业寿命。因此练好嗓音，用好嗓音，科学地保护好自己的嗓子，是每一位嗓音职业工作者需要认真考虑并且科学认识的大事。

我们提出的嗓音保护，指的是积极的保护，是在使用中的保护，一副好的嗓音是科学地用声用出来的，而不是在一声不吭当中保护出来的。发声能力的增强需要承担一定的负荷，想拓展发声能力不可能一点都不疲劳，但是负荷要由小到大，过度疲劳会造成伤害。

一、嗓音保护

1. 在使用当中保护

前面几个单元讲述了用声的方法和要领，在这里不再重复，总而言之，一定要养成科学的用声习惯，避免使音色过于明亮。

不要追求虚声,防止用声偏高或偏低,以及不适当地加大音量或者是过长时间的用声,特别是无变化的用声。同时,还要注意气息的状态和吐字器官的动作对用声的影响,这样才有利于嗓音的保护。

最有效的保护是科学地用声,会用声的人用利息,不会用声的人用的是本钱。好嗓子是练出来的,初学者首先要注意发声能力的扩展,循序渐进,获得较宽的音域和丰富的音色。

(1) 忌音色过于明亮

音色过于明亮会极大加剧喉的负担,喉容易发干、疼痛。发声时,喉应适当放松。

(2) 忌用声偏高或偏低

用声偏高造成声带长时间紧张;用声偏低,会使声音带有喉音色彩,容易造成压喉。

(3) 忌不适当地加大音量

在用声过程中,由于目标感、对象感不明确,有时声音不自觉地加大,并且没有气息的支持,造成喉部着力,拼嗓子。

(4) 忌用声时间过长

即使科学用声,也不能够无限制地长时间用声,注意循序渐进。

2. 生活中的保护

(1) 增强体质

喉的健康依赖于整体健康,尤其注意不要感冒,感冒期间会形成一种新的发音方法,感冒好了但发音方法还没改过来。凡是和喉、声带有关的疾病要及时治疗,如果长期带病坚持工作造成发声器官器质性的创伤,很难矫治和弥补。发声器官的疾病需要尽早去医院找有经验的医师进行诊治。不要乱吃药,有许多药物也会产生副作用,导致嗓音嘶哑。

进行中长跑锻炼身体一定要注意,吸气的时候,不要张开嘴往里吸气,要把舌头抬起来,抵住上齿龈,让气流从舌头的两边,经过舌的湿润，做了迂回动作之后，进入气管，进入肺部。这样可以避免冬天或春天，干燥、寒冷的气流直接刺激气管和肺。另外在剧烈运动之后最好不要马上进行练声。因为运动的时候，全身的肌肉都是处在疲劳状态，肌肉比较松弛，或者是实际上已经使不上劲了，这时候进行练声，各发声器官也是很容易疲劳的。如果不注意，可能会导致发声器官的病变。

（2）养成良好的生活习惯

①保证充足的睡眠时间。

睡眠对嗓音的影响很大，睡眠充足嗓子就舒服，睡眠不足嗓子就发紧。同时还要注意，刚睡醒的时候，不要马上发过强、过高的声音，要经过一段时间预热之后，嗓子才能进入工作状态。

②保护好牙齿。

牙齿对于发声起着关键的作用，牙齿是一个重要的成阻部位，很多声母的发声都和牙齿有关，门齿脱落会导致发音"走风漏气"。另外，如果后面的槽牙掉了，由于舌头是扇面形组织，它就会向两边扩展，这样使口腔这个重要的共鸣腔的形状也随之改变，不利于控制。

③忌不良刺激。

酒对喉直接刺激，而且扰乱神经；吸烟会使声带黏膜增厚，声音变得暗而低；炒货，如炒瓜子、炒花生等容易使嗓子发干，上火，引起呼吸道感染；自己不习惯的食品、热嗓子吃冷饮，对喉的刺激都很大；一些食物，像葱、蒜、辣椒等，可以根据每个人的生活习惯而定，尽量少吃一些。有一些食物对于嗓音保护有利，如金橘、萝卜、丝瓜、芹菜、紫菜、柿子等。

④忌用声过程中喝水。

许多嗓音职业工作者习惯边说话边喝水，这种习惯是不好的。首先在发声当中喝水，会导致声音发生变化，音色接不上。另外，太冷或太热的水会使发声器官的肌肉受到强烈的刺激，不能自如地运动，严重的可能会造成短暂的失音。最好我们在工作当中不喝水，喝水要在工作前15分钟以前和工作后15分钟以后，目的是让发声器官得到充分的休息。

⑤女性生理期用声。

女性在经前及经期,由于受性激素的影响,嗓音大多会有不同程度的变化。表现为声带充血、水肿,闭合不良,张力不好,声带分泌物增多等等。在此期间要注意应该减少用声,同时不要用声时间过长,强度也不宜过大。

对于嗓音保护,著名京剧表演艺术家梅兰芳先生总结出这样一些要点:

"精神畅快,心气平和;饮食有节,寒暖当心;起居宜时,劳逸均匀;练嗓保嗓,都贵有恒;由低升高,量力而行;五音饱满,唱出剧情。"

二、常见嗓音疾病的防治

对于嗓音职业者而言,在常见的嗓音疾病当中,有很多慢性病与发声方法不当有很大关系。嗓音疾病直接影响工作,甚至职业生涯,因此我们应了解一些常识,防患于未然。在下面提到的嗓音疾病当中,除了配合医生做治疗以外,必须特别注意科学用声,按照专业老师和本教程的指导练声,学会用气、用嗓,避免用声不当及过度用声,使嗓子这一重要的创作工具能够"得心应口"。

1. 慢性咽炎

慢性咽炎在成年人中,特别是播音员主持人等嗓音职业工作者当中发病率很高,致使声音沙哑、易疲劳,对职业的影响较大。

(1)症状

慢性咽炎的症状表现为咽部轻微的疼痛、异物感、发痒、干燥;由于咽部总有一些黏性分泌物附着,患者常要作"吭、喀"声,希望能够得以清除。而且在清晨起床刷牙时易恶心欲吐。表现在声音上,音色暗哑、干涩、不通畅、表现力差。

(2)病因

工作或生活的环境影响,如空气污染、湿度低或灰尘多;烟酒过度、经常食用辛辣等刺激性食物;急性咽炎反复发作转变为慢性咽炎;各种鼻病引起的经常性鼻塞,患者需张口帮助呼吸,令咽喉部变得干燥,抵抗力减弱,继而引起慢性咽炎;口腔内不清洁、龋洞未及时处理、牙龈炎;身体抵抗力下降,或患有各种慢性疾病,如贫血、糖尿病、肾炎、肺病、梅毒等;长期不科学地用声等等因素都可引发慢性咽炎。

(3)防治

慢性咽炎容易反复发作,因此防治至关重要,这些措施包括戒除烟酒,改善生活工作环境,积极锻炼身体,增强机体抵抗力,避免劳累,预防感冒,治疗各种原发病等。

如果总是依赖抗生素消炎,不仅会产生抗药性,使作用降低,还可能导致咽喉部正常菌群失调,引起二重感染。当有咽干、咽痛时,可选用一些含片,如华素片、草珊瑚含片、西瓜霜含片等,或者饮用一些利咽生津的食疗饮品,以减轻或解除症状。

2. 喉炎

(1)症状

急性喉炎的患者会出现发热、声音嘶哑、犬吠样咳嗽和吸气性喉鸣,甚至出现吸气性呼吸困难,有生命危险,必须及时就医。更多的情况为慢性喉炎。慢性喉炎以声音嘶哑为主要症状,有时会有短暂的失声。

(2)慢性喉炎病因

急性喉炎时未经治疗或治疗不当,致使病情反复;呼吸道分泌物的刺激;烟酒过度及有害烟尘的吸入使喉部遭受刺激;发声不当或过度用声造成声带损伤及声带疲劳;全身疾病如内分泌紊乱、糖尿病、风湿性疾病等都可能导致慢性喉炎。

(3)防治

首先应去除病因,积极治疗呼吸道疾病,如鼻窦炎、气管炎等,减少分泌物对喉黏膜的刺激。其次戒烟、戒酒,避免吸入有害气体。局部治疗可以采用蒸气或超声雾化吸入、超短波理疗等。

3. 声带小结

(1)症状

声带小结是慢性喉炎的一种类型,多见于嗓音职业者,以成年女性较多。表现为声音嘶哑,轻者声音毛糙,重时声音沙哑、发声费力、喉部有异物感。用喉镜检查,可见声带有小结节,发声时声带闭合不好。

(2)病因

发病原因和全身状况有一定关系。如在身体疲劳、喉部黏膜发炎充血水肿、不注意休声、勉强用力发声或高声演唱,造成声带黏膜损伤,引起声带黏膜创伤性、炎性反应。

(3)防治

声带小结的治疗首先要注意发声休息,少说话,必要时绝对禁声。忌烟、酒和刺激性食物。药物治疗无效可予以手术摘除。

要预防声带小结的发生,对于嗓音职业者,要避免长时间连续高声演唱或大声讲话,尤其在感冒及女性生理期,应注意防止用声疲劳。多吃含维生素 C 的食物、新鲜蔬菜、水果。适当参加文体锻炼,增强体质,掌握正确的发声方法,对预防声带小结很有帮助。

4. 声带息肉

(1)症状

声带息肉是在声带边缘黏膜组织长出不同程度大小的团块,妨碍声带正常闭合、振动,引起发声障碍、声音嘶哑,多见于成年男性。嘶哑程度可因息肉大小、部位变化而不同,轻者仅有轻微变化,重者会有声音嘶哑,甚至失声。

(2)病因

声带息肉多因滥用嗓音,长期或一次性过度用声,使声带振动超强,致声带黏膜局部损伤,逐渐形成息肉;感冒、急慢性喉炎不及时治疗；长期吸烟或饮酒；女性生理期不注意科学用声容易造成声带损伤而成息肉；矮胖、头颈短，发声时习惯于舌背舌根抬高的人也易患息肉。

(3)防治

声带息肉和声带小结都属于慢性喉炎，但有所不同。小结是两侧声带内侧前1/3的位置细胞增生，病变只涉及表皮层。而声带息肉病变涉及声带黏膜上皮层及浅固有层两个层面的病变，所以一般以手术治疗为主。

嘶哑是声带息肉的主要症状，但也是严重疾病如喉癌的早期信号。尤其是四十岁以上的人声音嘶哑三个月以上不好，一定要详细检查，以免误诊。

第三部分　推荐练声材料

推荐练声材料概说

本篇为读者推荐丰富的练声材料,是前面各部分分解动作的连贯动作训练。涉及各种体裁、不同节目类型、不同场合的稿件,能够针对不同发声、发音问题进行训练,力求使大家利用丰富的练声材料,强化练声效果,逐步掌握各类稿件、不同场合发声时气息、吐字、共鸣等等控制技巧,使大家的发声能力得到进一步拓展,能够支持和驾驭各类稿件,使普通话语音更加纯正、娴熟。

推荐练声材料的内容有:绕口令、贯口词、岔曲习唱、诗歌散文、故事类稿件、新闻类稿件、主持类稿件以及演讲稿。

为了方便大家朗读,每段材料后面的注明了容易出现误读的字音,注音依据语文出版社出版、李行健主编的《现代汉语规范词典》2004年1月第一版。古文部分的注音依据上海古籍出版社出版、李梦生等译注的《古文观止》,2005年1月第一版。

由于是连贯动作训练,练习时应特别注意抓语言目的,深入理解稿件内容,并获得充分的形象感受和逻辑感受,思考如何将自己的理解感受外化为恰当的声音形式,如何控制和调整声音,使其能够充分表现自己的感受和理解。与此同时,不能忽略语音发声的基本功训练,在更大的、自然的语言单位里,扎实地将较小发音单位的训练成果逐渐扩大,使得前边的训练得以巩固,效果得以显现,不能囫囵吞枣,不能因所谓的理解感受而忽略基本功的训练。

这部分训练总的要求:

第一,状态积极自然,有强烈的播讲愿望,对稿件充分理解,明晰自己的播讲目的和任务;

第二,气息通畅,小腹、两肋有控制意识,气息持久、稳劲、自如；

第三，口腔基本状态符合要求，唇、齿、舌、牙、腭各部位有控制和配合意识，吐字清晰、饱满、响亮；

第四，喉部松弛自然，根据不同稿件的要求能够自如控制声门闭合，声音色彩丰富；

第五，获得良好且恰当的共鸣控制能力，使得声音进一步得到美化，提高发声能力；

第六，情声气相结合，使声音能够充分支持自己的表达，变化自如，能够"随心所欲不逾矩"；

第七，注意普通话声韵调发音到位，并且获得普通话良好的语感，掌握普通话的语流音变，在语音"发准"的基础上力求做到"发好"。

第一单元　绕口令、贯口词

一、声母绕口令

炮兵和步兵（b、p、m）

炮兵攻打八面坡,炮兵排排炮弹齐发射。
步兵逼近八面坡,歼敌八千八百八十多。

一平盆面（b、p）

一平盆面,烙一平盆饼,饼碰盆,盆碰饼。

白庙和白猫（b、m）

白庙外蹲着一只白猫,白庙里有一顶白帽。
白庙外的白猫看见了白帽,叼着白庙里的白帽跑出了白庙。

粉凤凰（f、h）

费家有面粉红墙,粉红墙上画凤凰。
凤凰画在粉红墙,红凤凰、黄凤凰,
红凤凰看黄凤凰,黄凤凰看红凤凰。
粉凤凰、花凤凰,粉红凤凰花凤凰,
全部仿佛活凤凰。

三山撑四水(z、c、s)

三山撑四水,四水绕三山。
三山四水春常在,四水三山四时春。

短刀(d、t)

断头台倒吊短单刀,歹徒登台偷短刀。
断头台塌盗跌倒,对对短刀叮当掉。

谭老汉买蛋和炭(d、t)

谭家谭老汉,挑担到蛋摊,买了半担蛋。
挑蛋到炭摊,买了半担炭,满担是蛋炭。
老汉忙回赶,回家炒蛋饭。
进门跨门槛,脚下拌一拌。
跌了谭老汉,破了半担蛋。
翻了半担炭,脏了木门槛。
老汉看一看,急得满头汗。
连说怎么办,蛋炭完了蛋,
老汉怎吃蛋炒饭。

教练和主力(n、l)

蓝教练是女教练,吕教练是男教练。
蓝教练不是男教练,吕教练不是女教练。
蓝南是男篮主力,吕楠是女篮主力。
吕教练在男篮训练蓝南,蓝教练在女篮训练吕楠。

四是四,十是十(s、sh)

四是四,十是十;
十四是十四,四十是四十;
别把四十说戏席,别把十四说席戏。

要想说好四和十,全靠舌头和牙齿。
要想说对四,舌头碰牙齿;
要想说对十,舌头别伸直。
认真学,常练习,十四、四十、四十四。

漆匠和锡匠(j、q、x)

七巷一个漆匠,西巷一个锡匠,
七巷漆匠偷了西巷锡匠的锡,
西巷锡匠拿了七巷漆匠的漆,
七巷漆匠气西巷锡匠偷了漆,
西巷锡匠讥七巷漆匠拿了锡。
请问锡匠和漆匠,谁拿谁的锡?
谁偷谁的漆?

鼓上画只虎(g、h)

鼓上画只虎,破了拿布补。
不知布补鼓,还是布补虎。

二、韵母绕口令

白石塔(a)

白石塔,白石搭。
白石搭白塔,白塔白石搭。
搭好白石塔,白塔白又大。

猫和鸟(ao、iao)

东边庙里有个猫,西边树梢有只鸟。
猫鸟天天闹,不知是猫闹树上鸟,还是鸟闹庙里猫。

砸缸(ang)

小光和小刚,抬着水桶上山冈。上山冈,歇歇凉,拿起竹竿玩打仗。乒乒乒,乓乓乓,打来打去砸了缸。小光怪小刚,小刚怪小光,小光小刚都怪竹竿和水缸。

望月空满天星(ing)

望月空,满天星,光闪闪,亮晶晶,好像那,小银灯,仔细看,看分明,大大小小,密密麻麻,闪闪烁烁,数也数不清。

盆碰棚(en、eng)

老彭拿着一个盆,路过老陈住的棚,盆碰棚,棚碰盆,棚倒盆碎棚压盆。老彭要赔老陈的棚,老陈不让老彭来陪棚,老陈要赔老彭的盆,老陈陪着老彭去补盆,老彭帮着老陈来修棚。

颜圆眼和颜眼圆(ian、üan)

山前住着颜圆眼,山后住着颜眼圆,二人山前来比眼,不知道颜圆眼比颜眼圆的眼圆,也不知道颜眼圆比颜圆眼的眼圆。

醋布兔(u)

有个老头本姓顾,上街打醋带买布。打了醋,买了布,抬头看见鹰抓兔。放下醋,丢下布,上前去追鹰和兔,回头不见布和醋。飞了鹰,跑了兔,丢了布,撒了醋,满肚子冤屈没处诉。

三、声调及语流音变绕口令

铜钉和铜板(阴平、阳平、上声、去声)

铜钉和铜板,铜钉钉铜板,铜板钉铜钉,钉钉铜,铜钉钉。

天上日头（轻声）

天上日头，嘴里舌头，地上石头，桌上纸头，手掌指头，大腿骨头，小脚指头，树上枝头，集上市头。

练字音儿（儿化）

进了门儿，倒杯水儿，喝了两口运运气儿。顺手拿起小唱本儿，唱了一曲儿又一曲儿。练完了嗓子练嘴皮儿。绕口令儿，练字音儿，还有单弦儿牌子曲儿；小快板儿、大鼓词儿，又说又唱我真带劲儿！

一个老僧（"一"的变调练习）

一个老僧一本经，一句一行念得清。

不怕学不会（"不"的变调练习）

不怕不会，就怕不学。一回不会，再来一回，不信不会。

四、语音综合绕口令、贯口词

学好声韵辨四声

学好声韵辨四声，阴阳上去要分明。
部位方法须找准，开齐合撮属口形。
双唇班报必百波，舌尖当地豆点丁。
舌根高狗坑更故，舌面积结教尖精。
翘舌主争真知照，平舌资则早在增。
擦音发翻飞分复，送气查柴产撤称。
合口呼午枯胡古，开口和坡哥安争。
撮口虚学寻徐句，齐齿一优摇业英。
前鼻恩音烟湾稳，后鼻昂迎中拥生。

咬紧字头归字尾,阴阳上去记变声。
循序渐进坚持练,不难达到纯和清。

鼓玻璃棍儿

鼓玻璃棍儿没有瘪玻璃棍儿瘪,
瘪玻璃棍儿没有鼓玻璃棍儿鼓。

我家有个肥净白净八斤鸡

我家有个肥净白净八斤鸡,飞到张家后院里。
张家有个肥净白净八斤狗,咬了我的肥净白净八斤鸡。
我拿他的肥净白净八斤狗赔了我的肥净白净八斤鸡。

蓝布棉门帘

出前门,往正南,
有个面铺面冲南,
门口挂着蓝布棉门帘。
摘了它的蓝布棉门帘,
面铺面冲南,
给他挂上蓝布棉门帘,
面铺还是面冲南。

长扁担,短扁担

长扁担,短扁担,
长扁担比短扁担长半扁担;
短扁担比长扁担短半扁担。
长扁担绑在短板凳上,
长板凳不能绑在比短扁担长半扁担的长扁担上;
短板凳也不能绑在比长扁担短半扁担的短扁担上。

板凳与扁担

板凳宽,扁担长。
扁担没有板凳宽,
板凳没有扁担长。
扁担绑在板凳上,
板凳不让扁担绑在板凳上,
扁担偏要扁担绑在板凳上。

喇嘛和哑巴

打南边来了个喇嘛,手里提拉着五斤鳎目。
打北边来了个哑巴,腰里别着个喇叭。
南边提拉着鳎目的喇嘛,
要拿鳎目换北边别喇叭的哑巴的喇叭。
哑巴不愿意拿喇叭换喇嘛的鳎目,
喇嘛非要拿鳎目换别喇叭的哑巴的喇叭。
喇嘛抡起鳎目抽了别喇叭的哑巴一鳎目,
哑巴摘下喇叭打了提拉鳎目的喇嘛一喇叭。
也不知是提拉鳎目的喇嘛抽了别喇叭的哑巴一鳎目,
还是别喇叭的哑巴打了提拉鳎目的喇嘛一喇叭。
喇嘛炖鳎目,哑巴嘀嘀嗒嗒吹喇叭。

十道黑

一道黑、两道黑、三四五六七道黑,八道九道十道黑。
我买了一个烟袋乌木杆儿,我是掐着它的两头儿那么一道黑。
二兄弟描眉来演戏,照着他的镜子那么两道黑。
粉皮墙写川字儿,横瞧竖瞧三道黑。
象牙桌子乌木腿儿,把它放在那个炕上那么四道黑。
我买了一只母鸡不下蛋,把它搁在那笼里捂到黑。
挺好的骡子不吃草,把它牵着在那街上溜到黑。

买了个小驴不拉磨,给它备上它的鞍鞴骑到黑。
二姑娘南洼去割麦,丢了她的镰刀拔到黑。
月窠儿里的孩子得了病,团几个艾球儿灸到黑。
卖瓜子儿的打瞌睡,哗啦啦啦撒了这么一大堆,它的笤帚簸箕不凑手儿那么一个一个拾到黑。

高高山上一老僧

高高山上有一老僧,身披着衲头几千层。
您若问老僧年高迈,曾记得黄河九澄清。
五百年前清一澄,倒有这么四千五百层。
老僧收了八个徒弟,这么八个徒弟可有法名。
大徒弟名叫青头愣,二徒弟名叫愣头青,
三徒弟名叫僧三点儿,四徒弟名叫点儿三僧,
五徒弟名叫崩胡噜把,六徒弟名叫把胡噜崩,
七徒弟名叫随风化,这个八徒弟他的名字可就叫化随风。

老师父教他们八宗艺,八仙过海,各显奇能。
青头愣会敲磬,愣头青会撞钟,
僧三点儿会吹管,点儿三僧会捧笙,
崩胡噜把会打鼓,把胡噜崩会念经,
随风化他是会扫地,化随风会点灯。

老师父叫他们换一换,要想这个交换万不能。
这个愣头青就打不了青头愣的磬,
那个青头愣就撞不了愣头青的钟。
点儿三僧就吹不了这个僧三点儿的管,
僧三点儿就捧不了那个点儿三僧的笙。
把胡噜崩就打不了崩胡噜把的鼓,
崩胡噜把就念不了那把胡噜崩的经。
这个化随风就扫不了随风化的地,
那个随风化就点不了化随风的灯。

结果是,磬儿破、钟儿坏、管儿裂、笙儿倒、
鼓儿破、经儿碎、地儿乱、摔了灯。

老师父一见就有了气,要打徒弟整八名。
眼看着八位僧人要挨打,又来了五位云游僧,
凑齐这个僧人十三位,一起到这后院数玲珑。
这个后院有座玲珑塔,咱们上去数单层,回来数双层,
谁要是数得过来玲珑塔,谁就是那个大师兄;
谁要是数不过来玲珑塔,就叫他夜间罚跪到天明。

玲珑塔

玲珑塔,塔玲珑,玲珑宝塔第一层。
一张高桌四条腿,一个和尚一本经。
一个铙钹一口磬,一个木落鱼子一盏灯。
一个金铃,整四两,风儿一刮响哗愣。

玲珑塔,塔玲珑,隔过两层数三层。
三张高桌十二条腿,三个和尚三本经。
三个铙钹三口磬,三个木落鱼子三盏灯。
三个金铃,十二两,风儿一刮响哗愣。

玲珑塔,塔玲珑,玲珑宝塔第五层。
五张高桌二十条腿,五个和尚五本经。
五个铙钹五口磬,五个木落鱼子五盏灯。
五个金铃,二十两,风儿一刮响哗愣。

玲珑塔,塔玲珑,玲珑宝塔第七层。
七张高桌二十八条腿,七个和尚七本经。
七个铙钹七口磬,七个木落鱼子七盏灯。
七个金铃,二十八两,风儿一刮响哗愣。

玲珑塔,塔玲珑,玲珑宝塔第九层。

九张高桌三十六条腿,九个和尚九本经。
九个铙钹九口磬,九个木落鱼子九盏灯。
九个金铃,三十六两,风儿一刮响哗愣。

玲珑塔,塔玲珑,玲珑宝塔第十一层。
十一张高桌四十四条腿,十一个和尚十一本经。
十一个铙钹十一口磬,十一个木落鱼子十一盏灯。
十一个金铃,四十四两,风儿一刮响哗愣。

玲珑塔,塔玲珑,玲珑宝塔到顶十三层。
十三张高桌五十二条腿,十三个和尚十三本经。
十三个铙钹十三口磬,十三个木落鱼子十三盏灯。
十三个金铃,五十二两,风儿一刮响哗愣。

玲珑塔往回数,玲珑宝塔十二层。
十二张高桌四十八条腿,十二个和尚十二本经。
十二个铙钹十二口磬,十二个木落鱼子十二盏灯。
十二个金铃,四十八两,风儿一刮响哗愣。

玲珑塔,塔玲珑,玲珑宝塔第十层。
十张高桌四十条腿,十个和尚十本经。
十个铙钹十口磬,十个木落鱼子十盏灯。
十个金铃,四十两,风儿一刮响哗愣。

玲珑塔,塔玲珑,玲珑宝塔第八层。
八张高桌三十二条腿,八个和尚八本经。
八个铙钹八口磬,八个木落鱼子八盏灯。
八个金铃,三十二两,风儿一刮响哗愣。

玲珑塔,塔玲珑,玲珑宝塔第六层。
六张高桌二十四条腿,六个和尚六本经。
六个铙钹六口磬,六个木落鱼子六盏灯。
六个金铃,二十四两,风儿一刮响哗愣。

玲珑塔,塔玲珑,玲珑宝塔第四层。
四张高桌十六条腿,四个和尚四本经。
四个铙钹四口磬,四个木落鱼子四盏灯。
四个金铃,十六两,风儿一刮响哗愣。

玲珑塔,塔玲珑,玲珑宝塔第二层。
两张高桌八条腿,两个和尚两本经。
两个铙钹两口磬,两个木落鱼子两盏灯。
两个金铃,整八两,风儿一刮响哗愣。

僧人数罢了玲珑塔。抬头看,满天星。地上看,有个坑。
坑里看,冻着冰。冰上看,有棵松。
松上看,落着鹰。屋里看,一老僧。
僧前看,一本经。经前看,点着灯。
墙上看,钉着钉。钉上看,挂着弓。
看着看着眯了眼,西北干天刮大风。说大风,好大的风。
刮散了满天星,刮平了地上坑,
刮化了坑里冰,刮倒了冰上松,
刮飞了松上鹰,刮走了一老僧,
刮翻了僧前经,刮灭了经前灯,
刮掉了墙上钉,刮崩了钉上弓。
霎时间,只刮得,星散、坑平、冰化、松倒、鹰飞、
僧走、经翻、灯灭、钉掉、弓崩,这么一段绕口令。

破谜儿

那位说您净瞎诌,说我诌来我就诌,
说什么上山吱扭扭,什么下山乱点头?
什么有头没有尾?这个什么有尾没有头?
什么有腿儿家中坐?什么没腿儿游九州?
赵州桥什么人修?玉石的栏杆什么人留?
什么人骑驴桥上走?什么人推车轧道沟?

什么人托刀桥上站？什么人勒马看春秋？
什么人白？什么人黑？什么人的胡子一大堆？
什么圆圆在天边？什么圆圆在眼前？
什么圆圆长街卖？什么圆圆道儿两边？
什么鸟穿青又穿白？什么鸟穿出皂靴来？
什么鸟身披十样锦？什么鸟穿出麻布口袋？
什么开花节节高？什么开花猫着个腰？
什么开花无人见？什么开花嘴上嘟着个一嘴毛？
说双扇儿门，单扇儿开，自己破谜儿自己猜。
小车子上山吱扭扭，瘸子下山乱点头。
蛤蟆有头没有尾，这个蝎子有尾没有头。
板凳儿有腿儿家中坐，粮船没腿儿游九州。
赵州桥，鲁班修，玉石的栏杆圣人留。
张果老骑驴桥上走，柴王爷推车轧道沟。
周仓托刀桥上站，关二爷勒马看春秋。
罗成白，敬德黑，张飞的胡子一大堆。
月亮圆圆在天边，这个眼镜儿圆圆在眼前。
烧饼圆圆长街卖，车轱辘圆圆道两边。
喜鹊穿青又穿白，这个乌鸦穿出皂靴来。
野鸡身披十样锦，鹌鹑穿出麻布口袋。
芝麻开花节节高，柳树开花猫着腰。
橡子开花无人见，老玉米开花嘴上嘟着个一嘴毛。

十八愁

数九寒天冷风嗖，转年这个春打六九头。
正月十五龙灯会，有一对狮子滚绣球。
三月三是王母娘娘蟠桃会，大闹天宫孙悟空就把那个仙桃偷。
五月单五端阳日，白蛇许仙不到头。
七月七传说是天河配，牛郎织女泪双流。
八月十五云遮月，月宫的嫦娥犯了忧愁。

要说愁,咱们净说愁,咱们唱一段儿这个绕口令儿一十八愁。
说虎也愁,狼也愁,象也愁,
这个鹿也愁,骡子也愁马也愁,牛也愁,羊也愁,
猪也愁,这个狗也愁,鸭子也愁,鹅也愁,
蛤蟆愁,螃蟹愁,蛤蜊愁,这个乌龟愁,
鱼愁虾愁,各有分由。
虎愁,不敢把这高山下,狼愁野心耍滑头。
象愁脸憨皮又厚,这个鹿愁头上长犄角。
马愁背鞍行千里,骡子愁的本是一世休。
羊愁从小就把这个胡子长,牛愁愁的个犯牛轴。
狗愁改不了这个净吃屎,猪愁离不开那臭水沟。
说鸭子愁扁哒扁哒嘴,鹅愁愁来愁去头上长了个大'锛儿喽'头。
蛤蟆愁长了一身脓疱疥,螃蟹愁的净横搂。
蛤蜊愁的闭关自守,乌龟愁的不敢露头。
鱼愁离水不能走,虾愁空枪乱扎没个准头。

莽撞人

后汉三国,有一位莽撞人。自从桃园三结义以来,大爷,姓刘名备字玄德,家住大树楼桑;二弟,姓关名羽字云长,家住山西蒲州解梁县;三弟姓张名飞字翼德,家住涿州范阳郡;后续四弟,姓赵名云字子龙,家住真定府常山县,百战百胜,后称为常胜将军。只皆因,长坂坡前,一场鏖战,那赵云,单枪匹马,闯入曹营,砍倒大纛两杆,夺槊三条,马落陷坑,堪堪废命。曹孟德在山头之上见一穿白小将,白盔白甲白旗号,坐骑白龙马,手使亮银枪,实乃一员勇将。心想:我若收服此将,何愁大事不成!心中就有爱将之意,暗中有徐庶保护赵云,徐庶进得曹营,一语未发。今日一见赵将军马落陷坑、堪堪废命,口尊:"丞相莫非有爱将之意?"曹操言道:"正是"。徐庶言道:"何不收留此将!"曹操急忙传令:"令出山摇动,三军听分明,我要活赵云,不要死子龙。倘有一兵一将伤损赵将军之性

命,八十三万人马,五十一员战将,与他一人抵命。"众将闻听,不敢前进,只有后退。赵云,一仗怀揣幼主;二仗常胜将军之特勇,杀了个七进七出,这才闯出重围。曹操一见这样勇将,焉能放走?在后面紧紧追赶。追之到当阳桥前,张飞赶到,高叫:"四弟不必惊慌,某家在此,料也无妨!"让过赵云的人马。曹操赶到,不见赵云,只见一黑脸大汉,立于桥上。曹操忙问夏侯惇:"这黑脸大汉,他是何人"?夏侯惇言道:"他乃张飞,一'莽撞人'。"曹操闻听,呀!大吃一惊,"想当初关公在白马坡斩颜良之时,曾对某家言道:他有一结拜三弟,姓张名飞,字翼德,在百万军中,能取上将之首级,如探囊取物,反掌观纹一般。今日一见,果然英勇。撤去某家青罗伞盖,观一观莽撞人的武艺如何?"青罗伞盖撤下,只见张飞:豹头环眼、面如润铁、黑中透亮、亮中透黑、海下扎里扎煞一部黑钢髯,犹如钢针、恰似铁线。头戴镔铁盔、二龙斗宝,朱缨飘洒,上嵌八宝——云、罗、伞、盖、花、罐、鱼、长。身披锁子大叶连环甲,内衬皂罗袍,足登虎头战靴,跨下马——万里烟云兽,手使丈八蛇矛,站在桥头之上,咬牙切齿,捶胸愤恨,大骂:"曹操听真,咋!今有你家张三爷在此,尔或攻或战、或进或退、或争或斗;不攻不战、不进不退、不争不斗,尔乃匹夫之辈!"大喊一声,曹兵吓退;大喊二声,顺水横流;大喊三声,把当阳桥喝断。后人有诗赞之曰:"长坂坡前救赵云,吓退曹操百万军,姓张名飞字翼德,万古流芳莽撞人!"

五、岔曲习唱

妙词新岔

作词:王峥 编曲:孙鸿宴

【曲头】

北京人说北京音儿,唱段岔曲儿长精神儿。八角鼓下缀着长穗儿,三弦儿响,音清脆儿,弦索悠悠沁人心儿。唱不尽,古往今来北京的事儿;听不够,佳音绝句美妙的词儿。(过板)

【曲尾】

吊吊嗓,熟熟词儿,气贯丹田,颂扬一曲儿。唱的是,农夫锄刨又一春儿,牧童卧在那牛背之上横短笛儿。夏日天长柳成荫儿,麦浪轻翻波浪纹儿。蝉销江树悲秋意,秋山、秋水、秋声、秋色、秋风、秋雨,它一阵阵儿。雨打芭蕉叶儿,梨花昼掩门儿,透纱听细雨儿,燕语和黄鹂儿。狸猫戏耍碰金铃儿,痴情的佳人挽乌云儿。贾雨游春觅知音儿,渔翁撒网在江心儿。只见那,鸡鸣茅店弯弯的月儿,受享清闲在杏花村儿。唱岔曲儿,练嘴皮儿,慢听韵儿,快听字儿,(卧牛)你看这,说说唱唱真带劲儿。字正腔圆找对了味儿,声通气畅多怡神儿。让古韵传唱一辈儿又一辈儿,弘扬国粹爱煞人儿。

第二单元　诗歌散文

一、诗歌

诗歌是用分行押韵的形式、富有音乐性的语言，集中反映生活，抒发强烈感情的文学体裁，具有抒情性、精炼性、音乐性、象征性等鲜明的特点。这些特点要求我们在朗读时，要朗朗上口，悦耳动听，要有抑扬顿挫的韵律美和流畅回环的音乐感。并且诗歌语言凝练，有高远的意境，每个字音都有创作的空间，朗读时应把字音舒展开，也要求我们的声音色彩能够有丰富的变化能力，对于体会气息、吐字、喉部及共鸣控制很有帮助。

1. 古诗

古诗是练字和练气很好的材料。下面推荐的古诗按照不同韵脚的分类呈现给大家。由于古诗朗读语速较慢，特别有利于体会吐字的清晰、饱满，韵母特别是韵脚的准确到位，声调的完整。在此基础上，注意气息与喉部控制的配合，变换不同的声音色彩，营造出古诗蕴含的意境。

赤壁　杜牧

折戟沉沙铁未销，自将磨洗认前朝。
东风不与周郎便，铜雀春深锁二乔。

注：①戟：jǐ 古兵器。②磨：mó 打磨。

过故人庄　孟浩然

故人具鸡黍,邀我至田家。
绿树村边合,青山郭外斜。
开轩面场圃,把酒话桑麻。
待到重阳日,还来就菊花。

注:①黍:shǔ 黄米。②斜:xiá 横卧。③圃:pǔ 菜园、果园。

春日　朱熹

胜日寻芳泗水滨,无边光景一时新。
等闲识得东风面,万紫千红总是春。

注:①泗:sì 水名。

小池　杨万里

泉眼无声惜细流,树阴照水爱晴柔。
小荷才露尖尖角,早有蜻蜓立上头。

注:①头:此处不宜读成轻声。

秋登兰山寄张五　孟浩然

北山白云里,隐者自怡悦。
相望试登高,心随雁飞灭。
愁因薄暮起,兴是清秋发。
时见归村人,沙行渡头歇。
天边树若荠,江畔洲如月。
何当载酒来,共醉重阳节。

注:①兴:xìng 兴致。②荠:jì 荠菜。③载:zài 装载、带来。

元日　王安石

爆竹声中一岁除,春风送暖入屠苏。

千门万户曈曈日,总把新桃换旧符。

注:①曈:tóng 天将亮的样子。

鹿柴　王维

空山不见人,但闻人语响。
返景入深林,复照青苔上。

注:①苔:tái。

长信秋词五首(其三)　王昌龄

奉帚平明金殿开,且将团扇共徘徊。
玉颜不及寒鸦色,犹带昭阳日影来。

注:①帚:zhǒu 扫帚。②昭:zhāo 明亮。

清平调三首之一　李白

云想衣裳花想容,春风拂槛露华浓。
若非群玉山头见,会向瑶台月下逢。

注:①裳:cháng 古人穿的下衣。②槛:jiàn 栏杆。

终南别业　王维

中岁颇好道,晚家南山陲。
兴来每独往,胜事空自知。
行到水穷处,坐看云起时。
偶然值林叟,谈笑无还期。

注:①好:hào 信奉。②陲:chuí 边界。③兴:xìng 兴致。

绝句　杜甫

两个黄鹂鸣翠柳,一行白鹭上青天。
窗含西岭千秋雪,门泊东吴万里船。

注:①行:háng 行列。②泊:bó 停泊。

山中送别　王维

山中相送罢，日暮掩柴扉。
春草明年绿，王孙归不归？

宫词　顾况

玉楼天半起笙歌，风送宫嫔笑语和。
月殿影开闻夜漏，水晶帘卷近秋河。

注：①嫔：pín 嫔妃。②和：hé 混合。

2. 古词

词是诗歌的一种韵文形式，由五言诗、七言诗或民间歌谣发展而成，原是配乐歌唱的一种诗体，句的长短随歌调而改变，因此又叫长短句，一般分上下两阕。大部分词的句式长短不齐，押韵也变化多端。它是一种既能合乐而唱又能讲求格律的新体诗，具有高度音乐性、韵律美和浓郁的生活气息。由于形式上比诗变化大，所以在朗读时更应注意气息支持的力度和吐字归音的基本功。

苏幕遮　范仲淹

碧云天，黄叶地。秋色连波，波上寒烟翠。山映斜阳天接水。芳草无情，更在斜阳外。

黯乡魂，追旅思。夜夜除非，好梦留人睡。明月楼高休独倚。酒入愁肠，化作相思泪。

注：①黯：àn 黯然。

蝶恋花　欧阳修

庭院深深深几许？杨柳堆烟，帘幕无重数。玉勒雕鞍游冶处，楼高不见章台路。

雨横风狂三月暮。门掩黄昏，无计留春住。泪眼问花花不语，乱红飞过秋千去。

注：①重：chóng 一重重。②冶：yě 游乐。

临江仙　晏几道

梦后楼台高锁，酒醒帘幕低垂。去年春恨却来时。落花人独立，微雨燕双飞。

记得小蘋初见，两重心字罗衣。琵琶弦上说相思。当时明月在，曾照彩云归。

注：①蘋：pín 歌女的名字。②重：chóng 两重。

破阵子·为陈同甫赋壮语以寄之　辛弃疾

醉里挑灯看剑，梦回吹角连营。八百里分麾下炙，五十弦翻塞外声。沙场秋点兵。

马作的卢飞快，弓如霹雳弦惊。了却君王天下事，赢得生前身后名。可怜白发生。

注：①麾：huī 军旗。②的：dì 的卢指骏马。③弦：xián。

长相思　纳兰性德

山一程，水一程，身向榆关那畔行，夜深千帐灯。

风一更，雪一更，聒碎乡心梦不成，故园无此声。

注：①更：gēng 古代夜间计时单位。②聒：guō 嘈杂。

3. 自由诗

自由诗打破了旧诗词格律的束缚，句式和结构更富于变化，形式上灵活自由。朗读时，要求在自由的形式中找到基本的节拍。自由诗有高度的概括性、鲜明的形象性、浓烈的抒情性以及和谐的音乐性。朗读时，根据表现内容不同，强调更加灵活的气息、口腔等控制和处理。

茶的情诗　张错

一

如果我是开水
你是茶叶
那么你的香郁
必须倚赖我的无味

二

让你的干枯柔柔的
在我里面展开,舒散
让我的湿润
舒展你的容颜

三

我必须热,甚至沸
彼此才能相溶

四

我们必须隐藏
在水里相觑,相缠
一盏茶功夫
我俩才决定成一种颜色

五

无论你怎么浮沉
把持不定
你终将缓缓的
喔,轻轻的
落下,攒聚
在我最深处

六

那时候
你最苦的一滴泪

　　　　　将是我最甘美的
　　　　　一口茶

注：①觑：qù 看。②攒：cuán 聚集。

　　一棵开花的树　　席慕蓉

　　如何让你遇见我
　　在我最美丽的时刻
　　为这
　　我已在佛前求了五百年
　　求佛让我们结一段尘缘
　　佛于是把我化做一棵树
　　长在你必经的路旁
　　阳光下
　　慎重地开满了花
　　朵朵都是我前世的盼望
　　当你走近
　　请你细听
　　那颤抖的叶
　　是我等待的热情
　　而当你终于无视地走过
　　在你身后落了一地的
　　朋友啊
　　那不是花瓣
　　那是我凋零的心

　　我爱这土地　　艾青

　　假如我是一只鸟，
　　我也应该用嘶哑的喉咙歌唱：
　　这被暴风雨所打击着的土地，
　　这永远汹涌着我们的悲愤的河流，

这无止息地吹刮着的激怒的风,
和那来自林间的
无比温柔的黎明……
——然后我死了,
连羽毛也腐烂在土地里面。
为什么我的眼里常含着泪水?
因为我对这土地爱得深沉……

母亲之歌　（俄）拉苏尔·加姆扎托夫

母亲和母亲彼此相像,
如山脉之间的重重海洋
高山与高山彼此相仿,
我从碧空中向群山凝望。
层峦叠嶂依傍着雷雨,
越接近山巅岩壁越陡峭,
世上的山峰纵有万千,
没有一座比得上母亲崇高!
无论我欣喜或是悲伤,
你都是我可靠的山峰。
夜晚的星斗黎明的霞光,
妈妈,全都被你纳入心胸。
如今,我凝视四面八方,
到处都呈现你的形象:
你在百花盛开的大地,
你在波光万顷的海洋!
大地难包容你的慈祥,
天空容不下你的高尚,
妈妈,我真觉得奇怪,
你怎么能,怎么能走进
那低矮狭小的木板房?!

旗帜　裴多菲

你在干什么? 你在缝什么?
你在缝补我那件衣裳吗?
我对破烂衣裳已十分满意,
我的妻子,你还是缝起一面战旗!
我预感着,我预感到了什么,
只有天知道我预感到了什么;
够了,预感出自我的心里,
我的妻子,你缝起那面战旗!
这样下去,不要太长的时间,
我预感时局将会发生突变,
就一跃而起向战场上跑去,
我的妻子,你缝起那面战旗!
自由是我们的无价之宝,
不会白得,付出的代价很高;
贵重的金钱,鲜红的血滴,
我的妻子,你缝起那面战旗!
如果是你那白嫩的手缝的,
胜利一定会爱上这面战旗,
胜利越来越和它亲密,
我的妻子,你缝起那面战旗!

二、散文

这一节推荐几篇经典的古代和现代散文。这些文章立意深刻、言简意赅、文字晓畅,值得诵读或背诵。

古文的朗读应先明确文章的确切含义、写作背景、写作目的,然后扫清读音障碍。朗读时,同样应注意语意的传达,语言目的的凸显,避免陷入到常见的文言文朗读的固定腔调中,看似在大声朗读,实则听不出语义、语气、重点、态度。

现代散文的朗读应抓住文章的主线,突出重点,找出逻辑,避免把文章读散。现代散文的朗读容易一成不变、平铺直叙,应注意在文章中的叙事或描写中找到作者的用意,避免陷入单纯的景物描写,看似很有感情地朗读,实则缺少变化、色彩单一。吐字忌笨拙和过于松散,注意把握分寸。散文多为作者内心情感的表露,朗读时应语速适中、声音柔和质朴、气息舒缓,加强控制的内向力,避免矫情和声音变化的形式化。

1. 古文

前出师表　诸葛亮

训练提示

☞诸葛亮受先主刘备托孤的重任,辅助后主刘禅执政。由于深感刘禅暗弱无能,在兴兵进驻汉中之前上表劝诫。文章晓之以理,动之以情,情真理足,感人至深。

☞朗读应特别注意体现诸葛亮话语逻辑的清晰连贯;语气不应居高临下,应体现出诸葛亮一贯的严谨、忠心。

臣亮言:先帝创业未半,而中道崩殂[1];今天下三分,益州疲敝,此诚危急存亡之秋也。然侍卫之臣不懈于内,忠志之士忘身于外者,盖追先帝之殊遇,欲报之于陛下也。诚宜开张圣听,以光先帝遗德,恢弘志士之气;不宜妄[2]自菲[3]薄,引喻失义,以塞忠谏[4]之路也。宫中府中,俱为一体,陟[5]罚臧[6]否,不宜异同。若有作奸犯科及为忠善者,宜付有司,论其刑赏,以昭陛下平明之理,不宜偏私,使内外异法也。

侍中、侍郎郭攸[7]之、费祎[8]、董允等,此皆良实,志虑忠纯,是以先帝简拔以遗[9]陛下。愚以为宫中之事,事无大小悉以咨之,然后施行,必得裨[10]补阙漏,有所广益。将军向宠性行淑均,晓畅军事,试用于昔日,先帝称之曰"能",是以众议举宠为督。愚以为营中之事,事无大小悉以咨之,必能使行[11]阵和睦,优劣得所。亲贤臣,远小人,此先汉所以兴隆也;亲小人,远贤臣,此后汉所以倾颓也。先帝在时,每与臣论此事,未尝不叹息痛恨于桓、灵也!侍中、尚书、长[12]史、参[13]军,此悉贞亮死节之臣,愿陛下亲之信之,则汉室之隆,可计日而待也。

　　臣本布衣,躬耕于南阳,苟全性命于乱世,不求闻达于诸侯。先帝不以臣卑鄙,猥自枉屈,三顾臣于草庐之中,咨臣以当世之事。由是感激,遂许先帝以驱驰。后值倾覆,受任于败军之际,奉命于危难之间,尔来二十有一年矣。先帝知臣谨慎,故临崩寄臣以大事也。受命以来,夙夜忧叹,恐托付不效,以伤先帝之明;故五月渡泸,深入不毛。今南方已定,甲兵已足,当奖率三军,北定中原,庶[14]竭驽[15]钝,攘[16]除奸凶,兴复汉室,还于旧都。此臣之所以报先帝而忠陛下之职分也。至于斟酌损益,进尽忠言,则攸之、祎、允等之任也。

　　愿陛下托臣以讨贼兴复之效;不效,则治臣之罪,以告先帝之灵。若无兴德之言,则责攸之、祎、允等之慢,以彰其咎。陛下亦宜自谋,以咨诹[17]善道,察纳雅言,深追先帝遗诏。臣不胜[18]受恩感激!今当远离,临表涕零,不知所言。

　　注:1 殂:cú　　2 妄:wàng　　3 菲:fěi　　4 谏:jiàn　　5 陟:zhì
　　　6 臧:zāng　7 攸:yōu　　8 祎:yī　　9 遗:wèi　　10 裨:bì
　　　11 行:háng　12 长:zhǎng　13 参:cān　14 庶:shù
　　　15 驽:nú　　16 攘:rǎng　17 诹:zōu　18 胜:shēng

桃花源记　陶渊明

训练提示

☞陶渊明的艺术风格以平淡自然著称,语言质朴而简练。这是一篇虚构的用来寄托作者社会理想的作品,描绘了一幅世外桃源的图景,透露了作者对现实社会的不满和否定,也在一定程度上反映了当时广大农民的愿望。

☞由于全文叙述委婉曲折,朗读应特别注意体现文章的层次感;文章有环境、有人物、有对话,朗读时应注意用声的变化。

晋太元中,武陵人捕鱼为业。缘溪行,忘路之远近。忽逢桃花林,夹¹岸数百步,中无杂树,芳草鲜美,落英缤纷。渔人甚异之。复前行,欲穷其林。林尽水源,便得一山。山有小口,仿佛若有光。便舍船从口入。初极狭,才通人;复行数十步,豁然开朗。土地平旷,屋舍²俨然,有良田、美池、桑竹之属³。阡陌交通,鸡犬相闻。其中往来种作,男女衣著⁴,悉如外人;黄发垂髫⁵,并怡然自乐。见渔人,乃大惊,问所从来,具答之。便要还家,设酒杀鸡作食。村中闻有此人,咸来问讯。自云先世避秦时乱,率妻子邑人来此绝境,不复出焉;遂⁶与外人间⁷隔。问今是何世,乃不知有汉,无论魏晋。此人一一为⁸具言所闻,皆叹惋。余人各复延至其家,皆出酒食。停数日,辞去。此中人语云:"不足为⁹外人道也。"

既出,得其船,便扶向路,处处志之。及郡下,诣¹⁰太守说如此。太守即遣人随其往,寻向所志,遂迷不复得路。

南阳刘子骥,高尚士也,闻之,欣然规往。未果,寻病终。后遂无问津者。

注:1 夹:jiā 2 舍:shè 3 属:shǔ 4 著:zhuó 5 髫:tiáo
　　6 遂:suì 7 间:jiàn 8 为:wèi 9 为:wèi 10 诣:yì

师说　韩愈

训练提示

☞ 本文为韩愈的一篇序。针对当时士大夫耻于相师的现实,从正反两个方面论述了从师之道。运用对比手法,通过古与今、圣人与众人的对比,增强了文章的说服力,使文章气势强劲而又摇曳多姿。

☞ 文章句式灵活多变,又插入了一些排偶句、感叹句与反问句,朗读应特别注意体现文章论证的力度、说理的逻辑感和语言的承接感。

古之学者必有师。师者,所以传道受业解惑也。人非生而知之者,孰能无惑?惑而不从师,其为惑也,终不解矣。生乎吾前,其闻道也,固先乎吾,吾从而师之;生乎吾后,其闻道也,亦先乎吾,吾从而师之。吾师道也,夫¹庸知其年之先后生于吾乎?是故无贵无贱,无长无少,道之所存,师之所存也。

嗟乎!师道之不传也久矣,欲人之无惑也难矣。古之圣人,其出人也远矣,犹且从师而问焉;今之众人,其下圣人也亦远矣,而耻学于师。是故圣益圣,愚益愚。圣人之所以为圣,愚人之所以为愚,其皆出于此乎?爱其子,择师而教之;于其身也,则耻师焉,惑矣!彼童子之师,授之书而习其句读²者也,非吾所谓传其道、解其惑者也。句读之不知,惑之不解,或师焉,或不³焉,小学而大遗⁴,吾未见其明也。

巫医乐师百工之人,不耻相师。士大夫之族,曰师曰弟子云者,则群聚而笑之。问之,则曰:"彼与彼,年相若也,道相似也。位卑则足羞,官盛则近谀。"呜呼!师道之不复可知矣!巫医乐师百工之人,君子不齿,今其智乃反不能及,其可怪也欤!

圣人无常师。孔子师郯⁵子、苌⁶弘、师襄、老聃⁷。郯子之徒,其贤不及孔子。孔子曰:"三人行,则必有我师。"是故弟子不必不如师,师不必贤于弟子。闻道有先后,术业有专攻,如是而已。

李氏子蟠⁸,年十七,好古文,六艺经传皆通习之。不拘于时,学于余。余嘉其能行古道,作《师说》以贻⁹之。

注:1 夫:fú　　2 读:dòu　　3 不:fǒu　　4 遗:yí　　5 郯:tán
　　6 苌:cháng　7 聃:dān　　8 蟠:pán　　9 贻:yí

岳阳楼记　范仲淹

训练提示

☞《岳阳楼记》因作者处于被贬时期而能有"先天下之忧而忧,后天下之乐而乐"的高远思想境界和人生态度流传于世。记事简明,写景铺张,抒情真切,议论精辟。

☞文章是一篇散文,却穿插了许多四言的对偶句,这些骈句为文章增添了色彩。朗读应特别注意体现声音抑扬顿挫的音乐性和韵律感,充分表现作者描绘的景物和情感,为议论做好铺垫。

庆历四年春,滕子京谪¹守巴陵郡。越明年,政通人和,百废俱兴,乃重修岳阳楼,增其旧制,刻唐贤、今人诗赋于其上,属²予作文以记之。

予观夫巴陵胜状,在洞庭一湖。衔远山,吞长江,浩浩汤汤³,横无际涯;朝晖夕阴,气象万千。此则岳阳楼之大观也,前人之述备矣。然则北通巫峡,南极潇、湘,迁客骚人,多会于此,览物之情,得无异乎?

若夫霪雨霏霏,连月不开,阴风怒号⁴,浊浪排空,日星隐耀,山岳潜形,商旅不行,樯倾楫摧,薄暮冥冥,虎啸猿啼。登斯楼也,则有去国怀乡,忧谗畏讥,满目萧然,感极而悲者矣。

至若春和景明,波澜不惊,上下天光,一碧万顷,沙鸥翔集,锦鳞游泳,岸芷汀兰,郁郁青青。而或长烟一空,皓月千里,浮光耀金,静影沉璧,渔歌互答,此乐何极!登斯楼也,则有心旷神怡,宠辱皆忘,把酒临风,其喜洋洋者矣。

嗟夫⁵!予尝求古仁人之心,或异二者之为。何哉?不以物喜,不以己悲。居庙堂之高,则忧其民;处江湖之远,则忧其君。是进亦忧,退亦忧,然则何时而乐耶?其必曰:"先天下之忧而忧,后天下之乐而乐"欤!噫!微斯人,吾谁与归!

注:1 谪:zhé 2 属:zhǔ 3 汤:shāng 4 号:háo 5 夫:fú

醉翁亭记　欧阳修

训练提示

☞ 这篇文章写于欧阳修被贬滁州时,作者放情林木,醉意山水,文章情与景交融,意与境相谐,给读者独特的审美感受。

☞ 语言格调清丽,遣词凝练,音节铿锵。全文几乎用"也"收束句尾,有一唱三叹的风韵。朗读时注意把握其节奏感和回环美;并能抓住醉中之"乐"这一主线,表现作者的心境和情态。

环滁¹皆山也。其西南诸峰,林壑尤美。望之蔚然而深秀者,琅琊²也。山行六七里,渐闻水声潺潺,而泻出于两峰之间者,酿泉也。峰回路转，有亭翼然临于泉上者，醉翁亭也。作亭者谁？山之僧智仙也。名之者谁？太守自谓也。太守与客来饮于此，饮少辄[3]醉，而年又最高，故自号曰"醉翁"也。醉翁之意不在酒，在乎山水之间也。山水之乐，得之心而寓之酒也。

若夫[4]日出而林霏开，云归而岩穴[5]暝，晦明变化者，山间之朝暮也。野芳发而幽香，佳木秀而繁阴，风霜高洁，水落而石出者，山间之四时也。朝而往，暮而归，四时之景不同，而乐亦无穷也。

至于负者歌于途，行者休于树，前者呼，后者应，伛偻[6]提携，往来而不绝者，滁人游也。临溪而渔，溪深而鱼肥，酿泉为酒，泉香而酒洌；山肴野蔌[7]，杂然而前陈者，太守宴也。宴酣之乐[8]，非丝非竹，射者中，弈者胜，觥筹交错，坐起而喧哗者，众宾欢也。苍颜白发，颓然乎其间者，太守醉也。

已而夕阳在山，人影散乱，太守归而宾客从也。树林阴翳，鸣声上下，游人去而禽鸟乐也。然而禽鸟知山林之乐，而不知人之乐；人知从太守游而乐，而不知太守之乐其乐也。醉能同其乐，醒能述以文者，太守也。太守谓谁？庐陵欧阳修也。

注：1 滁：chú　　2 琊：yá　　3 辄：zhé　　4 夫：fú
　　5 穴：xué　6 伛偻：yǔlǚ　7 蔌：sù　　8 乐：lè

二、现代散文

春　朱自清

> **训练提示**
> ☞ 文章意境优美，寓情于景，景中寓理，景、情、理三者交融。作者对春天真挚的赞美之情，不留痕迹地融入了景物描写之中。文章先描绘春天美景，再写春天里的人们，透出一种积极向上的气息。
> ☞ 朗读时应充分调动自己对空间、方向、气味、色彩、动作等的感知觉能力，并注意运用声音高低、虚实、快慢的变化处理加以表现。

盼望着，盼望着，东风来了，春天的脚步近了。

一切都像刚睡醒的样子，欣欣然张开了眼。山朗润起来了，水涨起来了，太阳的脸红起来了。

小草偷偷地从土里钻出来，嫩嫩的，绿绿的。园子里，田野里，瞧去，一大片一大片满是的。坐着，躺着，打两个滚[1]，踢几脚球，赛几趟跑，捉几回迷藏。风轻悄悄的，草软绵绵的。

桃树、杏树、梨树，你不让我，我不让你，都开满了花赶趟儿。红的像火，粉的像霞，白的像雪。花里带着甜味，闭了眼，树上仿佛已经满是桃儿[2]、杏儿[3]、梨儿[4]！花下成千成百的蜜蜂嗡嗡地闹着，大小的蝴蝶飞来飞去。野花遍地是：杂样儿，有名字的，没名字的，散在草丛里，像眼睛，像星星，还眨呀眨的。

"吹面不寒杨柳风"，不错的，像母亲的手抚摸着你。风里带来些新翻的泥土的气息，混着青草味儿，还有各种花的香，都在微微润湿的空气里酝酿。鸟儿[5]将巢安在繁花嫩叶当中，高兴起来了，呼朋引伴地卖弄清脆的喉咙，唱出宛转的曲子，与轻风流水应和着。牛背上牧童的短笛，这时候也成天嘹亮地响着。

雨是最寻常的，一下就是三两天。可别恼，看，像牛毛，像花针，像细丝，密密地斜织着，人家屋顶上全笼着一层薄烟。树叶儿却绿得发亮，小草儿也青得逼你的眼。傍晚时候，上灯了，一点点黄晕的光，烘托出一个安静而和平的夜。在乡下，小路上，石桥边，有撑起伞慢慢走着的人，地里还有工作的农民，披着蓑，戴着笠。他们的房屋，稀稀疏疏的，在雨里静默着。

天上风筝渐渐多了，地上孩子也多了。城里乡下，家家户户，老老小小，也赶趟儿似[6]的，一个个都出来了。舒活舒活筋骨，抖擞抖擞精神，各做各的一份儿事去。"一年之计在于春"，刚起头儿，有的是工夫，有的是希望。

春天像刚落地的娃娃，从头到脚都是新的，它生长着。

春天像小姑娘，花枝招展的，笑着，走着。

春天像健壮的青年，有铁一般的胳膊和腰脚，领着我们上前去。

注:1 滚:必须儿化,读作 gǔr　2 桃儿:此处不宜儿化
　　3 杏儿:此处不宜儿化　　4 梨儿:此处不宜儿化
　　5 鸟儿:此处不宜儿化　　6 似的:shì de

家　韩少功

> **训练提示**
> ☞ 作者将自己对于"家"的眷恋、向往、热爱寄放在对于景色细致、生动的描写中。溪水、绿意、蓝天、花丛、犁田、炊烟透出作者心中"家"的概念。
> ☞ 朗读时应充分调动自己对空间、方向、气味、色彩、动作等的感知觉能力,并注意细节的处理和层次感的把握。

我又来到了这里,在一条寂静无人的山谷里独坐,看一只鸟落在水牛背上举目四顾,看溪水在幽暗的斜树下潜[1] 涌而出,在一截残坝那里喧哗,又在一片广阔的卵石滩上四分五裂,抖落出闪闪光斑。

山里的色彩丰富而细腻,光是树绿,就有老树的墨绿和粉绿,相间[2] 相叠,远非一个绿字了得。再仔细看的话,绿中其实有黄,有蓝,有灰,有红,有黑,有透明,比如樟树的嫩芽一开始是暗红色的,或说是铁锈色的,半透明,慢慢才透出绿意,融入一片绿的吵吵嚷嚷碰碰撞撞之中。

溪边有一条小道,证明这里仍在人间。沿着溪流的哗哗声往上走,走进潮湿的腐叶气味中,从水中一块石头上跳到对岸,又缘一根独木桥回到北岸,反复与溪水纠缠一阵,好一阵才能潜[3] 出竹林。你可能觉得前面一亮,天地洞开,蓝天白云,有两户人家竟在那高坡上抛出炊烟,你会听到狗的叫声,微弱而遥远。

你知道这里不是人间的尽头。只要你有力气,扶着竹枝继续溯水而上,你还会发现小路,通向新的密林和新的山谷,也通向新的惊讶——在你觉得山岩和杂树将把小路完全吞没之时。随着一只野鸡在草丛中扑啦啦惊飞,一块更大的光亮扑面而来,出现在刚

才贴身擦过的一块巨大的岩石那边。那里有竹林后的一角屋檐,地坪前有晾晒的衣服,有开犁的农田以及盛开的花丛。

你觉得这里任何一扇门都应该是你的家。

注:1和3 潜:qián 2 间:jiàn

牡丹的拒绝(节选) 张抗抗

> **训练提示**
>
> ☞ 文章以洛阳牡丹拒绝开放为描述的重点,赞美了牡丹的个性之美,高贵之美,品味之美。以牡丹的拒绝说明人的高贵不在于富丽而在于品位的深刻寓意。
>
> ☞ 朗读时注意对牡丹悲壮的落花过程的细节描写,加大送气量和口腔控制力度,并由此产生对牡丹个性的解读。注意运用声音高低、虚实等处理区别文章描写、叙述、抒情和议论的色彩。

其实你在很久以前并不喜欢牡丹,因为它总被人作为富贵膜拜。后来你目睹了一次牡丹的落花,你相信所有的人都会为之感动:一阵清风徐来,娇艳鲜嫩的盛期牡丹忽然整朵整朵地坠落,铺撒一地绚丽的花瓣。那花瓣落地时依然鲜艳夺目,如同一只奉上祭坛的大鸟脱落的羽毛,低吟着壮烈的悲歌离去。

牡丹没有花谢花败之时,要么烁于枝头,要么归于泥土,它跨越委顿和衰老,由青春而死亡,由美丽而消殒。它虽美却不吝惜生命,即使告别也要展示给人最后一次的惊心动魄。

所以在这阴冷的四月里,奇迹不会发生。任凭游人扫兴和诅咒,牡丹依然安之若素。它不苟且、不俯就、不妥协、不媚俗,甘愿自己冷落自己。它遵循自己的花期自己的规律,它有权利为自己选择每年一度的盛大节日。它为什么不拒绝寒冷?

天南海北的看花人,依然络绎不绝地涌入洛阳城。人们不会因牡丹的拒绝而拒绝它的美。如果它再被贬谪[1]十次,也许它就会繁衍出十个洛阳牡丹城。

于是你在无言的遗憾中感悟到,富贵与高贵只是一字之差。同人一样,花儿也是有灵性的,更有品位之高低。品位这东西为气为魂为筋骨为神韵,只可意会。你叹服牡丹卓[2]而不群之姿,方知品位是多么容易被世人忽略或是漠视的美。

注:1 谪:zhé 2 卓:zhuó

丑石(节选)　贾平凹

> **训练提示**
> ☞ 文章写一块陨石从被人误解到了解,表达的是作家对美的一种哲理思考,简单的叙述,深刻的哲理。
> ☞ 朗读时注意运用声音色彩的对比体现由误解到了解的变化,从而凸显文章的主旨:"丑到极处,便是美到极处",并由衷地赞赏丑石"不屈于误解、寂寞的生存的伟大"!

我常常遗憾我家门前的那块丑石呢:它黑黝黝地卧在那里,牛似的模样;谁也不知道是什么时候留在这里的,谁也不去理会它。只是麦收时节,门前摊了麦子,奶奶总是要说:这块丑石,多占地面哟,抽空把它搬走吧。

它不像汉白玉那样的细腻,可以凿下刻字雕花,也不像大青石那样的光滑,可以供来浣纱捶布;它静静地卧在那里,院边的槐荫没有庇覆它,花儿也不再在它身边生长。荒草便繁衍出来,枝蔓上下,慢慢地,竟锈上了绿苔、黑斑。我们这些做孩子的,也讨厌起它来,曾合伙要搬走它,但力气又不足;虽时时咒骂它,嫌弃它,也无可奈何,只好任它留在那里去了。

人们都骂它是丑石,它真是丑得不能再丑的丑石了。

终有一日,村子里来了一个天文学家。他在我家门前路过,突然发现了这块石头,眼光立即就拉直了。他再没有离开,就住了下来;以后又来了好些人,说这是一块陨石,从天上落下来已经有二三百年了,是一件了不起的东西。不久便来了车,小心翼翼地将它运走了。

这使我们都很惊奇!这又怪又丑的石头,原来是天上的呢!它补过天,在天上发过热,闪过光,我们的先祖或许仰望过它,它给了他们光明,向往,憧憬;而它落下来了,在污土里,荒草里,一躺就是几百年了?

"它是太丑了,可这正是它的美,"天文学家说,"它是以丑为美的。丑到极处,便是美到极处。正因为它不是一般的顽石,当然不能去做墙,做台阶,不能去雕刻,捶布。它不是做这些玩意儿的,所以常常就遭到一般世俗的讥讽。"

我感到自己的可耻,也感到了丑石的伟大;我甚至怨恨它这么多年竟会默默地忍受着这一切?而我又立即深深地感到它那种不屈于误解、寂寞的生存的伟大。

社稷坛抒情(节选) 秦牧

> **训练提示**
> ☞ 作者写此文的目的是透过思古之幽情和历史知识的展现,发自肺腑地抒发自己的爱国之情。因此,应注意播出目的的实现,不能喧宾夺主。

北京有座美丽的中山公园,公园里有个用五色土砌成的社稷坛。

社稷坛是北京九坛之一,它和坐落在南城的天坛遥遥相对。古代的帝王们,在天坛祭天,在社稷坛祭地。祭天为了要求风调雨顺,祭地为了要求土地肥沃。祭天祭地的终极目的只有一个:就是五谷丰登,可以"聚敛贡城阙"。五谷是从地里长出来的,因此,人们臆想的稷神(五谷)就和社神(土地)同在一个坛里受膜拜了。

穿过古柏参天,处处都是花圃的园林,来到这个社稷坛前,突然有一种寥廓空旷的感觉。在庄严的宫殿建筑之前,有这么一个四方的土坛,屹立在地面,它东面是青土,南面是红土,西面是白土,北面是黑土,中间嵌着一大块圆形的黄土。这图案使人沉思,使人怀古。遥想当年帝王们穿着衮[1]服,戴着冕旒[2],在礼乐声中祭地的情景,你仿佛看到他们在庄严中流露出来的对于"天命"畏惧的眼色,你仿佛看到许多人慑服在大自然脚下的神情。

这社稷坛现在已经没有一点儿神秘庄严的色彩了。它只是一个奇特的历史遗迹。节日里,欢乐的人群在上面舞狮,少年们在上面嬉戏追逐。平时则有三三两两的游人在那里低徊。对,这真是一个引发人们思古幽情的好所在!作为一个中国人,可以让这种使人微醉的感情发酵的去处可真多呢!你可以到泰山去观日出;在八达岭长城顶看日落。可以在西湖荡画舫,到南京鸡鸣寺听钟声。可以在华北平原跑马,在戈壁滩上骑骆驼。可以寻访古代宫殿遗迹,听一听燕子的呢喃;或者到南方的海神庙旁看浪涛拍岸……这些节目你随便可以举出一百几十种来,在这里面千万不能遗漏掉这个社稷坛!这坛后的宫殿是华丽的,飞檐、斗拱、琉璃瓦、白石阶……真是金碧辉煌!而坛呢,却很荒凉,就只有五色的泥土。然而这种对照却也使人想起:没有这泥土所代表的大地,没有在大地上胼[3]手胝[4]足的劳动者,根本就不会有这宫殿,不会有一切人类文明。

我们汉民族的摇篮在黄河的中上游,那里绵亘的是一望无际的黄土高原。因此,黄色被用来配"土",用来配"中心",成为我们民族传统中高贵的颜色。中心是不同于四方的,能够生长五谷的土地是不同于其他东西的,黄色是不同于其他颜色的。在这个土坛的中心,黄土被特别砌成了一个圆形,审视这个黄色的圆圈吧!它使我们想起奔腾澎湃的黄河,想起地层下不断被发掘出来的古代村落,也想起那古木参天的皇帝的陵墓。

瞧着这个社稷坛,你会想起了中国的泥土,那黄河流域的黄土,四川盆地的红壤,肥沃的黑土,洁白的白垩土……你会想起文学里许许多多关于泥土的故事:有人包起一包祖国的泥土藏在身旁到国外去;有人临死遗嘱必须用祖国的泥土撒到自己胸上;有人远道异国归来俯身去吻一吻自己国门的土地。这些动人的关于泥土的故事,使人对五色土发生了奇异的感情,仿佛他们是童话里的角色,每一粒土壤都可以叙述一段奇特的故事或者一首美好的诗歌一样。

注:1 衮:gǔn　　2 旒:liú　　3 胼:pián　　4 胝:zhī

第三单元 故事类稿件

　　故事类稿件展现人物或事件的完整经过,其中就包括一般的叙事语言、描述语言和人物语言。在播读时,应明确故事起因、经过、高潮、结果的脉络,找出一个故事的主要矛盾,并由此来安排表达的重点,使得表达有起承转合的连贯感、层次感。

　　声音色彩的变化应当根据文章的叙事、描述和对话进行基本的区分。叙述部分以讲述语气为主,用声一般处于自如声区,要根据文章的重点安排详略,不应处处强调,喧宾夺主。描述部分特别是一些细节描写,声音色彩的对比应适度加大,充分利用声音高低、虚实、快慢、明暗等要素的变化深入细致地进行刻画。人物语言的处理,应根据其性别、身份、年龄、处境等因素来选择恰当的声音形式。比如不同年龄的人,咬字的特点不一样;同一个人,在心境不同时,声音也有变化。变化体现在气息的强弱急缓、吐字的松紧前后、共鸣位置的高低等等。但是,初学者应注意播读和扮演的区分,播读力求神似,不可过分夸张,影响整体效果。

青衣　　毕飞宇

　　自古到今唱青衣的人成百上千,但真正领悟了青衣意蕴的极少。

　　筱燕秋是个天生的青衣胚子,二十年前京剧奔月的成功演出,让人们认识了一个真正的嫦娥。可造化弄人,此后她沉寂了二十年,在远离舞台的戏校里教书,学生春来的出现让筱燕秋重新看到了当年的自己。二十年后,奔月复排,这对师生成了嫦娥的 AB 角,把命都给了嫦娥的筱燕秋一口气演了四场,她不让给春来,谁劝都没用。

可第五场,她来晚了,筱燕秋冲进化妆间的时候,春来已经上好妆了,她们对视了一眼,筱燕秋一把抓住化妆师,她想大声说,我才是嫦娥,只有我才是嫦娥,但是她现在只会抖动着嘴唇,不会说话。

上了妆的春来真是比天仙还要美,她才是嫦娥,这个世上没有嫦娥,化妆师给谁上妆,谁就是嫦娥。大幕拉开,锣鼓响起来了,筱燕秋目送着春来走向了上场门。筱燕秋知道,她的嫦娥在她四十岁的那个雪夜,真的死了。

观众承认了春来,掌声和喝彩声就是最好的证明。筱燕秋无声地坐在化妆台前,她望着自己,目光像秋夜的月光汪汪地散了一地,她一点都不知道自己做了些什么,她拿起水衣给自己披上,取过肉色滴排,挤在左手的掌心,均匀地一点一点往手上抹,往脖子上抹,往脸上抹,然后请化妆师给她调眉,包头,上齐眉,戴头套,镇定自若,出奇的安静。

筱燕秋并没有说什么,只是拉开了门,往门外走去,筱燕秋穿着一身薄薄的戏装走进了风雪,她来到了剧场门口,站在了路灯下面,她看了大雪中的马路一眼,自己给自己数起了板眼,她开始了唱,她唱着依旧是二簧慢板转原板、转流水转高腔。雪花在飞舞,戏场门口人越来越多,车越来越挤,但没有一点声音,筱燕秋旁若无人,边舞边唱,她要给天唱,给地唱,给她心中的观众唱。

筱燕秋的告别演出轰轰烈烈地结束了,人的一生其实就是不断地失去自己挚爱的过程,而且是永远的失去,这是每个人必经的最大伤痛,而我们从筱燕秋的微笑中看到了她的释怀,看到了她的执着和期盼。

生活中充满了失望和希望,失望在先,希望在后,有希望就不是悲。

薪水

两个同龄的年轻人同时受雇于一家店铺,并且拿同样的薪水。

可是一段时间后,叫阿诺德的那个小伙子青云直上,而那个叫布鲁诺的小伙子却仍在原地踏步。布鲁诺很不满意老板的不公正待遇。终于有一天他到老板那儿发牢骚了。老板一边耐心地听着他的抱怨,一边在心里盘算着怎样向他解释清楚他和阿诺德之间的差别。

"布鲁诺先生,"老板开口说话了,"您现在到集市上去一下,看看今天早上有什么卖的。"

布鲁诺从集市上回来向老板汇报说,今早集市上只有一个农民拉了一车土豆①在卖。

"有多少?"老板问。

布鲁诺赶快戴上帽子又跑到集上,然后回来告诉老板一共四十袋土豆。

"价格是多少?"

布鲁诺又第三次跑到集上问来了价格。

"好吧,"老板对他说,"现在请您坐到这把椅子上一句话也不要说,看看阿诺德怎么说。"

阿诺德很快就从集市上回来了。向老板汇报说到现在为止只有一个农民在卖土豆,一共四十口袋,价格是多少多少;土豆质量很不错,他带回来一个让老板看看。这个农民一个钟头以后还会弄来几箱西红柿,据他看价格非常公道。昨天他们铺子的西红柿卖得很快,库存已经不多了。他想这么便宜的西红柿,老板肯定会要进一些的,所以他不仅带回了一个西红柿做样品,而且把那个农民也带来了,他现在正在外面等回话呢。

此时老板转向了布鲁诺,说:"现在您肯定知道为什么阿诺德的薪水比您高了吧!"

(节选自张健鹏、胡足青主编《故事时代》)

---

① 土豆必须加儿化。

一个美丽的故事　　张玉庭

有个塌鼻子的小男孩儿，因为两岁时得过脑炎，智力受损，学习起来很吃力。打个比方，别人写作文能写二三百字，他却只能写三五行。但即便这样的作文，他同样能写得很动人。

那是一次作文课，题目是《愿望》。他极其认真地想了半天，然后极认真地写，那作文极短。只有三句话：我有两个愿望，第一个是，妈妈天天笑眯眯地看着我说："你真聪明，"第二个是，老师天天笑眯眯地看着我说："你一点儿也不笨。"

于是，就是这篇作文，深深地打动了他的老师，那位妈妈式的老师不仅给了他最高分，在班上带感情地朗读了这篇作文，还一笔一画地批道：你很聪明，你的作文写得非常感人，请放心，妈妈肯定会格外喜欢你的，老师肯定会格外喜欢你的，大家肯定会格外喜欢你的。

捧着作文本，他笑了，蹦蹦跳跳地回家了，像只喜鹊。但他并没有把作文本拿给妈妈看，他是在等待，等待着一个美好的时刻。

那个时刻终于到了，是妈妈的生日——一个阳光灿烂的星期天：那天，他起得特别早，把作文本装在一个亲手做的美丽的大信封里，等着妈妈醒来。妈妈刚刚睁眼醒来，他就笑眯眯地走到妈妈跟前说："妈妈，今天是您的生日，我要送给您一件礼物。"

果然，看着这篇作文，妈妈甜甜地涌出了两行热泪，一把搂住小男孩儿，搂得很紧很紧。

是的，智力可以受损，但爱永远不会。

陶行知的"四块糖果"

育才小学校长陶行知在校园看到学生王友用泥块砸自己班上的同学，陶行知当即喝止了他，并令他放学后到校长室去。无疑，陶行知是要好好教育这个"顽皮"的学生。那么他是如何教育的呢?

放学后,陶行知来到校长室,王友已经等在门口准备挨训了。可一见面,陶行知却掏出一块糖果送给王友,并说:"这是奖给你的,因为你按时来到这里,而我却迟到了。"王友惊疑地接过糖果。

随后,陶行知又掏出一块糖果放到他手里,说:"这第二块糖果也是奖给你的,因为当我不让你再打人时,你立即就住手了,这说明你很尊重我,我应该奖你。"王友更惊疑了,他眼睛睁得大大的。

陶行知又掏出第三块糖果塞到王友手里,说:"我调查过了,你用泥块砸那些男生,是因为他们不守游戏规则,欺负女生;你砸他们,说明你很正直善良,而且有批评不良行为的勇气,应该奖励你啊!"王友感动极了,他流着眼泪后悔地喊道:"陶……陶校长你打我两下吧! 我砸的不是坏人,而是自己的同学啊……"

陶行知满意地笑了,他随即掏出第四块糖果递给王友,说:"为你正确地认识错误,我再奖给你一块糖果,只可惜我只有这一块糖果了。我的糖果没有了,我看我们的谈话也该结束了吧!"说完,就走出了校长室。

(节选自《教师博览·百期精华》)

坚守你的高贵(节选)　游宇明

三百多年前,建筑设计师莱伊恩受命设计了英国温泽市政府大厅。他运用工程力学的知识,依据自己多年的实践,巧妙地设计了只用一根柱子支撑的大厅天花板。一年以后,市政府权威人士进行工程验收时,却说只用一根柱子支撑天花板太危险,要求莱伊恩再多加几根柱子。

莱伊恩自信只要一根坚固的柱子足以保证大厅安全,他的"固执"惹恼了市政官员,险些被送上法庭。他非常苦恼:坚持自己原先的主张吧,市政官员肯定会另找人修改设计;不坚持吧,又有悖自己为人的准则。矛盾了很长一段时间,莱伊恩终于想出了一条妙计,他在大厅里增加了四根柱子,不过这些柱子并未与天花板接触,只不过是装装样子。

三百多年过去了,这个秘密始终没有被人发现。直到前两年,市政府准备修缮大厅的天花板,才发现莱伊恩当年的"弄虚作假"。消息传出后,世界各国的建筑专家和游客云集,当地政府对此也不加掩饰,在新世纪到来之际,特意将大厅作为一个旅游景点对外开放,旨在引导人们崇尚和相信科学。

作为一名建筑师,莱伊恩并不是最出色的。但作为一个人,他无疑非常伟大。这种伟大表现在他始终恪守着自己的原则,给高贵的心灵一个美丽的住所,哪怕是遭遇到最大的阻力,也要想办法抵达胜利。

少年雄鸡

一只少年雄鸡,守候在他那垂危的父亲身旁。"孩子,我的时间已经不多了。"老雄鸡说,"从今以后每天早晨呼唤太阳的重任,要由你来承担了。"少年雄鸡很伤心,他注视着父亲慢慢闭上眼睛。

第二天一早,少年雄鸡飞上谷仓的屋顶。它高高地站在那儿,脸朝着东方。

"我必须设法发出最大的声音。"他说着,就抬头啼叫。但是,从他喉咙里发出来的,是一种缺乏力量的、时断时续的嘎嘎声。

太阳没有升起,阴云铺满了天空。湿漉漉的毛毛细雨整天下着,畜牧场上的所有动物,都一齐来责怪小雄鸡。

"这真是倒霉透了!"猪叫道。

"我们需要阳光!"羊叫道。

"雄鸡,你必须大声啼叫!"公牛说,"太阳离我们有九千三百万英里远,你的叫声那么细小,他能听见吗?"

第二天清晨,少年雄鸡又一早就飞上了谷仓的屋顶。他深深地吸了一口气,伸长脖子,放开喉咙大声啼叫。他这次发出的声音,非常洪亮、非常有力,是他开始学习啼叫以来从来没有过的。

畜牧场上,那些正在睡梦中的动物,一个个都被唤醒了。

"这是一种什么声音?"猪说。

"我的耳朵怕被震聋了!"羊叫道。

"我的脑袋都听得快要炸开了!"公牛说。

"我很抱歉,"少年雄鸡说,"但是,这是我应尽的职责。"

他的自尊心受到了很大的打击,感到十分委屈。但他终于看见在遥远的东方,一轮红日正从丛林后面冉冉地升起来。

羊的醒悟

(一)

小羊们听说大灰狼准备跳崖,奔走相告,纷纷聚集到悬崖下,盼望这一激动人心的时刻早些到来。一会儿,狼站到悬崖边上,对着山下的小羊高喊:"羊宝宝们,我大灰狼今天要跳崖了,我真的不想活了。请求你们不要劝阻我!我知道你们最善良,肯定会劝我活下去……"

"狼先生,你快些跳崖吧,我们不会劝阻的,大家都巴不得你早死呢!"一只全身乌黑的小羊大声喊道。

"小黑羊,你说什么呢?难道你的良心和身体一样黑吗?怎么可以对临死的本狼说这样绝情的话呢?"

"你吃了我们许多亲人,早该死了,快跳下来吧!"

"你说什么?你肯定看走眼了,吃羊的恐怕是我的兄弟,我有四个孪生兄弟,很容易认错的,我三年前就开始吃草了。可是你们还是以为我吃了你们的亲人,天大的委屈啊!所以我不想活了,我要跳崖,天啊,我是怎么死的?我是冤死的!"老狼一把眼泪一把鼻涕的。

"不管是不是冤死的,反正都是一个死,你就别磨磨蹭蹭了,干脆一点跳下来吧!"小黑羊不依不饶。

大灰狼恼羞成怒,指着小黑羊说:"本来,本狼早就跳崖了,如果谁能好言好语劝我几句,让我感动落泪,我肯定情不自禁跳下来了。可是,你们看看那个黑不溜秋的小家伙,竟然说了这么多伤人的话,我反而不想死了。因为在这种情况下死了,那才是冤上加冤呢!"

"狼先生,您别跟小毛孩一般见识,您想跳崖就跳吧!"小羊们生怕老狼变卦,齐声高喊起来。

"今天的跳崖都是被小黑羊搅黄的,只要你们把这小家伙留给我,等我收拾了小黑羊,明天立即跳崖!"

为了使大灰狼早些跳崖,为了使小羊们能有一个永久的和平环境,大家只好忍痛割爱,把小黑羊捆绑起来,留给了大灰狼……

(二)

第二天,大灰狼又在悬崖上现身了。

大灰狼高声喊道:"羊宝宝们,今天本狼无论如何要跳崖了,但愿不会出现昨天那样的变故。最好有谁能好言好语劝慰几句,如果能感人肺腑,那我就立即跳崖,死而无憾!"

小羊们推来推去,总算选出一只能说会道的小白羊去劝慰老狼。

"狼先生,不管您犯过多少罪行,只要能改过自新就好了,何必要跳崖呢?世界上最宝贵的是什么?是生命!生命对于每个人都只有一次。我们来到世上多么不容易啊,我们必须好好活着。只要能活下来,就会有弥补过错的机会,轻生是最没有出息的行为。您就下来吧,别跳崖了,我求求您了……"那只小白羊声泪俱下,竟然跪了下来。

大家都说老狼这回死定了,因为小羊规劝的话连羊们自己都感动了。大灰狼说过,只要劝得它感动落泪,它就立即跳崖。大家都眼巴巴等待大灰狼能情不自禁地跳下来。

老狼掏出纸巾,擦了擦眼睛说:"小家伙,你太有才了,一番肺腑之言,说得我心悦诚服,简直是醍醐灌顶啊!我老狼今日大彻大悟了。我昨天刚刚伤害了你们的小黑羊,而你们竟然不计前嫌,希望我珍惜生命,不要轻生。你们的崇高品德深深感动了我,本狼如果不听规劝,一意孤行,那就太对不起你们的一番苦心了。我一定要活下来,争取有一个弥补过错的机会……"

"狼先生,小白羊的话只能代表它自己,其实,我们大家都巴不得你早些跳崖的。"小羊们怕老狼说话不算话,只好大声表达自己的意愿。

大灰狼说:"好,我明白了。原来,小白羊的话只是代表它自己。那好,我马上就死给你们看。不过,这小白羊太可爱了,也太有才了,我临死前一定要亲一亲它,让它上来吧,让我抱一抱、亲一亲,我立即就跳崖,否则,我是死不瞑目的。"

为了整体利益,为了让老狼早些跳崖,大家鼓励小白羊让老狼抱一抱、亲一亲。小白羊爬上悬崖,结果当然是有去无回啰……

卖火柴的小女孩　安徒生

圣诞节前夕。

天气真冷,还下着雪,刮着北风。

有位失去母亲的小女孩,为了养活生病的爸爸,冒着风雪去卖火柴。

"火柴,谁要火柴。"

她没有棉衣,穿着一条旧裙子,头上围着一条破头巾,脚上穿着一双拖鞋。她沿街叫卖,可是没有一个人理她。

人们都在准备圣诞礼物,高高兴兴,欢欢喜喜,小姑娘多可怜啊!她有许多火柴,全部都包在一个旧围裙里,手里拿着几根。

已经中午了,她一根火柴也没卖掉。她又饿又冻地向前走,雪花落在金黄的长发上。她走到一幢楼房的窗前,朝里张望。啊!屋里那棵圣诞树多漂亮啊,一位母亲正和两个孩子在玩耍,那孩子该多幸福啊,桌子上还点着许多彩色的蜡烛,有红的、黄的、绿的、白的,她最喜欢那些红色的蜡烛,在桌上格外显眼。看到这里,小女孩想起了她的祖母和妈妈,她们最疼爱她,可是,她们都去世了,想着想着,小女孩哭了。

哭着哭着,她又走上了大街,突然,"轰隆"一声,一辆马车经过,差一点将她撞倒。

马车飞一样跑过去了,小女孩的身上沾满了泥水,而且拖鞋也丢了,她只好赤着脚,在雪地里喊着:

"火柴,谁要火柴。"

夜幕已经降临,小女孩的脚已冻得发红发青。大街上到处都是烤鹅肉的香味。"啊,有钱的人家准备过节了。"

她实在走不动了,疲乏地缩在一个墙角里。她不敢回家,因为她没有卖掉一根火柴。家里而且也很冷,风可以从许多地方刮进屋子里来。

她冻得发抖,她需要温暖,哪怕有一根火柴的光和热也好。

她的一双小手几乎冻僵了。太冷了。她决定划着一根火柴,让它燃烧。

"哧!"火柴燃烧了,像一朵温暖、光明的火焰,小女孩觉得像坐在火炉旁一样。火烧得那么欢,那么暖,那么美!这是怎么回事呢?当小女孩刚刚伸出她一双脚,打算暖和一下时,火焰忽然熄灭了。火炉也不见了。她坐在那儿,手中只有烧过的火柴。她又划了一根火柴,火柴燃烧起来,发出了光。

墙上有亮光照着的那块地方突然变得透明,像一片薄纱,她可以看到房间里的东西,有馅饼,有烤鹅,更有趣是的,这只烤鹅从盘子里跳出来了,它的背上插着刀叉,正在地上走着呢,一直向小女孩走过来。她伸出手去,火柴又熄灭了,她摸到的是冰冷的墙壁。

她又划了一根火柴,火柴燃烧起来,变成一朵粉红色的光焰。

她发现自己坐在一棵美丽的圣诞树下,比中午见到的那棵圣诞树还要大,还要美丽。它的树枝上有几千只蜡烛。小女孩把双手伸过去,火柴又熄灭了。几千只蜡烛都变成了明亮的星星。这些星星中有一颗落下来,在天空中划出一条长长的亮光。她又划了一根火柴。

啊,火光中出现了她日日夜夜思念的老祖母,她扑进老祖母的怀抱。

"祖母!"小女孩叫起来。"请把我带走吧!带到那没有寒冷,没有饥饿的地方。我知道,这根火柴一熄灭,你就会不见了。就像那温暖的火炉,那美丽的烤鹅,那幸福的圣诞树一样,我什么也看不见了。"

于是,小女孩把剩下的火柴全划着了,因为她非常想把祖母留住。

火柴发出更加强烈的光芒,照得周围比白天还要明亮,祖母是那样慈祥,她把小女孩抱起来了,她们在光明和幸福中飞走了。越飞越高,真的到了没有寒冷、没有饥饿的地方。新年的早晨,人们看到小女孩仍坐在墙角里,她双颊通红,脸上带着幸福的微笑。可是,她已经死了,冻死在圣诞节的夜晚,她手里仍握着一把烧过的火柴梗。

第四单元　新闻类稿件

　　本单元新闻类稿件包括新闻播报、新闻专题、新闻评论以及现场报道。新闻类稿件的播读语速偏快，初学者应在吐字清晰饱满的前提下适当加快速度，不能吃字、蹦字。气息稳劲通畅，能够根据新闻播出的时间、栏目和受众灵活调整气息状态。音色明亮坚实，注意气息、口腔、喉部及共鸣的综合控制。

一、消息类新闻稿

　　1. 宣读式新闻

> **训练提示**
>
> ☞ 宣读式新闻庄重严肃，此类稿件的播读语速相对平缓，字正腔圆，吐字饱满规整、口腔控制力度强，气息沉稳而有变化，声音坚实、洪亮。宣读式新闻稿件是训练胸腹联合式呼吸和口腔控制非常适合的训练材料。

　　用最庄严的举哀凝聚民族的力量

　　今天清晨 4 点 57 分 40 秒，北京天安门广场，庄严的中华人民共和国国旗，为中国汶川特大地震遇难者下半旗志哀。让我们记住这个日子，全国哀悼日，全国各族人民以最崇高的仪式，给逝者以极大的尊重，也以此告慰生者、特别是他们的家人，因为，他们也是我们的亲人。

　　在这场特别重大的地震灾害面前，全体中国人如同一个血脉相通的肌体一样，与灾害抗争，与时间赛跑，为生命接力。党和国家领导人在抗震救灾最前线的话语铮铮在耳,"只要有一线希望,我们就要尽全部力量救人,废墟下哪怕还有一个人,我们都要抢救到底。"来自全国各地的救灾大军以最快速度开赴抗震救灾第一线,创造出一个又一个生命的奇迹,谱写出一曲又一曲壮丽的篇章……灾难能够夺去我们亲人的生命,能够毁灭我们同胞的家园,但是,灾难却无法阻止中华民族奋发进取、不畏前行的坚强步伐。苦愈重,而志愈坚,中华民族曾无数次历经苦难,但每一次苦难,最终都化做凝聚民族精神的宝贵财富,这种财富弥足珍贵,它将激励全体中国人,顽强奋争,将"中国"这两个大字,深深铭刻在中华民族自强不息的历史轨迹之上。

今天,14时28分起,全国人民将为中国汶川特大地震遇难者默哀3分钟,在那一刻——5月19日14时28分至31分,如果您驾车,请您把车停在路边;如果您在行走,请您停下您的步伐;如果您在座,请您起立……为我们失去的孩子,为失去的父亲和母亲,为那些逝去的生命。而在悲痛之后,让我们昂起头来,擦干眼泪,重新上路。我们把悲痛埋在心底,把坚毅化为力量。逝去的亲人们,你们对于人生的美好愿望,你们对于祖国强大的期待,将由我们继续完成。

全国哀悼日,更是全国人民的壮行日,我们记住这个日子,因为,它必将汇聚起全民族的力量,在这场拯救生命、重建家园的全民战斗中,万众一心,众志成城,战胜自然灾害,重建美好家园,赢得最后的胜利。

(摘自央视《朝闻天下》)

2. 播报式新闻

训练提示

☞ 播报式新闻既端庄又不失自然,语速较宣读式新闻稍快,吐字规整、干净利落、流畅自然,气息稳劲,弹动感强,声音明亮扎实。如果把宣读式新闻的播报风格比喻为"正步走",播报式新闻的播报风格则可以比作"齐步走"。

(1)习近平当选中国共产党第十八届中央委员会总书记

新华网北京11月15日电 一些国家和政党领导人15日纷纷致电或致函,热烈祝贺习近平当选中国共产党第十八届中央委员会总书记。

致电和致函的有:美国总统奥巴马,俄罗斯统一俄罗斯党主席、总理梅德韦杰夫,非洲联盟轮值主席、贝宁总统博尼·亚伊,哈萨克斯坦"祖国之光"人民民主党主席、总统纳扎尔巴耶夫,乌克兰地区党荣誉主席、总统亚努科维奇,白俄罗斯总统卢卡申科,亚美尼亚共和党主席、总统萨尔基相,巴林国王哈马德·本·伊萨·阿勒哈利法,土耳其正义与发展党主席、总理埃尔多安,马来西亚马来民族统一机构(巫统)主席、总理纳吉布,泰国为泰党主席乍鲁蓬,俄罗斯联邦共产党主席久加诺夫,俄罗斯公正俄罗斯党主席列维切夫,俄罗斯自由民主党主席日里诺夫斯基,德国社会民主党主席加布里尔,葡萄牙社会党总书记塞古罗,布隆迪保卫民主力量主席帕斯卡尔·尼亚邦达,秘鲁阿普拉党主席、前总统加西亚,哥斯达黎加民族解放党主席希门内斯。

(2)第十三届中国戏剧节在苏州开幕

第十三届中国戏剧节昨晚在江苏苏州开幕,未来半个多月里,全国35个艺术团体将为观众带来29台参评剧目和6台展演剧目,涉及昆剧、京剧、越剧等27个剧种。中国戏剧节是全国性的戏剧展演和评奖活动,每两年举办一次。

(3)丹东港吞吐量突破亿吨

今天上午,来自澳大利亚的"格丽塔号"18万吨矿石船在丹东港成功接卸。至此,丹东港今年吞吐量累计达到1亿吨。去年九月,丹东至通化高速公路、东北东部铁路同时贯通,连接到丹东港,形成东北地区新的出海大通道。

(4)中国政府应对气候变化的原则

新华网华盛顿10月19日电(记者 胡芳):中国财政部副部长李勇19日在这里举行的24国集团第78届部长级会议上发言,提出应对气候变化应坚持的原则。

李勇说,中国主张应对气候变化应坚持以下原则:第一,在可持续发展框架下应对气候变化的原则;第二,遵循《联合国气候变化框架公约》规定的"共同但有区别的责任"原则;第三,坚持减缓与适应并重的原则;第四,将应对气候变化的政策与其他相关政策有机结合的原则;第五,依靠科技进步和科技创新的原则;第六,积极参与、广泛合作的原则。

李勇说,气候变化问题攸关各国的国计民生,影响世界经济发展和各国的共同繁荣,是当今世界面临的重大挑战。国际社会应从全局和战略的高度,携手合作,妥善应对。他说,气候变化主要是发达国家长期历史排放和当前高人均排放造成的,发达国家对气候变化负有不可推卸的责任,应在2012年后继续率先减排,并切实履行公约和议定书规定的向发展中国家提供资金和转让技术的义务。

李勇还说,发展中国家由于基础设施薄弱,生态环境脆弱,容易遭受气候变化的不利影响,作为气候变化的主要受害者,虽然面临发展和消除贫困的紧迫任务,发展中国家仍将通过走可持续发展道路为共同应对气候变化作出贡献。

他指出,如果发达国家能够通过清洁发展机制和其他国际合作途径,向发展中国家提供资金和技术方面的支持,发展中国家将会大幅提高能源效率,开发更多可再生能源,将会更快地实现可持续发展和清洁发展,从而为共同应对气候变化作出更大的贡献。

24国集团是发展中国家为在国际金融与货币领域内协调立场和政策以及商讨有关国际货币制度改革、债务问题与资金转移等重大问题而成立的政府间组织。中国从1980年恢复在基金组织与世界银行的合法席位后,一直被邀请出席24国集团部长级会议。

(5)全新旅游产业成就"多彩贵州"

本台消息：旅游资源独特、旅游产品创新、促销模式抢眼，今年以来，全新的旅游产业推动"多彩贵州"迅速升温。

眼下正值贵州黄果树瀑布的最佳观赏期，气势如虹的壮观景象吸引了比往年更多的游客；而比全国大多数省份要低十多度的气温，也成为贵州的优势。来自当地旅游部门的消息说，今年以来，贵州接纳的国内外游客已经达到3000多万人次，相当于去年全年的总量。

更为吸引人的，要数贵州极为丰富的自然资源和人文资源。独特的红色旅游项目、举世公认的喀斯特风光、集山河湖泊、探险于一体的各类景致、绚丽多姿的少数民族文化，不但吸引着以观光为主要目的的游客，还吸引着众多休闲度假型人群。

与此同时，贵州省九个地州市分别发掘具有强烈个性的民族手工艺品，成功推出以蜡染、银饰、芦笙等为代表的十二类旅游商品。在黔东南州台江县的塘龙寨，64户村民中有26户在从事银饰加工。

借助独特的旅游资源，贵州省趁势推出以"多彩贵州"系列活动、大型民族歌舞诗"多彩贵州风"等为载体的高规格、大规模宣介活动，增加贵州旅游的文化内涵，全面带动贵州旅游业的发展。仅今年上半年，贵州省就实现旅游收入190多亿元，比上年同期增长一半以上。

(摘自央视《新闻联播》)

(6)北京市推动消除机动车碳足迹

据北京林业碳汇办公室负责人介绍，目前，北京的机动车保有量已超过410万辆，而空气中的二氧化碳有相当一部分来自于机动车。1000元就能消除爱车的"碳足迹"，并获得一个标志绿色出行的"零碳车贴"。昨天，记者从市园林绿化局了解到，市委、市政府提出建设低碳城市、绿色北京和世界城市的要求，推动全社会"参与碳补偿，消除碳足迹，实现碳中和"行动，而包括市委办公厅、市人大办公厅、市政府办公厅、市政协办公厅、市直机关工委以及市园林绿化局等六家单位发出倡议,积极参与林业碳汇认购活动,以实际行动消除碳足迹。

(7)云娜台风横扫浙江

新华社杭州8月17日电:截至16日12时的统计,今年第14号台风云娜已在浙江造成164人不幸遇难,失踪24人,受灾人口达1299万人,直接经济损失达181.28亿元。这是记者17日从浙江省人民政府召开的新闻发布会上了解到的。

据了解,浙江在14号台风中遇难的164人中,因房屋倒塌遇难的人数为109人,占到了三分之二,因山洪暴发、泥石流遇难的人数为28人,被风刮倒遇难的人数为9人,遭洪水而遇难的人数为12人,因电杆吹倒或触电遇难的人数为5人,其他原因遇难的人数为1人。在遇难的人数中,本地居民为144人,外来务工人员为20人。在此次台风中,浙江全省共有75个县(市、区)、765个乡(镇)受灾。

今年第14号台风云娜于8月12日20时在浙江省温岭市石塘镇登陆,登陆时中心气压950百帕,近中心的最大风力达12级以上。经中国气象局认定,这次台风是1956年以来登陆我国大陆强度最大的台风。

面对强台风的正面袭击,浙江全省共紧急转移群众46.79万人,组织了9900余艘出海船只回港避风,有效地减少了台风造成的损失。

(8)山西晋城:小沼气带来大变化

本台消息:山西晋城市的无烟煤储量占全国的四分之一以上,可在晋城的一些农村,许多农户烧火做饭并不用煤。

在西张村王双荣家记者看到,一根输气管道将沼气接到家里,做饭、点灯全都解决了。西张村利用村民养猪后产生的粪便建起的这座大型沼气站,不仅解决了过去村容村貌脏、乱、差的问题,而且直接把沼气送到村民家里,仅此一项,每家每户每年就可节省电费和煤炭开支1000多块钱。

近年来,晋城市先后拨出5000万元专项资金用于农村沼气池、站建设,今年将有10万农户用上这种清洁能源,一年可节省30万吨煤,减排二氧化碳200多万吨。

为进一步节能减排改善环境,今年晋城市还关闭了320个小煤矿,淘汰了所有"五小"企业。

(摘自央视《新闻联播》)

(9)我国证券市场健康稳定发展

本台消息:今年上半年,中国证券市场保持了较好的发展势头,截至6月30日,沪深两市上市公司已有近1500家,总市值迫近17万亿元,与我国去年GDP总量相当。证券市场的快速发展,促进了企业直接融资能力的提高,使我国直接融资比重较低的局面有所改变。

证券市场的发展变化,对加强资本市场法制建设提出了更高要求,国务院有关部门积极开展了证券公司监管条例等行政法规的审查工作,完善多层次资本市场体系法律制度,健全市场主体约束机制,保证我国证券市场继续健康稳定发展。

今年以来,证监会允许基金管理公司、证券公司等为境内居民提供境外理财服务。证券市场的发展和理财产品的增加为广大群众提供了更多的投资选择。

(摘自央视《经济新闻联播》)

(10)联合国秘书长首访伊拉克突遇炮弹袭击

本台消息:22号,联合国秘书长潘基文抵达巴格达,开始其上任以来对伊拉克的首次访问。这本是一次探讨伊拉克安全局势的访问,但其间的一次炸弹袭击却给访问蒙上了一层阴影。

当天,潘基文在巴格达"绿区"与伊拉克总理马利基举行会谈,重点讨论伊拉克的安全局势、重建进展以及如何发挥联合国在伊拉克事务中的作用等问题。

会谈后,两人在"绿区"举行联合记者招待会。正当潘基文聆听一位记者的提问时,外面突然传来一声巨大的爆炸声,正在讲台上的潘基文本能地弯腰躲避,但很快就恢复了镇静。而同在台上的马利基似乎对这种袭击已是见怪不怪,当时并没有躲闪。过后,两人继续进行新闻发布会,但由于爆炸,记者会匆匆结束。

据了解,爆炸的是一枚迫击炮弹,炸点距离记者招待会的现场只有五十米左右。从远处看,"绿区"上空浓烟滚滚。目前还不清楚爆炸是否造成人员伤亡。

爆炸事件发生后,联合国安理会立即发表声明予以强烈谴责。声明说,安理会15个理事国对潘基文在巴格达出席联合记者招待会时发生的"恐怖主义袭击事件"表示"失望",并予以"强烈谴责"。声明对潘基文访问巴格达表示欢迎,并对他和联合国致力于推动伊拉克政治进程表示坚决支持。

(摘自央视《新闻联播》)

(11)纽约市场油价继续跌势

近期搅动全球股市的美国次级抵押贷款市场危机继续影响国际油市,昨天纽约市场原油期货价格继续下跌,但受墨西哥湾恶劣天气等因素影响,油价跌幅有限。当天,纽约商品交易所9月份交货的轻质原油期货价格每桶下跌12美分,收于71.47美元。

(摘自央视《经济新闻联播》)

3. 说新闻

> 训练提示
>
> ☞"说新闻"这种播报方式较"播报式"更加亲切自然、更容易拉近和受众的距离。在气息和口腔的控制上的表现更为自然,但应区别于"大自然"的毫无控制的松散状态。

(1)创意出精彩

观众朋友,您要是本周去西班牙的布尼奥尔,不管您答应不答应,愿意不愿意,肯定都会被砸得满身的西红柿,因为人家那正过着传统的节日"西红柿节";要说形式,这"西红柿节"跟咱们的"泼水节"差不多,可要说场面,这满大街的"西红柿泥"看着实在是有点邋遢;不过人家可不是这样想的,"一个愿打,一个愿挨",这会儿被西红柿砸中,那可是代表着幸福,所以不管这西红柿粘在身上是多么黏糊糊的,人家也乐意,而且还恨不得把自己都埋在这"西红柿糊"里呢? 只不过痛快是痛快了,幸福也幸福够了,这狂欢过后要打扫起来,那可就不太容易了,瞧瞧,是不是就跟刚刚发过洪水一样。

(摘自央视《本周》)

(2)高温天气:谨防"情绪中暑"

现在,许多地方高温天气持续。炎炎夏日,大家想了各种方法防暑降温。医生还提醒说,高温天气,还要谨防"情绪中暑"。

这两天,广西大部地区遭受了高温热浪的袭击,在南宁街头,很多人都是从头到尾来了个全副武装。医生说,当气温超过35度的时候,人体就容易出现情绪烦躁、爱发脾气、思维紊乱等行为异常的现象,一旦遇到不愉快的事情,极易出现口角纠纷。天气炎热也容易引发交通事故,一些驾驶员由于心烦气躁,安全意识较平时下降,而这也成为夏季交通事故频发的原因之一。医生建议大家,保证充足的睡眠,注意情绪的调整,饮食方面要清淡,可以喝一些凉茶、绿豆汤等消暑食品。同时避免食用过于辛辣和油腻的食物。

(摘自央视《全球资讯榜》)

(3)俄罗斯宇航员打出"太空高尔夫"第一杆

观众朋友,接下来是一条和高尔夫球有关的消息。俄罗斯人米哈伊尔·秋林对于高尔夫球这项运动并不熟悉,他之前也只尝试着打过两次高尔夫。但就在今天,米哈伊尔·秋林却创下了一项连泰格·伍兹也无法企及的高尔夫球记录,那就是作为俄罗斯宇航局的一名宇航员,在国际空间站外挥起了高尔夫球杆,打出了漂亮的一球。

格林尼治时间23号0点57分,也就是北京时间23号8点57分,俄罗斯宇航员米哈伊尔·秋林在国际空间站外挥杆击球,创下了一项高尔夫球新纪录。这次太空高尔夫是俄罗斯航天局与加拿大多伦多一家高尔夫球杆厂合作的广告项目,旨在推销这家厂商明年推出的高尔夫球杆。

对于俄罗斯宇航员秋林向茫茫宇宙打出一记高尔夫球的创举,中国空间技术研究专家庞之浩表示,"这是一个纯粹的商业行为,宇航员挥出的这一杆撩开了大规模空间商业广告的帷幕"。

庞之浩指出,近地空间具有微重力、高真空等特殊环境,因此空间商业活动的实施过程新颖独特,使空间广告产生普通广告难以企及的效果。以此类推,大规模的空间商业广告和其他空间商业活动很有可能接踵而至。

(改编自央视《新闻联播》)

(4)一把削刀闯天下 山西刀削面香飘四海

新华社太原3月21日专电:一提起山西面食,人们首先想到的就是刀削面。由于适口性强、制作方便,刀削面从山西省的数百种面食中脱颖而出,成为人们所熟知的山西面食品牌。

山西省烹饪协会有关专家说,山西刀削面在国内各大城市已比较普及,在日本、韩国、美国、加拿大等国家和地区也都有"山西刀削面"的招牌。

据介绍,山西刀削面已有数百年历史,因在制作中全凭"刀削"而得名。刀削面对和面的技术要求较严,水、面比例要求准确。其制作使用的刀,也不是普通菜刀,而是特制的弧形削刀。削出的面条以细、薄、长闻名,形似柳叶。刀削面内虚、外筋、柔软、光滑,入口外滑内筋,有着很好的口感。

山西刀削面的特点还在于其卤汁,也就是俗称的"浇头"和"调和"。专家称,刀削面的调料一般分为炸酱、打卤、煎炒、汆卤等,有几十种之多,平时人们食用的以西红柿鸡蛋、肉酱等四五种为主。这些调料讲究荤素搭配,如果吃时再加上山西老陈醋,不仅味道会更加鲜美,而且更具有养生功效。

山西刀削面在山西省有着非常广阔的群众基础,不仅是饭店、宾馆等中高档餐饮场所的主食,就连很多家庭主妇都有着刀削面绝技。

二、新闻专题

火眼金睛的校检员——鄂岳

听众朋友,在今天的节目里我们一起来认识一位火眼金睛的校检员,他每晚要看30多万字的文稿,并且堵住其中的漏洞。他就是《人民日报》总编室校检组夜班校检员鄂岳。

每当夜幕降临,鄂岳才开始他新一天的工作。他的主要任务是把总编、版面编辑和校对改动的地方誊到一张清样上。你可别小瞧这对样的活儿,它是《人民日报》出版前的最后一关,责任大风险也大!并且多年的辛勤工作使得鄂岳现在已经成为《人民日报》校检岗位上的一名多面手,无论校样、检查大样还是对样,样样工作都完成得非常出色。

每晚10多块版,一块版一万三千字,每版校对3遍,加起来鄂岳一晚上要对30多块版!长时间的伏案工作,鄂岳20多岁就得了严重的颈椎病,低头时间长了脖子钻心的疼,同事建议他直起腰举着大样看,可他说:"那样看不投入,出了错咋办!"有一次,一篇稿子讲一个乡镇治理环境污染,写道"治理面积达5.6万平方公里",鄂岳用自己常年积累的方法推算,误差大了十几倍。像这样的错误在鄂岳手中被纠正了多少次,连他自己也记不清了。

鄂岳常说自己的这个工作是平凡的,只是作为《人民日报》来说决不能出错,别人说他"火眼金睛",其实只是细心、耐心而已。

(改编自央视《新闻联播》)

林波涛:万里邮路上的绿衣使者

他常年奔波在万里邮路上,带领班组取得了质量服务全优的业绩。听众朋友,今天的节目中为您介绍上海市邮政局邮区中心局押运科沪乌十五班班长林波涛。

上海至乌鲁木齐线是全国铁路中最长的干线邮路,往返八千多公里,林波涛和他的班组就常年奔波在这条邮路上。

邮件押运工作,既枯燥又繁重,每跑一个班次往返六天,林波涛和同事就要在这节不到一百平方米的车厢里工作96个小时,在18个交接站装卸近两千个邮袋。列车提速后,各站停靠的时间越来越短。为了争取时间,每到一站,林波涛他们不仅采用双门作业,还打开车窗帮助地面局同志一同装卸。

沪乌线跨越7个省、市、自治区,沿途气候多变。为了保障邮件安全,在火车运行中不能开启车窗。每逢酷暑,车厢内温度高达40摄氏度,但是清点、核对、登记、堆放邮袋,林波涛一项也不马虎,衣服常常湿了又干,干了又湿。

今年4月,T53次列车在新疆遭遇20年一遇的罕见沙尘暴,邮政车厢的6块车窗被砂石击得粉碎。为了不让邮件受损,林波涛带领同事们用棉被堵住车窗,用身体围成"防护墙",顶着零下4摄氏度的严寒,整整坚持了六个小时。

回忆起当时的情景,林波涛说:"我们就是要迅速准确地把所有我们承包的总包邮递运到全国各地,确保它的时限和安全。"

(改编自央视《新闻联播》)

"胡同记者"——张刚

他在社区小舞台上作出大文章,被群众亲切地称为"胡同记者",听众朋友,今天的节目里为您介绍《齐鲁晚报》记者张刚。

"张刚工作室"是山东《齐鲁晚报》第一个以记者名字命名的社区新闻版块,以社区帮办和热点调查为主打栏目。工作时间仅有六年的张刚就是这个工作室的带头人。

虽然从报社到自己负责联系的济南市槐荫区骑车需要40多分钟,但是张刚每天都要跑个一两趟。不到一年,12个街道办事处、100多个居委会的情况,他都了如指掌。为了加强和居民的联系,他还把自己的名片挂进了社区。

在采访中,张刚认识到新闻报道不仅是为了吸引读者,更重要的是宣传党和政府的各项政策,反映民情民意。他采写的《整治黑三轮是堵还是疏》《冬夜他们更需要关怀》等一系列报道,以独特的视角和深切的人文关怀,引起社会的广泛关注。

下岗职工胡立华打算靠自己的编织手艺做点生意,但一直苦于没有启动资金,张刚了解情况后,很快就将胡立华的事情见了报。如今胡立华不仅开起了小店,还把自己的手艺传授给了1000多名困难群众。

张刚常说:腿要往老百姓的身边跑,这样写出来的东西才可亲、可信、可读。工作六年来,张刚跑遍了槐荫区大大小小的胡同,平均每天发稿一篇。张刚还被选为济南市第十三届人大代表,他为政府分忧、替百姓解难的劲头更足了。

(改编自央视《新闻联播》)

生死抉择16秒

兰州军区空军某部一级飞行员李剑英,在2006年11月14日的一次飞行训练中突遇空中险情,为保护人民生命财产安全,他毅然放弃跳伞而壮烈牺牲,年仅42岁。

李剑英当天飞行训练空中动作完成得都非常顺利,没想到在返航的途中遭遇了鸽群的撞击,高度是194米,距离机场2900米。此时飞机被飞鸟撞毁的发动机已经空中停车,并以平均每秒11米的速度急速下滑。

飞行员遇到类似的特殊情况,是可以直接选择跳伞的,但李剑英并没有这样做。李剑英十分清楚,在他的下方和两侧680米范围内,分布着7个自然村、814户居民,若此时弃机跳伞,带有800多升燃油和100多发航弹的飞机一旦坠入村庄,后果不堪设想。生死关头,李剑英把危险留给了自己,选择了危险系数很大的迫降。

飞机在距离地面还有30多米的时候,已经越过村庄,这个时候如果他决定跳伞仍然可以,但从图像监控可以看出他是舍不得放弃自己的飞机,只要有一点希望,也想把飞机飞回来。

就在最后时刻,一道3米多高的水渠护坡挡在了李剑英迫降线的前方,飞机与其相撞爆炸解体。在短短16秒的迫降过程中,飞机方向没有一点偏差,不带半点坡度,显示了李剑英临危不惧、英勇顽强的过硬素质和飞行技能。

李剑英曾经说过,当个人利益与集体利益发生冲突的时候,当祖国人民需要的时候,我会毫不犹豫地选择牺牲和奉献。他是这样说的,也是这样做的。

李剑英从事飞行生涯22年,累计飞行5000多个架次,安全飞行2390个小时,任务完成率百分之百,他用对党、对祖国、对人民的无限忠诚飞完了生命的最后航程。

(摘自央视《新闻联播》)

医乃仁术

2006年的夏天,一位普通的老人走了,他的离去牵动了无数人的心。8月14日是他遗体火化的日子,在北京军区总医院道路两旁,3000多名医务人员和社会各界群众自发地前来为这位老人做最后的送别。目送灵车离去,人们失声恸哭。

这位老人就是北京军区总医院外一科原主任华益慰,一名普通的军医为何让那么多人如此牵挂?

华益慰1933年出生于天津一个医学世家,新中国成立前,父母开办了一家"华氏夫妇医院",家里挂的那块写着"医乃仁术"的长匾,让他铭记在心。南开中学毕业后华益慰被保送到协和医学院就读。1953年转入第四军医大学,华益慰成为我国第一批8年制医科毕业生。那时他最崇拜的是国际共产主义战士白求恩,他把从报纸上剪下来的一张白求恩工作的照片珍藏在镜框里,伴随了他几十年。

上世纪70年代,华益慰的手术在外科界已经很有名了。行家称华益慰的手术特点是精巧细腻,好似绣花,十分精湛。小针细线,一针一针给病人缝合,别人用一号线,他甚至用零号线,在手术过程中给病人尽量地减少损伤。患者则说,华大夫的手术高超,流血少,伤疤小,很多刀口和皱纹都无法区分开。华益慰自己说:"我不是在用刀子给病人治病。"

对于病人来说,华益慰不仅是一位医术高明的医生,他更像亲人一样为患者着想。这正是华益慰一生所秉承的"医乃仁术"。一例肠吻合手术,采用吻合器一个医生一上午可以做两到三台,但病人需要支付上万元的费用。而华益慰为了给病人省钱,经常采用传统的方法,忍受着腰部的剧痛,伏在手术台上四五个小时精心缝合,这样患者只需花费400元钱。

在图像资料中,我们注意到这样一个细节,给病人听诊,华益慰总是先把听诊器放在手里捂一捂,再放到病人身上,避免听诊器冰冷,刺激了病人的身体。他查房的第一个动作就是把门轻轻地关上,到了病人那儿先是低着头弯着腰,轻轻地先笑笑,态度谦和而慈祥,但很多人并不知道,弯腰这个动作对于华益慰来说是一件多么艰难的事。前几年拍的X光片上,清晰的显示华益慰的腰骨已经陈旧性骨折,而华益慰以这样的身体平均每三天为病人做一次手术,一台手术短的需要两三个小时,长的经常需要七八个小时。

华益慰说:"廉洁是医生的本分,贪财图利,乘人之危,根本不配当医生。"9年前,华益慰为张秋海的老伴做了小肠癌手术。出院时,张秋海将一个领带夹盒送给华主任,说是纪念品。华主任打开一看,发现里面有钱,忙追出去,可张秋海已离开了。后来,华益慰便将这1000元以张秋海的名字,存在医院附近的银行,准备有机会还给张秋海。直至病重,华益慰还惦记着这件未了之事,郑重嘱咐家人,一定要找到张秋海,退还"红包"。华益慰的妻子几经周折,终于找到了张秋海,了却了华益慰的一桩心病。

华益慰病重后,想到的是尽量不给组织添麻烦,他要求身后不发讣告,不搞遗体告别,火化后不留骨灰;自愿做遗体解剖,对疾病的诊断和医学研究有价值的标本可以保留,供后人借鉴。

2006年8月12日18时36分,华益慰走完了自己73年平凡而高尚的一生。遵照他的遗嘱,遗体进行了医学解剖,不留骨灰。

(根据央视和新华社的报道改编)

党的信使为人民
——记优秀共产党员、四川省凉山州木里县乡邮员王顺友

一个人。一匹马。一条路。

在绵延数百公里的木里县雪域高原上,一个人牵着一匹马驮着邮包默默行走的场景,成为当地老百姓心中最温暖的形象。

这个人,就是木里藏族自治县邮政局的一个普通的苗族乡邮员;一个20年来每年都有330天以上独自行走在马班邮路上的邮递员;一个在雪域高原跋涉了26万公里、相当于走了21趟二万五千里长征、绕地球赤道6圈的共产党员——王顺友。

1984年,年仅19岁的苗族小伙子王顺友从当乡邮员的老父亲手里接过了马缰绳,子承父业,成为四川省凉山彝族自治州木里藏族自治县一名普通的马班邮路乡邮员。当时,老父亲拍拍儿子的肩膀郑重地说:"送信就是为党做事,为党做事的人要吃得起苦。"王顺友把这句话牢牢地记在心里,走上了马班邮路的漫漫征途。

从海拔近5000米到近1000米,气温从摄氏零下十几度到近摄氏四十度,依次经过察尔瓦山、雅砻江河谷等大大小小的山峰沟谷,穿过四片野兽出没的原始森林。必经之地察尔瓦山,气候异常恶劣,一年中有6个月冰雪覆盖,气温达到零下十几度。而一旦走

到海拔1000多米的雅砻江河谷时,气温又高达40多度,酷热难耐。还要经过当地老百姓都谈之色变的"九十九道拐"。这里,拐连拐,弯连弯,山狭路窄,抬头是悬崖峭壁,低头是波涛汹涌的雅砻江,稍有不慎,就会连人带马摔下悬崖掉进滔滔江水中。

这就是王顺友走了20年的邮路!

在这条路上,没人能替他分担这近乎残酷的艰苦,他一肩挑、一人扛。当万家灯火、家人团聚的时候,王顺友只能一个人蜷缩在山洞、牛棚、树林里或露天雪地上,只有骡马与他相伴。冬天一身雪,夏天一身泥,饿了就啃几口糌粑面,渴了只能喝几口山泉水或吃几块冰。到了雨季,他几乎没穿过一件干衣服。由于常年野外风餐露宿,喝酒驱寒,王顺友的身体一堆毛病,胃病常年伴随他,他的心脏、肝脏、关节也经常受到病痛的折磨。今年才40岁的他,脸色黝黑,眼窝深陷,皱纹有如刀割,爬满了消瘦的脸庞,人看上去似乎50有余。

在这条路上,更没人比他乐观,他苦中作乐,以苦为乐。王顺友是苗族,唱山歌是他从小到大的爱好。大山深处,常常走上一两天都见不到一个人,孤单寂寞时,他就亮开嗓子纵情地高唱山歌:"月亮出来照山坡,照见山坡白石头。要学石头千年在,不学半路丢草鞋……"

面对这绝无仅有的困苦,这个外表矮小、干瘦、背驼的"男子汉"以顽强的意志战胜了孤独寂寞和艰难险阻,每年投递报纸8000多份、杂志700多份、函件1500多份、包裹600多件,为大山深处各族群众架起了一座"绿色桥梁"。正如他自己所说:"搞好本职工作是我的责任,再大的苦也要忍了,不能给党丢脸。"20年来,王顺友没有延误过一个班期,没有丢失过一个邮件,没有丢失过一份报刊,投递准确率达到100%,为中国邮政的普遍服务作出了最好的诠释。

(摘自《光明日报》)

三、新闻评论

大医有魂

时下,医生收红包、开大处方已成为医务界的痼疾。但一身正气、拒收红包的济世良医,在我们的身边也时有出现。华益慰,就是其中的一位。

华益慰的事迹中有一个很特别的细节,就是他没有"教授"、"博导"的头衔。在开会时,他面前的牌子上总是写着"医生华益慰"。这是很确切的,因为华益慰一辈子只担任一个角色——医生。医生二字平平淡淡,却平中有奇。医生,医生,能使病人起死回生。还有什么职业比挽救人的生命更重要呢?

医生就是医生,医生不是四处"走穴"的明星。医生的本职是治病救人,医生的岗位在门诊部、手术室,而不是在讲台、会议室。医生不是在电视上频频露面的新闻人物,医生不是飞来飞去作报告、动口不动手的"专家"。华益慰行医半个世纪,一年做上百台手术、一生救治了数以千计的病人。徒有虚名的称号,他一概谢绝;华而不实的光环,他统统不要;虔诚送来的红包,他悉数奉还。在做完最后一台手术后,他自己住进了病房,八天后被查出晚期胃癌。他的事迹被人们看在眼里,记在心上,大家对他的评价是:"他的好处说不出来,只能体会。"

医生就是医生,医生不是著书立说的作家、学者。外科医生靠手术刀行医,不是靠笔(或在电脑上码字)吃饭。能把治病救人的经验写成书或论文,有所发现,广为传扬,那固然好。但时间是一个常数,还有很多急需救治的病人。倘若放下病人不救,去东拼西凑一些材料,写所谓的"论文"体现"学术水平",这样的"论文"还不如不写。华益慰对一年出产几篇甚至十几篇论文的做法持怀疑态度:"这些论文白纸黑字,是要交给历史检验的!你们就不怕让人诟骂吗?"如果连诟骂都不在乎,那说明有些医生真的"病"得不轻了。

医生就是医生,医生不是以营利为目的的商人,看病也不是做买卖。医生不能成为"医药代表",不能和药商联手,吃回扣,捞好处。动刀子收红包的"惯例"对华益慰不适用。在华益慰看来,医生不收红包是天经地义的,是医生的本分。9年前有人在华医生家留下一个1000元的存折,9年后华医生终于找到了当年送红包的患者。现在,这个存折已经成为一本医德的活教材。

医生的医术要精益求精,医生不能降格为"一把刀吃遍天下"的手术匠。华益慰说得好:"你看那个'匠'字,就这么一斤东西,却连自己的口都糊不住。"只有一斤的本事,充其量只能算手术匠,而不能成为一个好医生。在华益慰看来,有好的医德还不够,只有医德好医术高,才是好医生的标志。

一个人的生命是有限的,一个高尚的灵魂却能超越时代而永生。大医有魂,其"魂"就是七个字:用心为病人治病。华益慰说:"当了一辈子外科医生,能得到病人的认可,这是我最大的幸福。"华益慰在生命的最后时刻,被浓浓的幸福包围着,因为他赢得了患者的尊重和爱戴,无愧于医生的崇高称谓。

(摘自《人民日报》)

从先进性"很平凡"说开去　　王君文

这几天,王顺友成了新闻媒体关注的热点,也成为老百姓茶余饭后谈论的人物:一个普普通通的乡邮员,一份平凡得不能再平凡的工作,王顺友凭着对生活的热爱和对事业的执著,用自己的脚一步步丈量着工作的艰辛和快乐,诠释着奉献者的给予与获得,展示了一个共产党人的伟大情怀和崇高境界。

《人民日报》在评论中是这样说的:"一个人只要真心实意地为人民群众做事情,即使在最不引人注目的岗位上,即使做着最平凡的工作,也会赢得人们的关注和尊重。这些天,人们把敬意和钦佩给予了在崇山峻岭中默默奉献的王顺友,也把更多的盼望和期待寄予广大党员和干部。"

然而,我们也看到,和王顺友相比,一些单位在开展共产党员先进性教育时,喜欢搞得轰轰烈烈,恨不得能够惊天动地。他们今天搞一个活动,明天搞一个会议,在电视、报刊甚至网络上轮番轰炸。他们的心得体会也发表在报刊上,让每一个读者都知道这个单位学习是深入的,是具体的,是全面的,是全单位上下都在学的。我们也注意到,有的单位别出心裁,总结得头头是道,花样日日翻新。

我们不反对一些单位采取一些创新的方法开展活动,因为任何工作都要与日俱增。但是,我们更应该注意实效,注意从日常考虑,从长远观察。因为群众是要看你的行动的,是要看你是否坚持得长久。如果雨过地皮湿,报纸刚一报道,你就匆匆收兵,大家心里就有数了。他们会说:这个单位的先进性教育是在走过场,是在玩游戏。

在开展先进性教育时,我们应该把活动搞得平凡一点,搞得持久一些。不要处处标新立异,总想着在方法和形式上超过别人。因为先进性教育不是摆设,不是为了好看,也不是为了引人注目。而是要让每一个党员通过教育,多想老百姓的事,多为老百姓办好事,办实事,而且要持之以恒。我们的做好事,不是粉饰门面,也不是为了拍电视,上镜头。许多群众对那些开展先进性教育的单位在电视媒体展示先进是不大认同的。因为教育是潜移默化的过程,是春风化雨的过程,不是立竿见影的表现,更不是变幻无常的神化。你刚一教育,这先进性就出来了,而且先进得不得了,这样的人造神化,谁信?

先进性教育要一步一个脚印地搞,要踏踏实实地搞。如果搞速战速决,或者搞速成,就会有神化色彩,就会容易搞成形式主义,不仅收不到效果,还会让老百姓反感。我们的绝大多数党员都是普通人,都在平凡的岗位上,也许,从王顺友身上,我们会懂得先进性应该如何体现,应该怎样从细微处努力,从平凡处做起,从而真正让群众满意。

四、现场报道

1. 来自拉萨火车站的现场报道

观众朋友,伴随着汽笛的长鸣和欢快的舞蹈,从格尔木出发的首趟进藏列车安全抵达目的地拉萨火车站,让我们记住这一个欢欣鼓舞的历史时刻,请看站台上的时钟显示:2006年7月2号的零点32分,这标志着青藏铁路这条联系着内地与西藏铁路的大动脉全线安全投入运营。这将为西藏的经济发展揭开新的篇章。

(摘自央视《新闻联播》)

2. 两会告别"无可奉告"

观众朋友,两会对于媒体的开放度,实际上就意味着对公众的透明度,那么今年两会的透明度又会有多大呢?在今天的人大首场发布会上,新闻发言人向中外媒体发布了一系列方便记者报道两会的新举措。其中一句话成为媒体特别是国外媒体关注的焦点——"人大将告别无可奉告"。

这儿是两会新闻中心,来到这儿你会感觉到不仅仅是要告别无可奉告,而今年两会让更多国内记者感受到的则是——政府有话要说。从很小的细节上我们可以感觉到这一点。两会新闻中心是每年记者们最频繁出入的地方,记者发现,到这里的同行不约而同地先要赶着查询两个表格,上面记录的是各代表团驻地的地址和联络电话。

以前光是公布代表房间的电话号码,没有手机,这样可能人要是不在房间的话,你就找不着他。现在代表手机号码向记者公开,你什么时候找他联系都可以找到,非常方便了。

告别无可奉告让记者离竞技越来越远,而有话要说让代表和民众越来越近。政府对公众知情权的进一步尊重,是中国更民主、更自信的体现。

(摘自央视《新闻联播》)

3. 北京：确保奥运食品安全

观众朋友,这里是北京市食品安全监控中心,像这样具有国际水准的为奥运安全服务的一级监测机构共有九家,目前涉及奥运食品的十大类345种食品已全部纳入监控体系。按照要求,蔬菜、肉类等食品企业要严格按国家标准实现无公害生产,同时监管人员对食品加工、物流配送到供货的全过程也实现了持续监控。在监控中心,我们看到有关人员正通过GPS系统对市内所有运输肉类等食品的冷藏车进行全过程监控,如果车辆内温度、湿度超标或出现车辆没按要求路线行进、车门非正常开启等情况,监管人员都会及时发现。随着食品安全监控体系的全面形成,目前北京市食品安全状况良好。

(摘自央视《新闻联播》)

4. 小细节影响大形象

观众朋友,北京奥运会离我们越来越近了,但是在北京我们却发现了很多不规范的英文标识。同样是中华世纪坛,您看我上面的这个牌子,英文翻译过来是中华世纪庙,而在相距不到五十米的另外一块指示牌上,英文的意思却是中华世纪碑。

现在我们来到北京西客站,发现有的标识是拼音,有的是英语,这让一些外国游客摸不着头脑。这是一家山西面食馆,细看招牌上的英语翻译,"面粉"的"面"翻译成了"面子"的"面",结果可以吃的"面"就成了女孩子在脸上抹的"粉"了。

在一些餐馆里,菜单上的英语更是不知所云。"日式炒乌冬"是一道日本美食,但在这份菜单上却被翻译成了"白天的方式炒黑色的冬天";"上汤"成了"上面的汤";"三丝汤意粉"竟然是"三碗蚕丝汤和想法的粉末"。

据了解,北京市目前已经制定了《公共场所双语英文译法》地方标准,道路交通指示牌、菜名的英语译法都有了统一的参照。

(摘自央视《新闻联播》)

5. 江西遭遇旱灾

　　观众朋友,这里是江西乐安县最大的河流公方河,由于长时间的干旱,这条原本可以行船的河流现在已经全部断流,我们可以看到,河床也已经裸露了出来。初步统计,江西全省受旱面积超过1千万亩,超过100万人出现了不同程度的饮水困难。目前,江西全省抗旱投入达2.7亿元,采取抢修灌溉设施、开展人工增雨、打机井等多项措施,奋力抗旱。在居民区,对于一些多年没用的老井,每天定时派人清洗,保证居民喝上放心水,干净水。

(摘自央视《新闻联播》)

第五单元　主持类稿件

本单元主持类稿件包括读报类、服务类、主持人言论及科教类稿件等，这些稿件的用声更加强调变化和自如，做到既有控制的意识，又不能有控制的痕迹，但绝不是大自然的状态。试图用完全生活中的用声状态来应付话筒前、镜头前的用声，势必掺杂许多不规范的、含混的因素，应辨明无控制和自动化控制的区别，使播音员、主持人的有声语言向更高、更美的层次发展。

一、读报类

1. 私道德是否应成为领导干部考核标准

观众朋友，据《西部商报》报道，记者在甘肃武威市纪律检查委员会第二次全体会议上了解到，今后武威领导干部八小时以外生活作风将列入提拔考核监督范围。领导干部有家庭不和、闹邻居纠纷、不孝顺老人、没有承担社会义务和责任的，一律不得提拔使用。

哈尔滨的《生活报》认为，《私道德不应是提拔的标准》很难设想一个上不孝父母、下不爱妻儿的人，会对人民大众有关怀之心，但这是涉及私人道德范畴的问题，作为考核干部的标准，既门槛太低又难于量化。

《南京晨报》问，《有多少制度一推就倒？》如果发现领导干部家庭不和、闹邻居纠纷等，正确的做法是，先找出原因，尽量帮领导干部搬掉绊脚石，让其轻装上阵。如果这些努力还没有做，就执行"一律不得提拔使用"的制度，我们很难认同这样的做法是有利于建设良好的干部队伍的正确做法。

《现代金报》认为:《监督官员八小时之外就是"作秀"》。对于官员来说,依法办事、依法用权要比私德重要得多;完善官员公权运用的监督机制远远要比监督官员八小时之外的私生活重要。

现在监督官员们八小时之外是很流行的一个东西,这既符合老百姓的期待,又体现了有关部门在监督官员上的"有所作为",正因为如此,各地出台了不少监督官员八小时之外私生活的办法,武威市的规定只是其中的一个极端而已。

(摘自央视《马斌读报》)

2. 政协委员流泪呼唤医德回归

观众朋友,《北京娱乐信报》说,在政协一次小组讨论会上,一位叫常城的委员说,两会前,他的百岁父亲因病去世。作为父亲最小的儿子,他在北京一家三甲医院陪老人走完了人生最后的81天。他说:重症监护室是医院重地,可平时管理松懈。护理人员经常在班上扎堆聊天。病人家属找护士处理应急问题,有时要三番两次才能请动。最令人感到难以理解的是,上级机关来医院检查,前一天突击搞卫生,弄得监护室大乱,并从次日清早起将陪护、家属一律"请出"达7小时之久。每个监护室都站着一位笑容可掬的护士迎接检查。而我的亲人就是在两天之后去世的!说到这里,年过花甲的他眼中流出泪水。委员流泪呼唤医德回归,各家报纸都有话说。

《鲁中晨报》说,政协委员就该《有怨则诉 有泪则流》,他身为全国政协委员,尚且受到如此对待,不难想象,普通百姓又会是何等的处境。对参政议政者来说,在履行个人职责的舞台上,有怨则诉有泪则流,看似感性的行为,其实正是理性的诉求。

针对政协委员的眼泪,《河南商报》就问《眼泪能否唤醒沦落的医德?》,当然不能。只有法律规范下的制度才具有这个强大的力量。医生犯了错误,不是批评就是警告,要不就是不疼不痒的停职反省,最多开除了事,打击力度显然不够。

而《时代商报》则做了个形象的比喻:《医德是泪腺,体制是神经》。有人说怪道德,有人怪体制。道德是表象,体制是根本,医患危机的根源,在于所谓的市场化体制和医疗资源短缺。当医疗体制触动了泪腺,当然会哽咽着哭诉。

(摘自央视《马斌读报》)

3. 苏丹红事件

在昨天和今天的新闻中,我们都报道了"涉红鸭蛋"的消息,现在各地都在追查"涉红"鸭蛋的下落。《北京晨报》的最新消息说,工商部门现在已经查扣了千余公斤的"涉红"鸭蛋,主要负责人已被刑事拘留,曾经出售过红心鸭蛋的超市,顾客凭购物小票可以退货。现在人们开始反思红心鸭蛋,我们来看看各家报纸的评论。

《辽沈晚报》问:"苏丹"为什么又"红"了? 苏丹红兜了一圈儿更凶猛地重现江湖,根源不是有害食品更狡诈了,而是食品监督和管理机构一贯的麻痹和疏忽。从养鸭到最终流向市场,这么长的生产链条中,食品监督检察机构你都干什么了?

《半岛都市报》直指:红心鸭蛋暴露食品监管滞后。目前很多食品监管都集中在末端,而在最容易出现问题的食品生产前期,监管却往往处于真空状态,所以加强食品监管,应该把监管的关口前移,防患于未然才是。

所以《新京报》的题目叫做:红心蛋再敲食品安全警钟,其中它出了一个主意说,日常抽检看似是一个笨办法,其实最有效,只有张大网广泛筛查,才能将隐患扼杀于苗头。并且它说,总之,监管部门多一份主动、多一分敏感,公共食品安全才会有更多的保障。

《工人日报》也当头一喝:问谁该为红心鸭蛋负责? 文章有三问,一问:作为一种工业原料,苏丹红的销售渠道是否有人严格监管? 二问:涉红鸭蛋的发现者,为什么不是食品管理部门,而是新闻记者? 三问:在对百姓消费观念的引导上为什么任由你商家来误导?

希望这次彻底和苏丹红说再见,苏丹红就别常回来看看了!

(摘自央视《马斌读报》)

4. 孩子不交作业高学历家长撑腰

上海《新民晚报》报道说，上海一所小学的吴老师最近很头疼，他班上有个孩子每天交来的家庭作业都和别人不一样，不是这个题没写，就是那道题没做，吴老师一问，孩子振振有词地说：我老爸说了那几道题是重复劳动，浪费时间，可以不做。如果有问题，爸爸让您找他讨论。原来，这个孩子的父母都是知名大学的教授，每天老师布置的作业他们就会进行挑选，觉得没有必要的就不让孩子做了。这样的家长还不止一个两个，尤其是那些高学历家长，动不动打电话教育老师您该如何如何，一张口就是国外教育怎样怎样，破坏了学校的教学秩序，让老师叫苦不迭。

(摘自央视《马斌读报》)

5. 以德报怨的司机夫妇

今天咱们来认识一对夫妻。左边这位是丈夫刘彦友，右边这位是妻子齐小平。咱们就先从丈夫小刘说起。《新京报》说，小刘在济南开出租车，妻子在一家超市工作，生活并不富裕。一个月前的凌晨，还在外拉活的小刘碰到了劫匪，在搏斗中，小刘受了伤，劫匪也受了重伤。后来，110把小刘和劫匪送到了医院。当小刘的爱人齐小平也拿着临时凑的2000元赶到了医院后，当得知劫匪因为没有人交押金而不能及时抢救时，齐小平和医生说，那就一人交1000元吧。劫匪得救了，记者问齐小平，有人说你这么做是纵容犯罪，你怎么看？齐小平说，他违法了，肯定应该受到法律的制裁，而不是我来制裁，救他的命是人道，不管他是好人还是坏人。

(摘自央视《马斌读报》)

6. 五岁的小英雄——马世纪

日前，南京雨花台增加了一座新碑，碑的主人是一个五岁的小男孩儿马世纪，小名叫龙龙。您可能很难想象，是什么原因能让龙龙有资格和几百位知名的烈士、见义勇为的英雄安葬在一起呢？龙龙的父母在不惑之年有了这个孩子，这孩子本来带着全家的希望和骄傲,这孩子可爱极了,可是五年之后,前不久的一天,正在玩耍的龙龙被一辆行驶来的列车当场撞伤致死,您想现在家家都只有一个孩子,龙龙这么可爱的孩子,突然间遭遇这种事情!而悲痛中的父母做出了一个惊人的决定:把龙龙的器官无偿地捐献给需要的人们。龙龙的一对肾脏分别救活了两个尿毒症的患者,龙龙的一对眼角膜,也使一个失明二十年的老人和一个54岁的女士获得了视力。龙龙,五岁的这么一个小孩儿,他的器官使四个需要器官移植的人重新回归了健康,孩子的生命得以延续,父母的举动让我们感慨!

(摘自陕西电视台司马南读报)

二、主持人言论

1. 防沙治沙任重道远

观众朋友,近些年,沙尘暴几乎成了北方人生活中频繁出现的一个词。去年的4月17号,北京一夜之间降下了超过30万吨的沙土,北京人戏称是"满城尽下黄金土"。如果说面对这场漫漫的黄沙,首都老百姓还能有些幽默态度的话,那么去年4月9号发生在新疆的一列客车遭遇特大沙尘暴,一侧车窗玻璃全部损坏的事件,就让人们的心情无法轻松了。我国每年因为沙尘暴造成的经济损失现在已达500多亿元,防沙治沙的形势严峻。记者前几天走访了位于内蒙古自治区的乌兰布和沙漠周边地区,生活在这片沙区的人们告诉记者,他们最大的愿望竟然是刮风天能够睁开眼睛。

这两天全国防沙治沙大会正在北京召开,会议认为,目前我国沙化危害依然突出,局部扩展依然严重,治理难度依然很大,治理成果依然脆弱,人为隐患依然较多。大会对防沙治沙工作进行了新的部署。新中国成立以来首次由国务院授权国家林业局与防沙治沙任务较重的12省区人民政府和新疆生产建设兵团签订了《防沙治沙目标责任书》,明确了责任,也就明确了目标,毕竟风沙治理的怎么样,关系到人们的生活质量,关系到我国的生态安全。

(摘自央视《东方时空》)

2. 过度包装的危害

观众朋友,要过年了,走亲访友、礼尚往来,这是过年不可缺少的内容。送礼要体面这是人之常情,所以精美包装的礼品更受消费者的欢迎。现在大家生活越来越好,礼品也越来越丰富多彩。我不知道您注意有这样一种情况没有,有的礼品包装越来越大,越来越复杂,越来越豪华,甚至有的包装价值已经超过了礼品内容的价值。

送礼的人希望有面子,有的商家正是利用过度包装来诱导和放大消费者这种心理,来赚取更大的利润。应该明确的是,精美的礼品包装并不意味着是豪华包装或者是过度包装。过度包装的害处往小了说,对于咱们消费者个人是花钱花得不值,往大处说是对国家造成资源浪费。现在国家的有关部正在出台相应的措施,来抑制过度包装,那作为咱们消费者也应该理智点,别花冤枉钱。

(摘自央视《东方时空》)

三、服务类稿件

1. 巧做冬季暖手包

观众朋友大家好。您现在收看的是中央电视台经济频道的《为您服务》。天气这么冷,每个人都会要想到一些让自己保暖的办法。特别是南方的冬天比较阴冷,特别想随时随地抱一个热水袋最好了。可是热水袋体积太大,也不够美观。有什么更好的方法取暖呢?今天我给你看两样东西,第一样东西:毛巾。另外一样东西就是红小豆。对了,我自己缝了一个布袋子。为什么要用这个毛巾呢,因为它是全棉的,全棉的东西它很舒服,而且它不会因为热度高了之后出现什么样的变化。你就把红小豆放在毛巾包里,然后放到微波炉里微一下。但是一定要注意火候,如果你的火候过高,时间过长,它就炸了,成爆米花了,中火两分钟就可以了。这么一个红豆做的暖手包经过微波炉的加热,能持续一个小时到一个半小时,好了,我们看一段导视之后继续为您服务。

(摘自央视《为您服务》)

2. 罗平,油菜花的春天

早春二月,滇西的油菜花黄了一片,漫山遍野,郁郁葱葱。观众朋友,每年2月到7月,是油菜花的季节,也是旅游摄影爱好者和情侣们最向往的季节。

您看,油菜花开,一朵朵成簇,一簇簇成枝,一枝枝花开,一田田蛋黄色,农家春色最美如斯。油菜花,不着杂色,天蓝蓝,地黄黄,花色袭人,让人喘不过气来。几丘田花开,鲜黄一片,迷了人眼。

金色的山冈、金色的沟壑、金色的原野、金色的河堤、金色的花坛、金色的盆景,金色铺设了罗平的山山水水,罗平成了金色的世界。

观众朋友,这个油菜花的海洋,恐怕是世界上最奇特的大海了。春风习习,金色的花海,潮起潮落,荡漾着清香,吹奏着牧歌。罗平城在花海中沉浮,成为一座大海中的岛屿。当你站在白腊山上俯视这座县城的时候,但见近700万平方米油菜花漫山遍野铺天盖地,秀峰、村舍、道路、河流,都融入油菜花海,真是蔚为壮观!

(摘自央视《为您服务》)

四、科教类稿件

1. 奥林匹克精神

观众朋友,您好,这里是《子午书简》。

今天是第28届奥林匹克运动会闭幕的日子,我们为大家选取了现代奥林匹克运动之父顾拜旦的讲演《奥林匹克精神》。文章选自高中语文读本第一册。

1937年9月2日,皮埃尔·德·顾拜旦在瑞士的日内瓦逝世。顾拜旦留下了丰富的遗产:五环旗是他设计的,运动员誓言是他起草的;他赋予奥运火炬崭新的时代意义,他主张奥林匹克运动是一个"自由超越的领域",他确立了"更快、更高、更强"的目标……顾拜旦将他对奥林匹克运动的哲学思考,写进《奥林匹克回忆录》这一巨著中。

　　顾拜旦是当之无愧的"奥林匹克之父"。他把毕生的精力献给了奥林匹克运动,为了把一种充满活力的新教育体系介绍给祖国,顾拜旦从青少年时期起,就潜心钻研同时代的不同教育体系和古希腊的历史。1894年,他召集了第一次国际体育大会,成立了国际奥委会,提出的口号是"体育为大众"。从此,现代奥林匹克运动蓬勃开展起来。

　　《奥林匹克精神》是顾拜旦于1919年在瑞士洛桑的演说。他奠定的理论基础,使得奥林匹克运动经受住了百年风雨的考验,发展成为一个持久的青年运动与和平运动。

(摘自央视《子午书简》)

2."象形"胡同

　　北京的胡同多如牛毛,胡同有以人物名字命名的、有以街巷中著名的建筑命名的、有以衙署机构命名的,有以地形水道命名的……在北京胡同的名称中,还有一类地名是因其胡同的特殊形状而命名的。这些胡同名称非常形象,有如胡同特点的点睛之笔,到这样的胡同走走,再品其名,饶有兴味。

　　北月牙胡同和南月牙胡同地处地安门内大街东侧,这两条胡同的形状就像是两只弯弯的月牙,故而人们将这两条胡同形象地称为月牙胡同了。

　　用辘轳打水时人们要转动辘轳把,那辘轳把的形状是左右俩平行线,中间以斜线相连,而在丰盛地区东起太平桥大街,西至锦什坊街的辘轳把胡同正是这个样子,于是这里被称为辘轳把胡同。

拐棒一词在《现代汉语词典》中解释为"弯曲的棍子"。在北京有一条西起西四北大街、东至大拐棒胡同的小拐棒胡同,就是一条曲曲折折的胡同。它的样子就像一根弯曲的棍子,故而它被冠以了拐棒的名字。

在新街口南大街东侧,与棉花胡同相邻的前罗圈胡同和后罗圈胡同首尾相连成了一个梯形,像人的罗圈腿,于是有了这样的名字。

东口袋胡同西起有名的柳荫街,这是一条死胡同;前口袋胡同西起西四北大街,这也是一条死胡同。正因为这种胡同像口袋一样只有一个开口处,所以用口袋之名告诉人们此巷不通。

铃铛胡同在鼓楼北边的钟楼西侧,从胡同的形状看就像一只铜铃,每天伴着钟鼓楼的钟鼓之声以铃声相和之。

烟袋斜街,东起地安门外大街,西至银锭桥,它的名称不仅告诉了人们它是一条斜街,也告诉了人们这条胡同的样子有点儿像烟袋锅儿。

(摘自央视科教节目)

第六单元　朗诵稿

　　本单元推荐的是适合舞台朗诵的稿件,其中既有名家名篇,也有我校2005级播音本科班学生根据名家名篇改编的作品,这些作品都进入了齐越朗诵节决赛。作品反映了更加广泛的社会生活,呈现了细腻的情感和激烈的矛盾冲突。

有一种毒药
张天娇、赵梦娇改编自万方同名话剧

人物:兰宏:婆婆
　　　小雅:兰宏儿媳

兰宏(以下简称"兰"):我叫兰宏,五十多岁是个什么样的年纪? 我是我丈夫的妻子,是我媳妇的婆婆,是我儿子的母亲。母亲? 儿子曾经是我全部希望,我为了这个希望,我累死累活,我现在听到装修这两个字就头疼! 要不是我撑着公司,钱从哪儿来? 没有钱怎么把他养大? 他能养着一个什么都不用干、路都走不了,还要花钱治病的老婆吗? 整天空谈一些不切实际的幻想,谁能填饱肚子? 婆婆? 这真是个讽刺的字眼。

小雅(以下简称"雅"):我从不叫她婆婆,在这个叫做家的房子里我生活了三年。又是秋天了,有时我会想,当时我一赌气嫁给了他是不是真的错了? 当然,我爱他,但爱就是爱,不等于结婚。那时候我的脑子里一直在敲着警钟,不要、不要陷进去,不要做傻事儿。我知道我的病越来越重,我不应该拖累他。但是,我不能原谅那个女人,我不能原谅她看我的那种眼神,还到我看病的医院翻看我的病历,是她逼我这样选择的逼我拖累我爱的那个人,我根本不配结婚。她强迫她的丈夫放弃理想整日困于生计,她不让他儿子坚持自己的梦想在现实的琐碎里丧失激情疲惫不堪,她用她的世俗侵害她身边的每一个人。

兰:小雅,你天天待在家里,别成天只盯着你那幅人不像人鬼不像鬼的画儿。我知道,我儿子是个大好人,他的心太软了。

雅:这幅画儿的效果正是我想要的。在她的脸上我夹了一点褐色和黄,阴暗、死亡的感觉。

兰:哎,我跟你说话呢,直说了吧,我来就是想问你,高科拿十万块钱这事儿,你到底知不知道?

雅:他是这个家的一分子,他有权花自己赚来的钱。

兰:我就知道,我就知道又是你,三年来,也许你就从来没想过,靠别人养活的人叫什么——寄生虫!我就说你不为别的,就是为钱,这下你得逞了?

雅:对,你说对了,我就是为了钱,我得逞了你能怎么样?

兰:你有病!

雅:别骂人!你想过么,也许你从来没想过,人或者最重要的是什么,时间和金钱是用来干什么——做自己喜欢做的事儿。我就是想办画展,高科帮了我,别的什么都不重要!

兰:你想干什么我不管,但是你凭什么拿我的钱?你怎么不偷你爸你妈的钱,把存折上的钱一分不剩地取走,把存折再放回去?办画展?!你,你们,你们不是别的,你们是毒药!你们这些人整天疯疯癫癫,无法无天,自己不好好活,还要把别人的生活搅得一团糟。可你们还要靠着我,靠我这样的人来养活你们……你们都走吧。

雅:我年少的时候,我曾幻想人生应该是个什么样子?

兰:在我年轻的时候,我也曾有过幻想,这人生他到底该是个什么样儿?

雅:我幻想自己是个超人,可以不为命运祸福左右;幻想我四肢强壮,画箱背在肩上毫无分量,翻山越岭健步如飞。后来,所有的光渐渐黯淡消逝,但是我并不甘心不死心,还是心存幻想。

兰:谁没有过幻想?我也想我丈夫事业有成,就算他没钱,他好歹也能在我累死累活的时候给我做顿饭。我满脑子只想着一件事儿,怎么办?怎么办才能活下去?

雅:我要按照我的想法活下去。我想静静地站在生活边缘,画我想画的东西,那里面没有同情,没有怜悯,更没有一丝煽情和任何人的把戏,我想在天地中自我地行走,浮想联翩。

兰:可不是你想要什么生活就会给你什么!天知道,这生活怎么一天天张着大嘴把我吞进去,吐出来,再吞进去,再吐出来……我真的累了。可当我绝望的时候,我就这么跟自己说,我就应该是块石头,我是石头,我是石头……我不停地说。

雅:我不停地地生活发问,为什么总是有那么多艰难枯燥无聊乏味,他们就像毒药,侵蚀我们的灵魂。

兰:我一直活到今天,我终于明白了,幻想太多,他终究是种毒药。生活,他就是这么回事儿。

合:世界上没有驱除毒药的妙方,我们都在这个世界上踽踽独行,你、我、大家,每一个人,都一样。

立秋
刘鹏、高坤改编自同名话剧

人 物:马洪翰:丰德票号掌柜

旁 白(以下简称"旁"):民国初年,时局动荡,国运衰微。富甲天下数百年的晋商面临生死存亡的考验,业绩辉煌、汇通天下的马家丰德票号在劫难逃。面对这场危机,丰德票号何去何从?

马洪翰(以下简称"马"):立秋了,立秋了,早上立了秋,晚上凉飕飕。这天儿不对头啊,立秋没个立秋的样子,四时不正,不是好兆头啊！这些天来,乱象纷呈,此起彼伏,我从来没有经历过这么复杂的局面,真是宁静中透着暴野,平和中藏着杀机。我马洪瀚殚精竭虑地谋划,小心谨慎地处理,往日游刃有余的智慧,好像瞬间荡然无存。但愿这场危机能早日过去,不要殃及到各地分号。

旁：马洪瀚接管丰德票号26年了,经历的风风雨雨不计其数,但这回他没有料到,丰德票号已经到了生死关口了。各地分号发来了一封封电报。广州来电——客户流散,门庭冷落！

马：沈阳呢？

旁：沈阳时局动荡、殃及票号、商家囤货,亟须现银就市！

马：那徐州呢？徐州的分号？

旁：库银已尽,无力支撑！

马：汉口呢？

旁：金融风潮,挤兑成潮！

马：上海呢？

旁：上海西式银行的趋势难以抵挡啊！

马：可叹富甲天下傲视四海数百年的晋商后裔,竟然如此胆怯！想我祖先创业,经过多少狂风骤雨,从不低头！而今这点风雨,就跨不过去了?！我就不信这个邪！通知股东们来人议事！

旁：总经理马洪瀚要为丰德票号护碑守门,而其他股东却要将票号改组为银行,人情事理的对抗,矛盾冲突的抉择,立秋之夜,一场家族议事悄然展开了。

马：如今丰德的确遇到了一些困难,面临生死存亡的考验,怎么办？仁者见仁,智者见智,今儿诸位都竹筒倒豆子——说个痛快。

旁：副总经理第一个站了起来。他要取消丰德票号,走上现代银行的轨道！

马：这么说,票号不存在了,银票没有用了,就像大清国,没了,亡了,成为历史啦？

旁——众人：可是我们的实力却得以保存！

马：一派胡言！自明清以来,晋商称雄于中国商界数百年,海内无人不知山西票号之诚信,海外交口称道山西钱庄之忠义。丰德的字号是天,是地! 祖宗的招牌不能丢,这是我的底线! 底线动不得!

旁:这样一场家族议事在一片争执中结束了,各股东离开了马家大院,唯有马洪瀚还独自矗立在正堂里,站在他的底线之上。立秋之日,丰德票号走入了绝境,马洪瀚问天问地问古问今,他到底该怎么办? 难道就这么输了?

马:列祖列宗啊,这里的一砖一瓦、一草一木,都浸透着你们的汗水,三百年的拼搏,十三代的努力,才成就了这巍巍城堡,十里长街,南北二府,七七四十九堂啊! 你们把理想垒在砖石上,把先贤的教诲刻在墙壁上,告诫我们:天地生人,有一人应有一人之业,人生在世,生一日当尽一日之勤,勤奋、敬业、谨慎、诚信! 难道这一切都要毁灭吗? 我马洪瀚不服,不服啊! 祖宗的字典上,就没有这个"输"字!

旁:但祖宗的字典上,有"诚信"。马洪瀚把祖宗13代攒下的家底全部抵成现银,兑现给每一个客户。虽然输掉了祖宗创下的基业,但是马家的信誉保住了。祖祖辈辈留下来的家训铸就了"诚信为本"的晋商!

马:天地生人!

旁:天地生人!

马:有一人应有一人之业!

旁:有一人应有一人之业!

马:人生在世!

旁:人生在世!

马:生一日当尽一日之勤!

旁:生一日当尽一日之勤!

马:勤奋、敬业、谨慎、诚信!

旁:勤奋、敬业、谨慎、诚信!

(音效)立秋了,立秋了,早上立了秋,晚上凉飕飕。

追风筝的人

章珊、苏良筠、欧阳成修改编自同名小说

人　物：阿米尔：少爷
　　　　哈　桑：阿米尔的仆人
　　　　索拉博：哈桑的儿子

阿米尔：你快点！别让人发现了。
哈　桑：没事，阿米尔少爷，这石榴比刚才那些大多了。
阿米尔：还是快点吧，我可不想又碰到阿瑟夫那个小流氓。
哈　桑：别担心，少爷，谁敢伤害你，我就用弹弓会把它变成独眼龙。

旁　白：在阿富汗，有这样一句话"喝过同样的乳汁长大的人就是兄弟，这种亲情，连时间也无法拆散。"哈桑，那个兔唇的仆人，那个跟阿米尔喝一个奶妈奶水长大的兄弟，他们一起在院子里迈出了人生的第一步，说出了第一个词，阿米尔说的是"爸爸"。哈桑说的是："阿米尔……"

阿米尔独白：那年我十二岁。我清楚地记得当时自己趴在一堵坍塌的泥墙后面，窥视着那条小巷。许多年过去了，人们说陈年旧事可以被埋葬，然而我终于明白这是错的，因为往事会自行爬上来。

旁　白：每年冬天，喀布尔的各个城市都会举办风筝比赛。在喀布尔，斗风筝和上战场的规则一样：放起你的风筝，割断对手的线，祝你好运。若有风筝被割断，真正的乐趣就开始了……

哈　桑：你快赢了，阿米尔少爷，快赢了！
阿米尔：不用紧张，哈桑，我们赢定了！看到最后那只蓝色风筝没？

它过来了……

哈　　桑：你赢了！！阿米尔少爷！
阿米尔：哈桑，快……风筝……
哈　　桑：安拉保佑，少爷，我帮你去追风筝！
阿米尔：把它带回来！
哈　　桑：为你，千千万万遍！

旁　　白：为你，千千万万遍，可靠的哈桑，他一定会替阿米尔追到那个风筝！

阿米尔：他去了很长时间都没有回来，街角那荒芜的到处是积雪的小巷里，我躲在一堵坍塌的泥墙后面看到了阿瑟夫一帮人截住了哈桑。小巷是个死胡同，哈桑把我的风筝死死地护在身后。

哈　　桑：阿米尔少爷公平地赢得比赛，我替他追回风筝，这是他的风筝。
阿米尔：我清楚地看到阿瑟夫又拿出了他那黄铜色不知道打过多少人的不锈钢拳套，要哈桑把风筝交出来。
哈　　桑：阿瑟夫少爷，请你放过我吧，上次我不是有意要和你做对，我向你道歉，阿米尔少爷还在等我把风筝拿回去给他呢！
阿米尔：我仍有最后的机会可以做决定，我可以攥紧拳头冲进小巷，为哈桑挺身而出——就像他过去无数次为我挺身而出那样……但是，我跑开了。
哈　　桑：我发誓，如果阿米尔少爷知道了，他不会放过你。
阿米尔：我逃跑，我是懦夫，我害怕阿瑟夫，对不起，哈桑，原谅我。
哈　　桑：我一定会把风筝带回去，给我唯一的朋友，阿米尔少爷，为你，千千万万遍。

旁　白：哈桑受到的伤害是巨大的，他裤子上的斑斑血迹对于一个12岁的男孩子来说是无法承受的。战争来得很巧，阿米尔和爸爸逃到了美国，一待就是26年，跟哈桑不再有任何关联。依然持续的战火带来了一个迟到的消息：哈桑已在三年前被塔利班杀害，至此，哈桑成了阿米尔心中一只断了线的风筝，永远无法追回。但他留下了一个孩子，叫索拉博，今年已经12岁了。

阿米尔：我知道，我得回去找那孩子，那里有我唯一一条为自己赎罪的路。那里，有哈桑在看着我。

旁　白：曾经的家园都被夷为了废墟，废墟之上，飞舞着塔利班的旗帜。阿米尔通过美国大使馆，查到了哈桑的儿子被一个塔利班的老爷收养了，大使馆的官员同情他的遭遇，悄悄地告诉他这个塔利班老爷有过猥亵男童的犯罪记录。阿米尔决定立即动身。

索拉博：你是谁？
阿米尔：我叫阿米尔。
索拉博：阿米尔？……阿米尔叔叔？我爸爸常说阿米尔叔叔，是他最好的朋友。
阿米尔：对，最好的朋友。我带你去美国，好吗？
索拉博：老爷不可能放我走……
旁　白：突然，一个高大身影停在了房间门口！军靴猛然踢开房门……
阿米尔：阿瑟夫！？不，现在应该叫他塔利班阿瑟夫……我又回到了小巷背后那堵坍塌的泥墙后面，刹那间揭开了26年前的一切，今天，哈桑，索拉博，哪怕是死……为你，千千万万遍。
索拉博：放开阿米尔叔叔！！

阿米尔：孩子！快跑！
索拉博：放开阿米尔叔叔！如果你伤害他，我发誓你会变成一个独眼龙，我的弹弓很厉害！
阿米尔：索拉博高高地举起弹弓，拉得满满的，他像极了他的爸爸，我又看到了26年前的哈桑在阳光下举起弹弓保护我的样子。
哈　桑：阿米尔少爷，我不会让任何人伤害你的。
阿米尔：阿瑟夫像疯狗一样冲向索拉博，但是马上蜷缩在地上不停地惨叫！索拉博赢了！我们赢了！阿瑟夫为他所做的一切付出了代价，他这次真的成了一个独眼龙……

旁　白：美国的春天阳光明媚。阿米尔带着索拉博在伊丽莎白湖公园散步，旁边有人在卖风筝。

阿米尔：孩子，想放风筝吗？
索拉博：想……

捉弄

张豫东、马若宁根据契诃夫同名小说改编

男：那一个晴朗的冬日，天气寒冷，冻得树木咯咯作响。娜佳挽着我的胳膊，金黄的发丝上，已经蒙上了薄薄的银霜。
女：我们站在一座高山上，从脚下到平地伸展着一溜斜坡，在阳光的照耀下，它像镜子一样闪闪发光。在我们身边的地上，放着一副小小的雪橇。
男：让我们一块儿滑下去，娜佳。我向你保证，我们只滑一次，而且，绝不会伤一根毫毛。
女：可是娜佳害怕，这段距离在她看来简直就像是一个深渊。哪怕只是看上这么一小眼，她也会不禁倒抽一口凉气，更不要说当真飞向这深渊…她会吓死的，吓疯的。

男：用不着害怕，来吧，娜佳！
我扶她坐到雪橇上，一手搂着这个脸色苍白、浑身哆嗦的姑娘，和她一起跌进了深渊。雪橇像出膛的子弹一样飞去。空气迎面袭来，怒吼着，咆哮着，撕扯着我们的衣帽。天呐！它简直想揪下你肩膀上的脑袋。

女：我们无法呼吸，感觉有恶魔在掐着我的喉咙，它把我向地狱里拖，眼看再有一秒，我们就要粉身碎骨了！

男：我爱你，娜佳！

男：雪橇滑得越来越平坦，娜佳已经是奄奄一息、半死不活了。

女：下一次，说什么也不滑了，一辈子也不滑了！感谢上帝，我居然还活着。
刚才那句话，是他说的么？或者，仅仅是风的呼啸，我的幻听。那句话，他真的说了么，这可是一个关于自尊和幸福的问题，世界上最重要的问题。嗯…嗯，你知道么…（男：怎么）让我们——我们再滑一次，好吗？

男：于是，我们再一次飞向恐怖的深渊，再一次听到风的呼啸，而在雪橇飞得最快、风声最大的时候，我再一次小声地说：我爱你，娜佳！

女：这一次，娜佳浑身上下无不流露出极度地困惑，怎么回事，到底是谁说的？是他，还是我听错了。

男：娜佳，娜佳——（女：啊？）我们是不是该回家啦。

女：可是，可是我，我们再滑一次吧！我喜欢这样的滑雪。

男：她说她喜欢这样的滑雪，可这一次当她坐上雪橇，和前两次一样，依旧是脸色苍白、浑身哆嗦。这一次，尽管娜佳一直盯着我的脸，注视着我的嘴，但是我用围巾把嘴挡住，直到飞到半山腰的时候才又说出那句话。结果——

女：结果，依旧是个谜。在回家的路上，娜佳不出声地走着，她心里正受着怎样的煎熬，又是怎样竭力地克制着自己免得脱口而出，那句话不可能是风说的，我，我也不希望是风说的。

男：第二天早上，我收到一张便条，上面写着：（女：你好！如果你今天还去冰场,请顺便叫我一声——娜佳。)后来,我和娜佳几乎天天都去冰场,而每次在飞驰的雪橇上,我总是小声地说出那句话。娜佳逐渐对这句话上瘾了,现在没有这句话她简直就没法生活了。

女:虽然,飞身而下依旧令人心惊胆战,然而此时的恐惧和危险,反给那句表达爱情的话,平添了一种特殊的魅力。

男:一天中午,我独自去了冰场。突然发现娜佳正一个人朝着冰山走去,然后战战兢兢地上了台阶。天呐!她想一个人滑下去!

女:一个人滑下去可怕极了!可娜佳显然已经打定了主意要最后试一试:在没有人的时候,还会不会听见那句话。

男:她就这样,有气无力地坐上了雪橇,然后像告别人世一样地闭上了眼睛。雪橇猛然俯冲了下去,唰——我不知道,娜佳有没有听到那句话,不过从她的脸色看出,独自滑下的恐惧已经夺取了她的听觉和理解能力。简单地说:这姑娘完全吓傻了。

女:随着早春三月的来临,阳光渐渐变得温暖,那座冰山也逐渐发黑,失去了原有的光彩,最后,全都融化了。

男:娜佳再也听不到那句话了。而我,正要动身去彼得堡,要去很久,也许一去就不复返了。在动身的前两天,我来到娜佳的院子。

女:娜佳正站在台阶上,她悲凉伤感的目光望着天空,微风吹拂着她的脸颊。这风,这风勾起了她的回忆。这可怜的姑娘张开了双臂,似乎在要求春风再一次地送来那句话。

男:一阵风吹过,我小声地说:我爱你,娜佳!我的天呐,娜佳起了怎样的变化,她一声欢呼,迎着风儿张开了臂膀,那么高兴、幸福,真是美丽极了。

女:这是很久以前的事了,如今娜佳已经出嫁了,嫁给了贵族监护会的一名秘书,究竟是出于父母之命,还是她本人的意愿,这无关紧要。想当年,那风送到她耳畔的一句话:我爱你,娜佳!对她来说,这是一生中最幸福、最动人、最美好的回忆……

男:如今我也上了年纪,也弄不清楚当初为什么要说那句话,为什么要捉弄她……

界河

刘卓然根据安东尼斯·萨马拉基斯小说改编

大约3周之前,他们来到河岸这边就停顿下来,对岸就是敌军——通常被称之为"那边的人"。河两岸的纵深处尽是茂密的丛林,林子里驻扎着敌对双方的部队。据情报,那边有两个营,但他们并未发动攻势。谁知道眼下他们正打着什么鬼算盘。与此同时,双方都派出哨兵隐蔽在两岸的密林里,戒备着随时可能出现的情况。

记得他们初抵此地时,还是春寒料峭。然而几天前却突然放晴,现在竟是明媚和煦的春天了!第一个潜下界河的是位中士。一天早晨他偷偷溜了出去,跳入水中。不久当他爬回此岸时,肋下已中了两弹,后来只活了几个小时。第二天,又是两个士兵下去了。没有再能见到他们,只听到几阵机枪的扫射,然后,便是一片沉寂。

此后,司令部就下了那道禁令。禁止下河洗澡!同时规定沿岸200公尺内任何人不得擅入。

然而,那条河依然具有不可抗拒的诱惑力。听到潺潺的水声,渴望便从他们心底油然而生。两年半的野战生活已使他们变得蓬头垢面,邋里邋遢。在这两年半里他们享受不到一丝的快乐,而此时他们却邂逅了这条河……

"这该死的命令!"那天夜里他愤愤地诅咒道。

这一夜,他辗转反侧,难以入眠。远处,滔滔河水依稀可闻,令他难以安适。对,明天要去,他一定要去——让那禁令见鬼去吧!

他终于站到河边。天气多好啊!他把衣服和枪靠放在树干旁,纵身跳入水中,承受了两年半的折磨,他那迄今还留有两道弹痕的躯体,顿时化作了另一个人。无形中,仿佛有一只拿着海绵的手抚过他的全身,为他抹去这两年半中留下的一切印迹。

他时而仰泳,时而匐泳。他顺流漂浮,又长时间地潜入水中……当兵的他一下子变成了一个孩子——他毕竟只有23岁。

少顷,顺流漂下的一根树干出现在他的前方。他一个长潜试图抓住树干。他真的抓住了!就在他浮出水面的刹那间,他发现约在30公尺开外的前方有一个脑袋。

他停下来,想看得清楚些。那另一个游泳者也停了下来。他们彼此默默注视着。他立刻回过神来,恢复到原来的自己。他不知道对面的家伙是自己人还是那边的人。他怎么认得出来呢?只凭一个脑袋?

几分钟的时间两人在水中一动不动。一个响亮的喷嚏打破了死一样的寂静,是他打的,而且像往常一样大声咒骂了一句。那个人掉转身去很快游向对岸。他也飞速向岸边游回。他先行出水,狂奔到那棵树下,一把抓起枪。还好,那边的人刚刚爬出水面。

他举起枪,瞄准。要击中对面那人的脑袋实在太简单了。20米开外奔跑着的一丝不挂的人体,是一个很容易击中的靶子。

突然,他觉得自己无法扣动扳机。对方那人在彼岸,赤条条的像刚从娘胎里出来时一般。而自己端枪在岸的这边,同样也赤条条的。

他无论如何开不了枪。两个人都赤裸着!两个赤裸的人,脱掉了国籍,脱掉了姓名,脱掉了卡其布的军装。

他实在无法扣动扳机,他觉得此刻这条恋人般的河未能把他们隔开;相反,却把他们联合在一起了……

随着彼岸的一声枪响,他只是瞥见鸟群被惊起。他应声倒下,先是膝盖跪下,随后平扑在地。

雷电颂
郭沫若

风!你咆哮吧!咆哮吧!尽力地咆哮吧!在这暗无天日的时候,一切都睡着了,都沉在梦里,都死了的时候,正是应该你咆哮的时候,应该你尽力咆哮的时候!

尽管你是怎样的咆哮,你也不能把他们从梦中叫醒,不能把死了的吹活转来,不能吹掉这比铁还沉重的眼前的黑暗,但你至少可以吹走一些灰尘,吹走一些砂石,至少可以吹动一些花草树木。你可以使那洞庭湖，使那长江，使那东海，为你翻波涌浪，和你一同地大声咆哮呵！

啊，我思念那洞庭湖，我思念那长江，我思念那东海！那浩浩荡荡的、无边无际的波澜呀，那浩浩荡荡的、无边无际的伟大的力呀！那是自由、是跳舞、是音乐、是诗！啊，这宇宙中的伟大的诗，你们风，你们雷，你们电，你们在这黑暗中咆哮着的、闪耀着的一切的一切，你们都是诗，都是音乐，都是跳舞。你们宇宙中伟大的艺人们啊，尽量发挥你们的力量吧！发泄出无边无际的怒火，把这黑暗的宇宙、阴惨的宇宙，爆炸了吧！爆炸了吧！

雷，你那轰隆隆的，是你的车轮子滚动的声音。你把我带着，拖到洞庭湖边上去，拖到长江边上去，拖到东海的边上去呀！我要看那滚滚的波涛，我要听那汤汤踏踏的咆哮。我要漂流到那没有阴谋、没有污秽、没有自私自利的、没有人的小岛上去呀。我要和着你，和着你的声音、和着那茫茫的大海，一同跳进那没有边际的，没有限制的自由里去。

啊，电！你这宇宙中最犀利的剑呀！我的长剑是被人拔去了。但是你，你能拔去我有形的长剑，你不能拔去我无形的长剑哪。电，你这宇宙中的剑，也正是我心中的剑！你劈吧，劈吧，劈吧！把这比铁还坚固的黑暗，劈开，劈开，劈开！虽然你劈它，如同劈水一样，当你抽掉，它又合拢了来。但至少，你可以使那光明得到暂时间地一瞬地显现。哦，那多么灿烂的、多么炫目的光明啊！光明啊，我景仰你，我景仰你！我要向你拜首，我要向你企首。我知道，你的本身就是火。你，你这宇宙中最伟大者呀！火，你在天边，你在眼前，你在我的四面，我知道，你就是宇宙的生命，你就是我的生命，你就是我呀！我这熊熊地燃烧着的生命，我这快要使我全身炸裂了的怒火，难道就不能迸射出光明了吗？！

炸裂呀，我的身体，炸裂呀，宇宙！让那赤条条的火神动起来，像这风一样，像那海一样滚动起来！把这一切的有形，一切的污秽，都烧毁了吧，烧毁了吧！把这包含着一切罪恶的黑暗，烧毁了吧！

把你这东皇太乙烧毁了吧，把你这云中君烧毁了吧！你们这些土偶木梗,你们高坐在神位上有什么德能,你们只是产生黑暗的父亲和母亲。

你,你东君,你是什么个东君,别人说你是太阳神。你,你坐在那马上丝毫也不能驰骋。你,你红着一个面孔,你也害羞吗?啊,你,你完全是一片假。你,你这土偶木梗,你这没心肝的、没灵魂的,我要把你烧毁,烧毁,烧毁你的一切!特别要烧毁你那匹马,你假如是有本领就下来走走吧!

什么个大司命,什么个少司命,你们的天大的本领,就晓得拨弄人。什么个湘君,什么个湘夫人,你们的天大的本领,也就只晓得痛哭几声。哭,哭有什么用。眼泪,眼泪有什么用。顶多让你们哭出几桄湘妃竹吧。但那湘妃竹,不是主人们用来打奴隶们的刑具吗?你们滚下船来,你们滚下云头来,我都要把你们烧毁,烧毁,烧毁!

哼,还有你这河伯,哦,你河伯。你,你是我最初的一个安慰者,我是看得很清楚的呀!当我被人们押着,押上了一个高坡,为什么要息脚?我也就站立在高坡上,回头望着龙门。我是看得很清楚,很清楚得呀!我看见婵娟被人虐待,我看见你挺身而出,指天画地,有所争论。结果你是被人押进了龙门,婵娟她,也被人押进了龙门。但是我,我没有眼泪,宇宙,宇宙也没有眼泪呀。眼泪有什么用啊!我们只有雷霆,只有闪电,只有风暴!我们没有拖泥带水的雨。这是我的意志,宇宙的意志!

鼓动吧,风!咆哮吧,雷!闪耀吧,电!把一切沉睡在黑暗怀里的东西,毁灭,毁灭,毁灭呀!

切·格瓦拉
根据张广天同名话剧改编

不要问篝火该不该燃烧,先问寒冷黑暗还在不在;
不要问子弹该不该上膛,先问压迫剥削还在不在;
不要问正义事业有没有明天,先问人间不平今天还在不在;
在暴风面前,飞鸟可以避开;
在洪水面前,走兽可以避开;

在强大的邪恶面前,人,不可以避开!
……
哪里有欺男霸女,哪里就有正义的血脉贲张;
哪里有祸国殃民,哪里就有正义的怒发冲冠;
哪里朱门酒肉臭,哪里就有正义的刀出鞘;
哪里路有冻死骨,哪里就有格拉玛号起航。
起航!起航!起航!
前往昨天今天三条石,
前往斯巴达克角斗场,
前往姓张姓李收租院,
前往陈胜吴广大泽乡,
前往黑奴遭绑遭押的地方,
前往土著被驱被杀的地方,
前往弱小民族抗英抗日的地方,
前往贫苦乡亲抗税抗捐的地方,
前往犹太民族走投无路的地方,
前往巴勒斯坦人无家可归的地方,
前往巴黎公社战士最后倒下的地方,
前往阿连德总统永垂不朽的地方,
前往前南母亲默默流泪的地方,
前往战斧导弹满天飞舞的地方,
前往大亨寡头翻云覆雨的地方,
前往黎民百姓任人宰割的地方,
前往富婆款姐挥金如土的地方,
前往布衣寒士度日如年的地方,
前往一枚公章变万贯家财的地方,
前往一生辛劳化一无所有的地方,
前往道义良知烟消火熄的地方,
前往黑暗邪恶卷土重来的地方,
前往需要火、需要亮、需要我们声音的地方,前往需要刀、需要剑、需要我们臂膀的地方!

保尔·柯察金
孟京辉

男：我相信土地永远呼吸，于是有风。你们的心跳即使平静，也将随风鼓动永不停息。

女：我相信天空永远多情，于是有雨。你们的眼睛即使苍老，也会被溅湿而清澈明亮。

男：欢迎你们这些黑暗中的眼睛和心跳！请记住这里的震惊和沉默也许比眼泪更值得信赖！

女：给予你们今天最需要的东西，而不是你们一直赞赏的东西。

男：灵魂已经结满了老茧，那就去皮修剪。

女：一个人有什么样的开始就会有什么样的结局。

女：保尔，为什么天空的雨水是红色的？他们顺着你的脸往下流……

男：那是理发师的血，他们杀他的时候血溅进了我的头发里。现在政府军又回来了，他们同样在城里杀人！冬妮娅，用不了多久，城里流下来的雨水真的会给染红的！

女：谁也不应该杀人！《圣经》里没有这样的教导！

男：《圣经》?！对不起，冬妮娅小姐，那是你们的军队！我们要消灭他们就会流血，不管是谁的血都很正常！但染红的只会是一面旗帜！那就是我们的世界！工农的世界！

女：消灭？我们！

男：革命！摧毁一切的风暴已经来临，无产者找到自己的位置就充满力量！背叛"上帝"还有这个世界，我们要寻找属于我们的生活！

女：生活的全部是爱呀！

男：可我们无权享受！终日，苟延残喘……意志，只有意志，它只在一瞬间闪现光芒，剩下的一切就交给肉体。把自己变成木头、傻瓜,让它燃烧或者咬牙坚持!聪明的人总是患得患失,中途熄灭,因为他们总想保持住那一点点终将散去的水分。这种看似聪明实则阴郁的潮湿之气,常常化作那些有思想的逃跑者的所谓人生态度,以此来躲避人生熔炉的火焰。这种东西还是留给他们吧!也许将来尸体在地下腐烂的时候用得着!

女:麻木一点!再麻木一点!为什么要控制你的眼泪?为什么要埋藏你的感情?当这种坚强的意志力弥漫在空气中的时候,个人渺小的情欲又算得了什么?不管它是盲目还是随波逐流,你都必须学会忍耐和接受。就像你在海边用泥沙建起的小房子,一个浪将它冲毁,面对大海你能说些什么?也许这种共同的忍耐和接受才能让我们的心跳一致,即使分离也好像站在一起。也许对一个以理智来面对死亡折磨的人来讲,感情的慰藉将给他平静的内心带来痛苦和不安。

男:再坚持一分钟,她的目光就要离你而去了!你曾有多少个这样可怕的一分钟?靠着这咬牙的无穷无尽的最后一分钟你坚持住自己的阵地,或在进攻的最后一刻取得胜利!可是这一次,为什么当胜利向你招手的时候,你并不感到喜悦?这一分钟意味着什么?是战胜自己还是毁灭自己?

合:保尔·柯察金没有当爬虫和逃兵!

男:他用自己的身体让奥达尔的菜锅香气四溢!

女:每个人都能闻到,这是纯正的人的意志的味道!

男:当他站起来的时候,眼泪和呻吟变得一文不值!来吧风雪!来吧苦难!

女:为人类的解放,首先要为自己的解放。为自己的解放,必须把生命投入那最壮丽的事业中。人最宝贵的是生命,生命属于我们只有一次。

男:人的一生应当怎样度过?当他回首往事,不因虚度年华而悔恨,不因碌碌无为而愧疚。这样,在他临死的时候他就说:"我把我整个生命和全部精力,都献给了世界上最壮丽的事业——为人类的解放而奋斗!"

第七单元 演讲稿

　　本单元的演讲稿包括世界著名演讲、我国新闻发言人的讲话稿以及我校2005级播音本科班学生参加大学生演讲比赛的稿件。训练的目的是让用声更加符合社会活动的需要,为广大的嗓音工作者提供更有针对性的训练材料。

在马克思墓前的讲话
恩格斯　1883年3月17日

> **训练提示**
>
> ☞这篇简短的悼词科学、精辟而全面地表述了马克思的巨大贡献。演说表达了对马克思的无限热爱和无限敬仰。语言朴素、措辞严密、悲壮肃穆,堪称吊唁演说之精品。

　　3月14日下午两点四十五分,当代最伟大的思想家停止了思想。让他一个人留在房里总共不过两分钟,等我们再进去的时候,便发现他在安乐椅上安静地睡着了——但已经是永远地睡着了。

　　这个人的逝世,对于欧美战斗着的无产阶级,对于历史科学,都是不可估量的损失。这位巨人逝世以后形成的空白,在不久的将来就会使人感觉到。

　　正像达尔文发现有机界的发展规律一样,马克思发现了人类历史的发展规律,即历来为繁茂芜杂的意识形态所掩盖着的一个简单事实:人们首先必须吃、喝、住、穿,然后才能从事政治、科学、艺术、宗教等等。所以,直接的物质的生活资料的生产,便构成为基础,人们的国家制度、法的观点、艺术以至宗教观念,就是从这个基础上发展起来的,因而,也必须由这个基础来解释,而不是像过去那样做得相反。

不仅如此,马克思还发现了现代资本主义生产方式和它所产生的资产阶级社会的特殊的运动规律。由于剩余价值的发现,这里就豁然开朗了,而先前无论资产阶级经济学家或者社会主义批评家所做的一切研究都只是在黑暗中摸索。

一生中能有这样两个发现,该是很够了。甚至只要能做出一个这样的发现,也已经是幸福的了。但是马克思在他所研究的每一个领域(甚至在数学领域)都有独到的发现,这样的领域是很多的,而且其中任何一个领域他都不是肤浅地研究的。

这位科学巨匠就是这样。但是这在他身上远不是主要的。在马克思看来,科学是一种在历史上起推动作用的、革命的力量。任何一门理论科学中的每一个新发现,即使它的实际应用甚至还无法预见,都使马克思感到衷心喜悦,但是当有了立即会对工业、对一般历史发展产生革命影响的发现的时候,他的喜悦就完全不同了。例如,他曾经密切地注意电学方面各种发现的发展情况,不久以前他还注意了马赛尔·德普勒的发现。

因为马克思首先是一个革命家。以某种方式参加推翻资本主义社会及其所建立的国家制度的事业,参加赖有他才第一次意识到本身地位和要求,意识到本身解放条件的现代无产阶级的解放事业——这实际上就是他毕生的使命。斗争是他得心应手的事情,而他进行斗争的热烈、顽强和卓有成效,是很少见的。最早的《莱茵报》(1842年),巴黎的《前进报》(1844年),《德意志——布鲁塞尔报》(1847年),《新莱茵报》(1848—1849年),《纽约每日论坛报》(1852—1861年),以及许多富有战斗性的小册子,在巴黎、布鲁塞尔和伦敦各组织中的工作,最后是创立伟大的国际工人协会,作为一切工作的完成——老实说,协会的这位创始人即使别的什么也没有做,也可以拿这一成果引以为豪。

正因为这样,所以马克思是当代最遭嫉恨和最受诬蔑的人。

各国政府——无论专制政府或共和政府——都驱逐他;资产者——无论保守派或极端民主派——都纷纷争先恐后地诽谤他,诅咒他。他对这一切毫不在意,把它们当作蛛丝一样轻轻抹去,只是在万分必要时才给予答复。现在他逝世了,在整个欧洲和美洲,从西伯利亚矿井到加利福尼亚,千百万革命战友无不对他表示尊敬、爱戴和悼念,而我敢大胆地说:他可能有过许多敌人,但未必有一个私敌。

他的英明和事业将永垂不朽!

(选自《马克思恩格斯选集》第3卷)

愚公移山
毛泽东　1945年6月11日

> **训练提示**
>
> ☞《愚公移山》是毛泽东在抗战胜利前夕中共七大上的闭幕词。他引用寓言,激励全党和全国人民排除万难、争取胜利。演讲形象生动,诙谐有趣,寓意深刻。

我们开了一个很好的大会。我们做了三件事:第一,决定了党的路线,这就是放手发动群众,壮大人民力量,在我党的领导下,打败日本侵略者,解放全国人民,建立一个新民主主义的中国。第二,通过了新的党章。第三,选举了党的领导机关——中央委员会。今后的任务就是领导全党实现党的路线。我们开了一个胜利的大会,一个团结的大会。代表们对三个报告发表了很好的意见。许多同志作了自我批评,从团结的目标出发,经过自我批评,达到了团结。这次大会是团结的模范,是自我批评的模范,又是党内民主的模范。

大会闭幕以后,很多同志将要回到自己的工作岗位上去,将要分赴各个战场。同志们到各地去,要宣传大会的路线,并经过全党同志向人民作广泛的解释。

我们宣传大会的路线,就是要使全党和全国人民建立起一个信心,即革命一定要胜利。首先要使先锋队觉悟,下定决心,不怕牺牲,排除万难,去争取胜利。但这还不够,还必须使全国广大人民群众觉悟,甘心情愿和我们一起奋斗,去争取胜利。要使全国人民有这样的信心:中国是中国人民的,不是反动派的。中国古代有个寓言,叫做"愚公移山"。说的是古代有一位老人,住在华北,名叫北山愚公。他们家门南面有两座大山挡住他家的出路,一座叫做太行山,一座叫做王屋山。愚公下决心率领他的儿子们要用锄头挖去这两座大山。有个老头子名叫智叟的看了发笑,说是你们这样干未免太愚蠢了,你们父子数人要挖掉这样两座大山是完全不可能的。愚公回答说:我死了以后有我的儿子,儿子死了又有孙子,子子孙孙是没有穷尽的。这两座山虽然很高,却是不会再增高了,挖一点就会少一点,为什么挖不平呢?愚公批驳了智叟的错误思想,毫不动摇,每天挖山不止。这件事感动了上帝,他就派了两个神仙下凡,把两座山背走了。现在也有两座压在中国人民头上的大山,一座叫做帝国主义,一座叫做封建主义。中国共产党早就下了决心,要挖掉这两座山。我们一定要坚持下去,一定要不断地工作,我们也会感动上帝的。这个上帝不是别人,就是全中国的人民大众。全国人民大众一齐起来和我们一道挖这两座山,有什么挖不平呢?

昨天有两个美国人要回美国去,我对他们讲了,美国政府要破坏我们,这是不允许的。我们反对美国政府扶蒋反共的政策。但是我们第一要把美国人民和他们的政府相区别,第二要把美国政府中,决定政策的人们和下面的普通工作人员相区别。我对这两个美国人说:告诉你们美国政府中决定政策的人们,我们解放区禁止你们到那里去,因为你们的政策是扶蒋反共,我们不放心。假如你们是为了打日本,要到解放区是可以去的,但要订一个条约。倘若你们偷偷摸摸到处乱跑,那是不许可的。赫尔利已经公开宣言不同中国共产党合作,既然如此,为什么还要到我们解放区去乱跑呢?

美国政府的扶蒋反共政策,说明了美国反动派的猖狂。但是一切中外反动派的阻止中国人民胜利的企图,都是注定要失败的。现在的世界潮流,民主是主流,反民主的反动只是一股逆流。目前反动的逆流企图压倒民族独立和人民民主的主流,但反动的逆流终究不会变为主流。现在依然如斯大林很早就说过的一样,旧世界有三个大矛盾:第一个是帝国主义国家中的无产阶级和资产阶级的矛盾,第二个是帝国主义国家之间的矛盾,第三个是殖民地半殖民地国家和帝国主义宗主国之间的矛盾。这三种矛盾不但依然存在,而且发展得更尖锐了,更扩大了。由于这些矛盾的存在和发展,所以虽然反苏反共反民主的逆流存在,但是这种反动逆流总有一天会要被克服下去。

现在中国正在开着两个大会,一个是国民党的第六次代表大会,一个是共产党的第七次代表大会。两个大会有完全不同的目的:一个要消灭共产党和中国民主势力,把中国引向黑暗;一个要打倒日本帝国主义和它的走狗中国封建势力,建设一个新民主主义的中国,把中国引向光明。这两条路线在互相斗争着。我们坚决相信,中国人民将要在中国共产党领导之下,在中国共产党第七次大会的路线的领导之下,得到完全的胜利,而国民党的反动路线必然要失败。

(选自《毛泽东选集》合订一卷本)

中美友好来往的大门终于打开了
周恩来　1972年9月21日

训练提示

☞周恩来是享誉世界的外交家,也是著名的演说家。他的演说严谨周密,坦诚真挚,极富感染力和说服力。

首先,我高兴地代表毛泽东主席和中国政府向尼克松总统和夫人,以及其他美国客人们表示欢迎。

同时,我也想利用这个机会代表中国人民向远在大洋彼岸的美国人民致以亲切的问候。

尼克松总统应中国政府的邀请,前来我国访问,使两国领导人有机会直接会晤,谋求两国关系正常化,并就共同关心的问题交换意见,这是符合中美两国人民愿望的积极行动,这在中美两国关系史上是一个创举。

美国人民是伟大的人民。中国人民是伟大的人民。我们两国人民一向是友好的。由于大家都知道的原因,两国人民之间的来往中断了二十多年。现在,经过中美双方的共同努力,友好来往的大门终于打开了。目前,促使两国关系正常化,争取和缓紧张局势,已成为中美两国人民强烈的愿望。人民,只有人民,才是创造世界历史的动力。我们相信,我们两国人民这种共同愿望,总有一天是要实现的。

中美两国的社会制度根本不同,在中美两国政府之间,存在着巨大的分歧。但是,这种分歧不应当妨碍中美两国在互相尊重主权和领土完整、互不侵犯、互不干涉内政、平等互利和和平共处五项原则的基础上建立正常的国家关系,更不应该导致战争。中国政府早在1955年就公开声明,中国人民不要同美国打仗,中国政府愿意坐下来同美国政府谈判,这是我们一贯奉行的方针。我们注意到尼克松总统在来华前的讲话中也谈到,"我们必须做的事情是寻找某种办法使我们可以有分歧而又不成为战争中的敌人"。我们希望,通过双方坦率地交换意见,弄清楚彼此之间的分歧,努力寻找共同点,使我们两国的关系能够有一个新的开始。

(选自《周恩来选集》下卷)

勤奋地生活

西奥多·罗斯福 1899年4月10日

> **训练提示**
> ☞ 本文的作者为美国第26任总统,作为一个狂热的爱国者,罗斯福意在用这篇演说整顿社会风气,激励国民励精图治,"勤奋地生活"。

先生们:

你们是西方最大城市的公民,是产生了林肯和格兰特的国家的公民。你们卓越和杰出地体现了美国性格中最具美国特色的一切。在向你们这样的人物讲话时,我想谈的不是苟且偷安的人生哲学,而是过勤奋生活的道理——过艰苦奋斗的生活,劳动、竞争的生活;我想谈那种最崇高的成就,即贪图安逸之辈与之无缘,而不畏艰险、不避劳苦从而获得最大的辉煌胜利的人才能取得的那种成就。

胆小的人,懒惰的人,不信任祖国的人,丧失坚强斗志和英勇气概的"过于文明"的人,愚昧无知的人,对"胸怀大志的铮铮铁汉"亦为之动容的巨大鼓舞力量也无动于衷的、麻木不仁的人——总之,所有这些人都闭眼不看国家正在承担新的责任;闭眼不看我们正在建设能满足我国需要的海军和陆军;闭眼不看我们正在世界事务中尽我们自己的一份力量;我们英勇的陆、海军士兵把西班牙势力逐出了美丽的热带岛国,恢复了那里的秩序。正是这样一些人,他们害怕过勤奋的生活,害怕过唯一真正有价值的国民生活。他们相信与世隔绝的生活,那种生活会销蚀一个民族的吃苦耐劳的美德,正像销蚀个人的吃苦耐劳的美德一样。不然,他们就沉溺于唯利是图、贪得无厌的泥潭而不能自拔,认为经商致富乃国民生活之根本。殊不知,经商致富固然重要,但毕竟只是造就真正伟大国家的许多环节中的一环而已。物质繁荣来自勤俭,来自干劲和事业心,来自工业活动领域中的艰苦努力;任何国家如果没有深厚的物质繁荣的基础,都不可能长久生存下去;但是,如果仅仅依赖于物质繁荣,任何国家也永远不会成为真正伟大的国家。不错,一切荣誉应当归之于物质繁荣的设计师;归之于创办了工厂和铁路的实业巨头;归之于那些为了富裕而殚精竭虑、不辞劳苦的强人;国家大大感激这些人以及诸如此类的人。但是,我们更感激那样一些人,他们的最崇高典范应当到林肯那样的政治家和格兰特那样的军人当中去寻找。他们以自己的所作所为表明他们深谙工作的法则和斗争的法则;他们含辛茹苦,使自己和家属过上富足的生活;但他们懂得还有更崇高的责任——对国家的责任和对民族的责任。

因此,我的同胞们,我对你们要讲的是,祖国要求你们不要过安逸的生活,而要过艰苦奋斗的生活。二十世纪已赫然在目,它将决定许多国家的命运。假如我们游手好闲,虚度光阴,一味骄奢淫逸,苟且偷安,假如我们在你死我活的激烈竞争前畏首畏尾,裹足不前,那么,更勇敢、更坚强的民族将超过我们,并将赢得统治世界的权力。因此,让我们勇敢地面对斗争的生活,下定决心卓越而果断地履行我们的职责;下定决心不仅在口头上而且在行动上坚持正义;下定决心做既诚实又勇敢的人,脚踏实地地为崇高的理想而奋斗,最重要的是只要我们坚信斗争是正当的,就让我们不要逃避斗争,不论是精神的或物质的斗争,国内的或国外的斗争;因为只有通过斗争,通过不避艰险的努力,我们才能最终达到真正伟大国家的目标。

(译自《世界伟大演说》)

科学的颂歌
爱因斯坦　1931年2月16日

训练提示

☞爱因斯坦是20世纪最有影响、最伟大的科学家之一,也是一位社会活动家,致力于世界和平事业、反对民族主义、种族主义和纳粹主义。本篇是对加利福尼亚理工学院学生团体的讲话。这篇演讲文辞简洁,不足千字,但说理透辟,思路独到,感情真挚,为全世界人们唱出了一首真正的科学颂歌。

看到你们这支以应用科学作为自己专业的青年人的兴旺队伍,我感到十分高兴。

我可以唱一首赞美诗,反复颂扬应用科学已达到的辉煌成就和你们将要进一步取得的巨大进展。我们的确是生活在应用科学的时代和应用科学的家乡。

但是我不想这样来谈。我倒是想起了那个娶了个不太漂亮的妻子的青年人,当人家问他是否感到幸福时,他用了这样的话回答:"如果我要说真话,我就不得不扯谎。"

我也正是这样。试想,一个很不开化的印第安人的经验是否不如一般文明人幸福丰富呢?我想并不是。文明国家的儿童都那么喜欢扮"印第安人"玩,意味是深长的。

这样了不起的应用科学,既节约了劳动力,又使生活变得更加舒服,却为什么给我们那么少的幸福呢?坦率的回答是,因为我们还没有学会合理地去使用它。

在战争中,它被用来相互残杀毒害;在和平时,它使生活促迫而不安定。它不是把我们从耗费精力的劳动中大大地解放出来,却使人成为机器的奴隶:绝大部分情况下总是在厌倦地完成他们冗长单调的工作,还必须经常为那一点可怜的口粮而担心。

你们会以为,我这老头子是在唱不吉利的调子。但我却只是想做点善意的忠告。

为了使你们的工作增进人类的幸福,你们只懂得应用科学是不够的。关心人本身及其命运,应当始终成为一切技术上奋斗的主要目标;关心组织劳动和产品分配这个重大的尚未解决的问题,才能保证我们智慧的产物会促进人类幸福,而不致成为祸害。在你们埋头于图表和方程式中时,千万不要忘记了这一点。

上海市政府新闻发言人焦扬的讲话(节选)

> **训练提示**
> ☞ 为便于中外记者通过公开、规范的渠道了解上海重要的新闻信息,上海市政府决定建立新闻发言人制度。市政府发言人每两周举行一次新闻发布会,介绍市政府最新决策及相关重要工作。

各位记者:

非常荣幸作为市政府发言人,在首次新闻发布会上向大家通报关于市政府近期工作的一些重要新闻信息。

今天要发布的内容有三项,首先是市政府出台关于加强自身建设若干规定的情况;其次是关于上海在全国特大型城市中率先启动"建设健康城市"行动的情况;第三是上海即将出台交通排堵保畅新措施的情况。

现在,我向各位发布第一项内容。

大家知道,新一届上海市政府成立后反复提出,要努力建设成为忧民所忧、乐民所乐的服务政府,务实高效、廉洁勤政的责任政府,依法行政、公正严明的法治政府。为了切实履行这一承诺,市政府日前正式审议通过了《关于加强自身建设的若干规定》。这一《规定》共有 24 条,对政府的职责、如何发挥政府的综合行政效能、如何增强决策的科学性、如何提高依法行政的水平以及加强廉政、政风建设等五个方面对自身作了严格的约束。

《规定》中提出,市政府必须在市委"总揽全局、协调各方"的领导格局中,忠实履行宪法和法律赋予的职责,坚决贯彻中共中央、国务院和市委的重大决策和部署;必须始终坚持执政为民、执政兴市的理念,切实关心、维护和发展好人民群众的根本利益;必须坚持以经济建设为中心,着力提升城市的国际化、信息化、市场化、法治化水平,进一步优化城市发展的综合环境。

为进一步精简和规范各类会议,提高会议效率,《规定》对市政府各类会议的次数作了明确规定:市政府每年召开一至二次全体会议、每季度召开一次工作会议、每周召开一次常务会议或市长办公会议。

为不断增强政府决策的科学性,提高依法行政水平,《规定》要求,市政府及各部门必须建立和完善科学民主的决策程序,坚持调查研究制度,充分发挥智囊机构和专家学者的咨询、参谋作用;自觉接受市人大和市政协的监督,坚持政务公开,凡属于政府社会管理职能以及与人民群众利益密切相关的行政决策事项、政策规定、规章制度、审批程序、办事标准等,应通过政府公报、政府网站和有关媒体及时向社会公开。

为切实加强廉政、政风建设,《规定》要求市政府及各部门领导带头严格做到七个"不准",包括不准搞权钱交易、为个人和小团体谋取利益,不准利用职权违反规定干预和插手工程招投标等经济活动。为坚决防止和克服形式主义、官僚主义,坚决反对和制止各种奢侈浪费行为,《规定》还提出了四个"严禁"和四个"严格"的要求,包括严禁沽名钓誉、劳民伤财的"形象工程"、"政绩工程",严格控制各种名目的庆典和达标评比活动等等。

此外,《规定》还明确提出,市长、副市长原则上不发贺信、贺电,不题词、题名,下基层调研应"轻车简从、务求实效",外出时要减少陪同,简化送行。各级政府机关应健全请示报告制度和请销假制度,严格遵守各项政务纪律。

市政府《关于加强自身建设的若干规定》的详细内容,已经在"中国上海"政府网站上公布。希望了解详情的记者可上网查询。

长征——你也可以实现
中国传媒大学2005级播音本科班 赵梦娇

各位老师、各位同学,大家好!

关于长征,每个人都会有不同的理解,今天我要告诉大家的是:长征——你也可以实现!

七十年前,一群伟大卓绝的中国人,翻越崇山峻岭,战胜种种困难,用中华民族所独有的勇气和智慧,终于走向了二万五千里长征的伟大胜利,走向了新中国的诞生,走向了解放和自由。因此同学们,想到长征,一种敬仰之情就会油然而生!

然而,我们在敬仰长征的同时,有没有反思过这样的问题:长征精神是否只是博物馆里陈列的历史文物?到底长征精神对于我们今天又意味着什么?

同学们,先别急着寻找答案,让我们把目光投向生活中的点点滴滴。大学校园里,我看到有人为了理想努力奋斗,也有人花前月下蹉跎青春;有人关注社会贡献力量,也有人自私冷漠无病呻吟。这样的反差告诉我们,对于长征精神,仅仅是敬仰是远远不够的,我们现在所做的应该是解读长征,为长征精神在新时代中寻找一个新的注解,寻找一个新的落脚点。

解读长征,我首先读出了理想。正是崇高的共产主义理想鼓舞广大红军将士在二万五千里长征途中克服种种艰难险阻,而今天却有一些年轻人或得过且过、庸碌一生;或投机取巧、梦想一夜成名。其实在新的历史时期,我们年轻人更要有崇高的理想、远大的目标,为自己、更为民族尽到一份应尽的责任。

解读长征,我还读出了乐观。"雪皑皑,野茫茫。高原寒,炊断粮。"几万名红军战士长眠在雪山和草地,然而他们却用革命的乐观主义精神藐视一切艰难险阻;可是今天,校园里我们经常听到的一个词是什么?"郁闷!"在坎坷的发展道路上,我们不能抱怨、郁闷、无病呻吟,没有这点向困难微笑的精神,同学们,我们怎么能够取得最后的胜利!

解读长征,我读出了热情。火一样的热情使战士们牺牲性命去救助陌生的战友,火一样的热情更使他们对革命事业无限忠诚。同学们,我们的脸上不应该出现自私、冷漠,而是应该用我们的热情投身到社会的建设中,投身到自己的事业中,历史重任,敬业为先。

亲爱的同学们,长征是理想、是乐观、是热情,但是只有这些恐怕无法让长征成为一部震惊世界、壮美绝伦的经典史诗,因此我要说,解读长征,我还读出了浪漫。红军不怕远征难,万水千山只等闲,这种诗意的革命浪漫主义精神,如果转化为当今的时代精神,你会发现:在为理想奋斗的征途上,以艺术的构思来设计我们的崛起历程,以精神的追求来看待为人民服务的行为,到处可以欣赏美丽,到处可以采撷诗意!

然而,解读长征,我们的目的并不是为了欣赏,而是为了一个更高远的目标,那就是实现!有人说,实现长征,难道让我们每个人去亲身走一趟长征路?当然不是,因为我们中华民族的每一个人正走在一条新的长征路上,这条长征之路就是强国富民之路。

在这条新长征路上,没有雪山草地,没有围追堵截,但有的是起步晚人口多底子薄的现状,有的是面对世界其他国家的竞争与挑战。科技兴国,教育强国,国防卫国,这些简单的词语如果没有新长征路上的你和我来共同实现,长征精神岂不是被我们存放在历史的博物馆!

而可喜的是,在新长征的路上,涌现了一批以大学生为代表的时代先锋。时代的领跑人刘翔不断打破新的纪录超越自己;残疾大学生方宏川凭借坚强的毅力打破世界田径纪录;还有小学未毕业的郭辉,完全依靠自学成为北大百年第一个残疾女博士。他们正是以自己的实际行动表明,"红军不怕远征难",中国的年轻人也从来没有畏惧过远征。因此,我想说,实现长征才是在场的你,我,我们所有中华儿女的责任。

从敬仰长征到解读长征,从读懂长征,再到实现长征,正如那二万五千里的征途一样,这条道路漫长而又艰辛。长征精神的内涵很丰富,然而他又很朴实,朴实到只要你肯努力,只要你肯坚持,你就可以成为实现长征的一分子。正是因为有了实现长征的你和我,中华民族的伟大复兴一定能够成为现实!

因此,你可以敬仰长征,你可以解读长征,然而最重要的是,同学们,长征——你也可以实现!

我的演讲就到这里,感谢各位!

第八单元　即兴口语表达语音发声训练

学习普通话语音和播音发声,不仅仅为了适应不同类型的有稿播音,也要把学习的成果运用到播音员、主持人的无稿播音方面。张颂教授提出:"无稿播音出口成章,有稿播音锦上添花。"因此,这一单元推荐了一些话题和新闻消息,检验大家在即兴口语表达的状态下用声是否自如、有变化,语音是否规范清晰,表达是否能流畅、到位。

一、普通话水平测试用话题(摘自《普通话水平测试实施纲要》)

(1)我的愿望
(2)我的学习生活
(3)我尊敬的人
(4)我喜爱的动物(或植物)
(5)童年的记忆
(6)我喜爱的职业
(7)难忘的旅行
(8)我的朋友
(9)我喜爱的文学(或其他)艺术形式
(10)谈谈卫生与健康
(11)我的业余生活
(12)我喜欢的季节(或天气)

(13)学习普通话的体会
(14)谈谈服饰
(15)我的假日生活
(16)我的成长之路
(17)谈谈科技发展与社会生活
(18)我知道的风俗
(19)我和体育
(20)我的家乡(或熟悉的地方)
(21)谈谈美食
(22)我喜欢的节日
(23)我所在的集体(学校、机关、公司等)
(24)谈谈社会道德
(25)谈谈个人修养
(26)我喜欢的明星(或其他知名人士)
(27)我喜爱的书刊
(28)谈谈对环境保护的认识
(29)我向往的地方
(30)购物(消费)的感受

二、评述新闻事件

1. 北京元宵节花炮熏出重度污染,PM2.5值超过300

尽管市气象台昨天下午发布了霾黄色预警信号,并建议少放花炮,但大街小巷的鞭炮声仍不绝于耳,加上扩散条件较差,昨天的空气质量毫无悬念地飙升至六级严重污染。另据统计,自除夕零时至正月十五24时,全市因燃放烟花爆竹接火警106起,同比下降45%,受伤210人,同比下降23%,无伤亡、摘眼球情况;昨天全天,全市因燃放烟花爆竹伤人15人,同比下降29%,火情12起,同比下降37%。

从前天傍晚开始,本市已经出现薄雾,随着元宵节的到来,雾未见散去,但市民点燃烟花爆竹的热情却起来了,噼里啪啦的响声不绝于耳。市环保监测中心空气质量监测系统显示,从昨日10时开始,全市的PM2.5浓度一路上升,至17时许,35个监测站中有26个空气质量级别达到5级"重度污染"或6级"严重污染",9个站点PM2.5小时浓度超过300微克/立方米。18时,榆垡站的PM2.5实时浓度高达305微克/立方米,房山站也高达303微克/立方米。而除夕后的2月10日凌晨,本市PM2.5平均浓度也就在400微克/立方米左右。

市气象台下午发布的霾黄色预警信号指出,预计24日傍晚到夜间全市大部分地区能见度将小于3000米,有霾,空气污浊。据介绍,"霾黄色预警"指12小时内可能出现能见度小于3000米的霾,或已经出现能见度小于3000米的霾且可能持续。

元宵节为蛇年春节本市五环以内地区可以燃放烟花爆竹的最后一天。气象台和环保监测部门均称,雾霾气象条件下不适宜燃放烟花爆竹,呼吁市民减少燃放。

2. 武汉大黄鸭未获艺术家授权

一只在香港维多利亚港出现的大黄鸭红遍了世界,现在在全国多个城市都出现了山寨大黄鸭的身影。这些山寨大黄鸭有些造型逼真,类似高仿品,有些则造型雷人,一看就知道是假的大黄鸭……

有美国媒体报道,被称为"大黄鸭之父"的荷兰艺术家霍夫曼称,他与武汉方面没有就"大黄鸭"版权达成任何协议。

"传闻是假的,如果人们想看到真正的'大黄鸭',那就应该来找我。"霍夫曼说。据了解,原版"大黄鸭"将在香港展出至6月9日,据此前消息,"大黄鸭"下一个目的地很有可能将出现在美国。

面对中国山寨"大黄鸭"的出现,霍夫曼表示,"这显示了对于信任的缺失。"

此前,缩小版"大黄鸭"在武汉亮相,而展示"大黄鸭"的商家对此前自己宣传的"正版大黄鸭"的版权问题避而不谈,拒绝提供相关授权证明书。

"大黄鸭"是荷兰设计师伦泰因·霍夫曼设计的巨型充气橡皮鸭,从2007年起,"大黄鸭"开始游历世界,每到一处,都引来无数"鸭粉"狂热追捧。今年5月,一只16米高(相当于6层楼)的"大黄鸭"在香港维多利亚港展出,引起轰动,每天有二三十万人争睹。

3. 中国式过马路

快报讯:这两天,南京交警一直在进行行人交通违法行为整治。一位"哲学大妈"的神回复爆红网络,她面对交警要求绕行的劝导,淡定回复:"人生能有多少个几百米!"昨天,又有一位五旬大妈火了,闯红灯时面对交警,她回答:"我都闯了几十年红灯了,要你管!"

4月16日中午,南京交警三大队民警在三山街地铁站旁开展非机动车、行人交通违法行为整治时,一位五十多岁的大妈迎着红灯,淡定地穿行在疾驰的车流中。交警赶忙跑上前,将她拦下,大妈冲着交警发火"你拦我干吗?"随后,大妈不以为然地说:"闯红灯怎么了,我都闯了几十年了,要你管。"现场的交警无奈地说,很多闯红灯的行人都有这位大妈这样的想法,不把闯红灯当回事,原因是没有认识到其中的危害,等到事故发生后,再后悔就来不及了。

为营造安全、文明、和谐的交通环境,自4月初开始,交管部门在全市范围内拉开非机动车、行人交通违法专项整治行动大幕,至目前为止,已有2900余非机动车驾驶人、行人,因闯红灯等交通违法行为受到处罚。

4. 闯黄灯扣分

综合《新京报》、中广网及新华网等国内媒体消息,1月1日零点起,被称为"史上最严交规"的修订版《机动车驾驶证申领和使用规定》和《机动车登记规定》正式实施。新规加强了对闯信号灯的处罚力度,新交规规定:黄灯亮时,已越过停止线的车辆可以继续通行,没有越过停止线的不得通行,不得越过停止线,违者将被扣6分,并处20至200元罚款。

新规实施两天以来,各地网友对"闯黄灯"处罚不满的声音渐多,不少人在网上"吐槽":正常行驶遇到信号灯突变,刹车根本刹不住;还有不少人晒出了由此引发的追尾事故照片。其中,"闯黄灯扣6分"的规定引来网友吐槽。1月2日,公安部交管局回应"闯黄灯扣6分"被指易致惯性追尾时表示,在车辆正常行驶过程中,只要驾驶人注意力集中、与前车保持安全车距,行经交叉路口时减速慢行、谨慎驾驶,"抢黄灯"和追尾事故是可以避免的。

5. 18岁天大学子传递正能量 扶摔倒老人一路送回家

天津北方网讯:12月12日傍晚,一封署名为"路人"的"表扬信"被送至天津大学化工学院办公室。信里表扬的是一名叫黄泽健的学生,看到84岁老人跌倒在地后,黄泽健跑步过去将老人扶起来,并陪同老人办完了他要做的事。

当天11时20分,天津大学化学工程与工艺专业大二学生18岁的黄泽健和几名舍友外出买饭,路过校外的教师家属区附近时,黄泽健看到前方10米远处,一位步履迟缓的老人鞋带散开,突然另一只脚踩在鞋带上,一个趔趄摔倒在地。黄泽健立即将手中的饭递给身边的同学,跑步上前扶老人,同时,几个路人也停下脚步,伸出手帮忙。一位50多岁的阿姨在黄泽健扶老人时鼓励道:"没事,扶吧,我给你作证。"

小黄扶起老人后发现,除了嘴唇磕破,老人并无大碍,便提议送老人回家。一路上老教授多次向小黄表示感谢。花了10多分钟办完事,出门前,小黄给老人系上围巾,戴好帽子,将其送回家。走之前,黄泽健还是不放心,便给老人留下了自己的名字和电话,告诉他有事打电话。

采访中,黄泽健说,他想到了自己的外公,如果外公在外面摔倒没有人帮忙,自己一定会很难受,将心比心,自己扶老人就是举手之劳。

6. 李开复：我很惊讶大学生找工作要问家长

今年9月，刚刚辞去谷歌全球副总裁、大中华区总裁的李开复博士，又创立了旨在培育创新人才和新一代高科技企业的创业平台——创新工场。几个月来，李开复奔赴全国各地，四处招贤纳才。在三四十名得到面试通知的大学生中，一些人的求职理由让他感到非常惊讶。

"我父母觉得我跟着李开复干就对了！"

"我父母觉得我应该去家跨国公司工作。"

"我父母希望我待在上海。"

李开复也承认，在实施家庭教育的过程中，每个人都会犯错，都会有管得太多的时候，但关键是要让孩子知道，最终的决定权掌握在他们自己手中。

7. 昆明3名小学生因未带清洁工具被裸体罚站

因未按要求自带清洁用具参与教室清扫，10月20日下午3时，昆明市盘龙区双龙乡双龙中心小学3名学生被班主任体罚，这名教师要求3名学生脱下全身衣服，赤身裸体站在全班同学面前。

被体罚的这3名学生就读于双龙中心小学一年级二班，其中一名学生在回家后，父母发现了异常，在追问孩子后得知了此事。班主任张老师的这番举动让3名学生的家长十分气愤，前日一早，他们找到学校讨要说法。该校周校长表示，张老师必须对她的行为负责，学校将扣除她当月30%的绩效工资。

随后，记者拨打了盘龙区教育局的电话，询问关于对张老师的处理决定。接线的工作人员告诉记者，已对张老师作出相应的处理决定，但尚不方便透露处理的具体内容。

8. 浙江绍兴五名大妈跳广场舞时遭黑衣人泼机油

《钱江晚报》消息："我们被人泼了机油！真是气死了！"绍兴几

个跳舞大妈特别火,说起前几天的遭遇一肚子气。

事情发生在 6 月 26 日晚上 7 时许,绍兴越城区山山苑小区里。当时王大妈和四个伙伴来到 2 幢和 3 幢之间的通道上,放音乐跳舞。这是一个安置房老小区,住的大多是老年人,小区里没什么大的场地,她们就在一条通道上跳。

没想到来了两个黑衣人,手里提着两只塑料桶。王大妈说:"突然,一个男的走到我身边,什么话也没说,就把桶盖打开了,从我头上倒下来,气味很大,原来是废机油。我吓了一跳。"

她反应还算快,被废机油泼身后,及时拿出手绢,将双眼边的机油擦干净。而 62 岁的余大妈也被机油浇到了,当时进入了左眼,眼睛很难睁开。另外三个大妈比较幸运,没淋到。大妈们说,这两个男子泼了油以后,很快就跑了,跑到小区门口,上车逃走。

据介绍,大妈们在小区通道上跳舞,曾引起一些业主的不满,业主们也曾反映过。但大妈们解释,她们跳舞的时间是从晚上 6 点半至 7 点半,不算晚,"而且音响声音开得很小的,免得影响邻居休息"。

目前,府山派出所已经介入调查此事,但这两个男子还没被抓到。

9. 湖北一校为状元塑像立碑

《春城晚报》消息:湖北恩施的高考状元杨元火了,他微圆的脸型、深凹的眼眶被无数网民所熟悉。大家却不是通过照片知道他的模样,而是看到他的雕像被树在母校校园里——来凤县高级中学为这名"来凤几十年来第一个全州状元"塑了像立了传,并说其"书写了平民教育的神话"。

来凤县高级中学校长周曼称:"校园文化建设中,常用孔子、老子等人物雕像,而我想用学生身边的榜样,激励他们好好学习,勤奋读书。"

当事人杨元表示,自己的雕像被立在校园前,学校并未与他联系,"现在压力很大,感觉不太好"。杨元说,他看到网友的各种议论,觉得学校的做法"有些不好"。

据悉,去年高考成绩发布当天,来凤县高级中学还组织师生举行了隆重的巡街活动,几名学生抬着大大的"喜报"牌走在前面,杨元胸戴大红花,通过天窗站在一辆轿车中紧随其后,之后则是数十人组成的腰鼓队,场面十分热闹。

昨天上午,来凤县教育局赶到来凤县高级中学了解情况后,校方已开始将塑像拆除。

10. 浮躁是个筐

浮躁成了一个筐什么问题都往里装,这是对当前社会大众心态的一种描述。《人民日报》说,过去流行说"郁闷",最近,开始流行说"浮躁"了。学生读书不努力,叫浮躁;老师教学不认真,叫浮躁;医生对患者不负责任,叫浮躁;学者写论文抄袭、剽窃、找"枪手",叫浮躁;作家长期写不出好作品,叫浮躁;生产或销售假冒伪劣产品,也叫浮躁。文章认为,浮躁正在逐渐成为在物欲刺激下产生的带有弥漫性的社会病态心态,青年人一定要把"戒躁"作为人生的守则。

11. 大学生辅导员的苦恼

"才刚做了大一新生一个月的宿舍导师,我都快成保姆了!"一看就知道说话的是一名大学生宿舍的导师。《中国青年报》说,为了能让刚刚入学的大学新生尽快适应学校生活,很多高校都"贴心"地为他们安排了宿舍导师和辅导员,大都由高年级学生或研究生担任,小高就是其中的一位。可自从当了宿舍导师以来,小高快成接线员了,今天有学生打电话来说学校社团太多,不知道该选择哪一个,明天有学生因为饭卡折了没办法打饭而"求救",让小高哭笑不得的是,问题大多是学生完全有能力自己解决的。

12. 豪华消费

年底快到了,各种各样的聚会也多了起来。《新华日报》说,这两天,南京某儿童教育机构推出了1088元的天价聚会。在聚会的宣传单上写着,家庭套票中"包括司机、保姆、保镖各一名",除了这些,还有吃有玩有礼物。什么"欧美城堡风情、冰雪童话世界",什么地道西式套餐、纯正野外烧烤。最后还有精彩的:进口礼物派送、缤纷礼花庆典等。呦,够豪华,够高档。除此之外,主办方还要对孩子进行爱的教育,要求每位到场的孩子都要拿出自己的零花钱,为贫困儿童亲自选购并包装一份礼物。这主办方唱的是挺好听,但是参加这样的聚会,孩子是更有爱心了,还是更爱攀比了,咱们家长可得拿捏好了。

13. 留守儿童问题

只有到银行领取父母寄来的学费、生活费时,才能感到父母的存在。说这话的是河北的一位"留守儿童",《新华每日电讯》说,近年来,随着进城务工父母进城的"流动儿童"问题,已经引起政府重视,而近千万农村"留守儿童"普遍处于"三缺"状态:"生活上缺人照应,行为上缺人管教,学习上缺人辅导",由此导致孩子们的成长会遇到许多不应有的问题,他们的人生之路可能走上两极分化。

14. 老人要讨"带孙费"

《浙江日报》报道说,温州的王老伯,退休之后一直发挥余热,为女儿带外孙,按理说这享受天伦之乐,挺好。但带孩子可是个很辛苦的活,为了带好外孙,王老伯牺牲了很多自己的宝贵时间,本来想上老年大学的时间没有了,和老朋友们相聚的时间少了,出去旅游的时间也压缩了。不光这,帮助照看外孙,那也得花钱啊,什么伙食费、营养费、交通费……就这大大小小的费用,一个月也得1500元左右。虽然王老伯不缺钱,但还是希望女儿能交个"带孙费"。这可是个新鲜词,一些晚辈就纳闷了,难道给子女带孩子还要报酬,这未免也太伤感情了。

15. 保护环境，拒绝食用百合

《工人日报》报道，前段时间，有位作家到西北出差，主人设宴招待，当一盘用百合根茎作主料的菜肴端上桌时，一位植物学博士拒绝吃这道菜。博士说："百合花需要生长在山坡疏松干燥的土壤里，同时要把其他植物锄尽，周围没有大树遮挡……几年后，种百合的地方就会土壤沙化。所以百合虽好，但土地却飞沙走石。"为了保护土地，他宁愿不吃百合。这样的例子还有很多，比如台湾省冻顶乌龙茶虽然有名，但人们为了栽培冻顶乌龙茶，不惜毁坏山林，一些有识之士为避免环境受到更大破坏，从而拒喝冻顶乌龙茶。还有浪费打印纸，等等。这篇文章题目叫"冻顶"白纸，就是呼吁大家多用环保纸，像抵制百合、抵制冻顶乌龙一样抵制浪费纸张浪费资源的行为。

16. 个性化月饼

还有一个多月就又到中秋节了，每到这个时候，各月饼生产厂家都开始挖空心思要推出一些特色产品，《市场报》说，今年不玩天价月饼了，一些厂家瞄上了"个性化月饼"。什么意思呢？就是根据顾客的要求，可以由顾客自己确定月饼的具体大小、花纹、馅料，甚至可以把想要赠送的亲友的名字写在月饼上，基本上就类似于订做生日蛋糕那样。一些厂家还准备开发一些企业客户，可以按照不同公司的具体要求，把企业的标识、企业理念、个性化的中秋祝福制作在月饼及其包装上，这样就能更加生动和准确地传达企业对于合作伙伴以及员工的美好祝愿。

17. 透支健康

说起白领，先想到的就是宽敞明亮的写字楼、衣着光鲜的俊男靓女。不过《大连日报》说了，别羡慕太早，白领职业病也不少。大连的李先生就在一家外企工作，做的是与欧洲的生意，每天夜里与客户联系，工作到早晨四五点钟入睡那是常事。虽然白天也能睡觉,可由于工作、生活圈子的人都是中国时间,结果他的欧洲休息时间常常被打乱。长期的睡眠不足、熬夜让他的胃频频抗议,一年前,到医院检查时就确诊为多发性胃病、十二指肠溃疡。有专家说了,白领中患有胃部疾病的人不在少数,基本上可以占到整个患病人群的30%以上。"朝九却非晚五"的工作、毫无规律的饮食,让这些精英们在展现自身辉煌与荣耀的同时,也无奈地透支着健康。

18. 浙江高中生学习通用技术

来自浙江全省的中学老师利用暑假期间做一门叫做《通用技术》的课程的集中培训。从下学期开始,也就是9月份一开学,浙江全省的高中生都要学习这门新课程,而且是列入会考科目的,这些老师集训的目的就是先学会课程内容,才能给学生上好这门课。

那么这门课程的内容都包括哪些呢?《新华每日电讯》报道说,《通用技术》课程就是要教会学生基本的生活道理、生存技巧,培养他们的动手实践能力。具体说来就是希望教会学生"敲敲打打",学完了这门课,对家里出现的一些简单问题,比如家里要装个灯泡、修理一下马桶,小凳子晃动了,学生都应该能自己动手解决。

19. 高考生烧香求上大学

高考要来啦,去庙里烧香的考生也多啦。《重庆晚报》说,最近重庆常有考生结伴集体去庙里烧香,十几个青年紧闭双眼,轮流给各尊神像一一下跪磕头,十分虔诚。这时旁边一位刚磕完头起身的男青年,小声地提醒身边的伙伴"头都没有磕下去,要重新磕,不然高考要倒霉哦。"他们说:"烧了香,大家心态可以更放松,学习起来就更轻松了。"烧香,磕头,心里还不踏实,香烛得选寺庙里最贵的,总共花去130多元,他们一个月的生活费只有几百元,可他们觉得值!"少吃几顿饭,高考能出成绩就行。"因为"价格越高越灵验,心里才踏实。"

20."挑刺客"

您听说过"挑刺客"吗?《解放日报》说,李先生想出国玩一趟,可是他找了几家旅行社,哎,奇了怪了,家家都说名额满了。后来他多方打听才知道,就因为去年十一他投诉过某旅行社,于是他已经上了旅行社用来"封杀"部分旅客的"黑名单"啦,省里几个旅行社还结成同盟,把"黑名单"资料共享,提醒大家千万别带他玩。有位旅行社负责人解释说,实在是无奈啊,这是旅行社的自我保护。"挑刺客",一般都是"资深游客",自我保护意识很强,也了解相关法律,在旅行中,一有不满就找旅行社索赔,如果不赔,就找消协、主管部门投诉曝光。旅行社很头疼,搞不好大半年都得关门大吉。不过,既然人家能挑出你的刺来,就说明您本身还有刺需要解决。作为我们消费者来说,振臂高呼:让挑刺客来得更猛烈些吧!

附录

一、易读错的字

b

畚箕(běnjī)　　匕首(bǐ)　　泌阳(Bì)　　秘鲁(Bì)
胳臂(bei)　　臂膀(bì)　　针砭(biān)

c

谄媚(chǎn)　　潺水(chàn)　　霓裳羽衣(cháng)
一场雨(cháng 用于事情的经过)
三场比赛(chǎng 用于文体活动)　　匀称、对称、称职(chèn)
种(Chóng 姓氏)　　憧憬(chōng)　　驰骋(chěng)　　鞭笞(chī)
处暑、处理(chǔ)　　揣着书(chuāi)　　啜(Chuài 姓氏)
氽丸子(cuān)

d

档案(dàng)　　订正(dìng)　　胴体(dòng)　　句读(dòu)
拾掇(duo)

f

菲薄(fěi)　　氛围(fēn)　　果脯(fǔ)

g

准噶尔(gá)　　勾当(gòu)　　呱呱坠地(gū)

h

薅草(hāo)　　契诃夫、堂吉诃德(hē)　　道行(heng)
飞来横祸、蛮横、发横财(hèng)　　哄抬、哄堂大笑(hōng)
哄逗、哄骗(hǒng)　一哄而散(hòng)　　　白桦树(huà)

和泥、和面(huó)　和稀泥(huò)　溃脓(huì)　馄饨(hún tun)

j

通缉(jī)　　窗明几净(jī)　嫉妒(jí)　给予(jǐ)　人才济济(jǐ)
脊背、脊梁、脊柱(jǐ)　　　成绩(jì)　里脊(ji)
渐染、东渐入海(jiān)　　　眼睑(jiǎn)　　　　请柬(jiǎn)
矫枉过正(jiǎo)　　　缴纳、缴费(jiǎo)　　发酵(jiào)
粳米(jīng)　腈纶(jīng)　　根茎(jīng)　颈部(jǐng)
以儆效尤(jǐng)　　　　强劲、劲敌、劲旅(jìng)　靓妆(jìng)
解送、押解(jiè)　　　　循规蹈矩、矩形(jǔ)　前倨后恭(jù)
绢花(juàn)　配角儿、角色(jué)　　龟裂(jūn)

k

倥偬(kǒngzǒng)　　　内窥镜(kuī)　　　傀儡(kuǐ)

l

落不是(lào)　琅琅书声(láng)　硕果累累(léi)　伤痕累累(lěi)
连篇累牍(lěidú)　　　连累(lěi)　　　量杯(liáng)
度量衡、量体裁衣(liàng)　淋病(lìn)
绿林好汉(lù)　棕榈(lǘ)

m

草莽(mǎng)　扪心自问(mén)　披靡(mǐ)　腼腆(miǎntiǎn)
酩酊(mǐngdǐng)　抹墙(mò)　　模样(mú)

n

泥淖(nào)　　拘泥、泥古不化、泥子(nì)　　忸怩(niǔní)
驽马(nú)　　弩弓(nǔ)

p

喷香(pèn)　土坯、坯胎(pī)　砒霜(pī)　癖好、洁癖(pǐ)
媲美(pì)　睥睨(pìnì)　大腹便便(pián)
剽窃、剽悍(piāo)　骠勇(piào)　娉婷(pīngtíng)
湖泊(pō)　开封繁塔(pó)　曝晒、一曝十寒(pù)

q

菜畦(qí)　绮丽(qǐ)　蹊跷(qīqiāo)　哨卡(qiǎ)
地壳、金蝉脱壳、甲壳(qiào)　牵强附会(qiǎng)
襁褓(qiǎngbǎo)　龋齿(qǔ)　蜷缩(quán)

r

绕(rào)　妊娠(rènshēn)

s

禅让、封禅(shàn)　搭讪、讪笑(shàn)
教室、办公室(shì)　狩猎(shòu)
箪食壶浆(shí)　精髓(suǐ)

t

体己(tīji)　轻佻(tiāo)　妥帖(tiē)
请帖、一帖药、帖子(tiě)　字帖(tiè)
上吐下泻(tù)　吐槽(tǔ)

w

海参崴(wǎi)　龌龊(wòchuò)

x

新潟(xì)　纤维(xiānwéi)　嫌弃(xián)　鲜见(xiǎn)

骁勇、骁将(xiāo)　　　　　　相机行事(xiàng)
叶韵(xié)　挟制(xié)　　　浑身解数(xiè)
乳臭、铜臭(xiù)　　　　　　眩晕(xuànyùn)

　　y

倾轧(yà)　　殷红(yān)　　筵席(yán)　　梦魇(yǎn)
窈窕(yǎotiǎo)　笑靥(yè)　迤逦(yǐlǐ)　　旖旎(yǐnǐ)
荫凉(yìn)、树荫(yīn)　　　应届(yīng)　佣工、佣人(yōng)
佣金(yòng)　迂回、迂腐(yū)　年逾古稀(yú)
鹬蚌相争(yù)　伛偻(yǔlǚ)　熨帖(yùtiē)
头晕、晕厥(yūn)　　　　　　晕车、晕船、晕机、晕针(yùn)

　　z

包扎、扎小辫(zā)
拒载、载人、载体、载运、怨声载道、载歌载舞(zài)
谮言(zèn)　驻扎(zhā)　札记(zhá)　　择菜(zhái)
占卜、占星术(zhān)　　棋高一着(zhāo)　着慌(zháo)
召开、号召(zhào)　动辄(zhé)　症结(zhēng)　踯躅(zhízhú)
抵掌(zhǐ)　趾甲(zhǐ)　　卷帙浩繁(zhì)
博闻强识(zhì)　　　　　中肯(zhòng)　　压轴(zhòu)
白术(zhú)　莺啼鸟啭(zhuàn)　琢磨(zhuómó 加工义)
琢磨(zuómó 思索义)　　　涿州(zhuō)　渣滓(zǐ)
编纂(zuǎn)

二、易读错的成语

　　一画

一丘之貉(hé)　一气呵成(hē)　一筹莫展(chóu)
一曝十寒(pù)　一蹴而就(cù)

二画

十恶不赦(è)

三画

力能扛鼎(gāng)　　义愤填膺(yīng)　　大放厥词(jué)
飞扬跋扈(hù)

四画

户枢不蠹(shū dù)　　斗转参横(shēn)　　心怀叵测(pǒ)
为虎作伥(wèi chāng)　　火中取栗(lì)　　天崩地坼(chè)
开门揖盗(yī)　　无懈可击(xiè)　　不辨菽麦(shū)
不容置喙(huì)　　以讹传讹(é)　　分道扬镳(biāo)
毛骨悚然(sǒng)　　毛遂自荐(suí)　　风驰电掣(chè)
风声鹤唳(lì)　　反躬自省(xǐng)

五画

未雨绸缪(chóumóu)　　功亏一篑(kuì)　　厉兵秣马(mò)
叱咤风云(chìzhà)　　皮开肉绽(zhàn)　　奴颜婢膝(bìxī)
发人深省(xǐng)

六画

汗流浃背(jiā)　　安土重迁(zhòng)　　安步当车(dàng)
并行不悖(bèi)　　关山迢递(tiáodì)　　动辄得咎(zhé jiù)
有加无已(yǐ)　　亘古未有(gèn)　　吃一堑长一智(qiàn)
因噎废食(yē)　　同仇敌忾(díkài)　　同出一辙(zhé)
杀一儆百(jǐng)　　众目睽睽(kuí)　　年高德劭(shào)
色厉内荏(rěn)　　自惭形秽(cán huì)　　自吹自擂(léi)
自作自受(zuō)　　如火如荼(tú)

七画

沐雨栉风(zhì)　　穷奢极侈(shē chǐ)　　忧心忡忡(chōng)
言简意赅(gāi)　　良莠不齐(yǒu)　　杞人忧天(qǐ)
囫囵吞枣(húlún)　　时乖命蹇(jiǎn)　　岌岌可危(jí)
余勇可贾(gǔ)

八画

怙恶不悛(hù quān)　　放荡不羁(jī)　　玩火自焚(fén)
直言贾祸(gǔhuò)　　虎视眈眈(dān)　　咄咄逼人(duō)
图穷匕见(bǐ)　　乳臭未干(xiù)　　侃侃而谈(kǎn)
所向披靡(mǐ)　　参差不齐(cēncī)

九画

恬不知耻(tián)　　苦心孤诣(yì)　　相形见绌(chù)
枵腹从公(xiāofù)　　咫尺天涯(zhǐ)　　冒天下之大不韪(wěi)
迥然不同(jiǒng)　　咬文嚼字(jiáo)　　垂涎三尺(xián)

十画

称心如意(chèn)　　海市蜃楼(shèn)　　神采奕奕(yì)
神差鬼使(chāi)　　剜肉补疮(wān chuāng)
高瞻远瞩(zhān zhǔ)　　病入膏肓(gāohuāng)
草菅人命(jiān)　　栩栩如生(xǔ)　　厝火积薪(cuò xīn)
破绽百出(zhàn)　　刚愎自用(bì)　　蚍蜉撼大树(pífú)
鬼蜮伎俩(yùìliǎng)　　纷至沓来(tà)　　娓娓动听(wěi)

十一画

深恶痛绝(wù)　　造谣中伤(zhòng)　　得不偿失(cháng)

十二画

惴惴不安(zhuì)　　越俎代庖(zǔ páo)　　煮豆燃萁(qí)
揠苗助长(yà)　　　提纲挈领(qiè)　　　轶群超伦(yì)
朝不保夕(zhāo)　　确凿不移(záo)　　　屡见不鲜(lǚ xiān)
啼饥号寒(háo)　　　喋喋不休(dié)　　　唾手可得(tuò)
量才录用(liàng)　　 量入为出(liàng)　　短小精悍(hàn)

十三画

数典忘祖(shǔ)　　　趑趄不前(zījū)　　　嗤之以鼻(chī)
饮鸩止渴(zhèn)　　 解甲归田(jiě)

十四画

诲淫诲盗(huì)　　　绰绰有余(chuò)

十五画

模棱两可(léng)　　 横征暴敛(héng liǎn)　暴戾恣睢(lì suī)
暴殄天物(tiǎn)　　 暴虎冯河(píng)　　　瞋目而视(chēn)
销声匿迹(nì)　　　剑拔弩张(nǔ)　　　　缓兵之计(huǎn)

十六画

讳疾忌医(huì jì)　　骇人听闻(hài)　　　瞠目结舌(chēng)
蹉跎岁月(cuōtuó)　　遗臭万年(chòu)

十七画

罄竹难书(qìng)　　　脍炙人口(kuàizhì)　邂逅相遇(xièhòu)

十八画

翻箱倒箧(qiè)

二十一画

踌躇满志(chóuchú)　魑魅魍魉(chīmèiwǎngliǎng)

二十三画

鳞次栉比(zhì)

三、易读错的地名

安徽

石埭(dài)　　黟县(Yī)　　枞阳(Zōng)　　泾县(Jīng)
蚌埠(Bèngbù)　亳州(Bó)　　涡阳(Guō)　　歙县(Shè)
濉溪(Suī)　　六安(Lù)[①]　砀山(Dàng)

福建

长汀(Chángtīng)　闽侯(Mǐnhóu)　海澄(chéng)　莆田(Pú)
将乐(Jiānglè)　　厦门(Xià)

甘肃(sù)

皋兰(Gāo)

广东

东莞(guǎn)　　高要(yāo)　　崖县(Yá)　　深圳(zhèn)
番禺(Pānyú)　　湛江(Zhàn)　　澄迈(Chéngmài)　澄海(Chéng)

海南

儋州(Dān)

[①] 注音依据为何九盈,王宁,董琨.辞源:第三版.商务印书馆,2015.《现代汉语词典》(第7版)未收录 lù 这一读音。

广西

百色(Bǎi)

贵州

三穗(suì)　贞丰(Zhēn)　贵筑(zhù)①　婺川(Wù)　鳛水(Xí)

河北

大城(Dài)　井陉(xíng)　乐亭(Lào)　邯郸(Hándān)
柏乡(Bǎi)　蠡县(Lǐ)　获鹿(Huòlù)　蔚县(Yù)　新乐(lè)
蓟县(Jì)　滦县(Luán)

河南

叶县(Yè)　柘城(Zhè)　武陟(zhì)　浚县(Xùn)
泌阳(Bì)　郏县(Jiá)　尉氏(Wèishì)　郾城(Yǎn)
漯河(Luò)　阌乡(Wén)　潢川(Huáng)　睢县(Suī)
荥阳(Xíng)　鄢陵(Yān)　渑池(Miǎn)　西峡(xiá)

黑龙江

桦川(Huà)　讷河(Nè)　爱辉(Ài huī)　绥棱(Suílíng)②
穆棱(Mùlíng)

湖北

郧县(Yún)　监利(Jiàn)　秭归(Zǐ)　黄陂(pí)
蒲圻(Púqí)　蕲春(Qí)

---

① 旧读为 zhú。
② 旧读为 léng。

湖南

耒阳(Lěi)　茶陵(Chá)　晃县(Huàng)[①]　郴州(Chēn)
溆浦(Xùpǔ)　酃县(Líng)

吉林

珲春(hún)　镇赉(lài)

江西

婺源(Wù)　波阳(Bō)　新淦(Gàn)　雩都(Yúdū)
铅山(Yán)　鄱阳湖(Pó)　浒湾(Xǔ)

江苏

句容(Jù)　盱眙(Xūyí)　邗江(Hán)　浒墅关(Xǔ)
邳州(Pī)　沭阳(Shù)　睢宁(Suī)　溧水(Lì)

辽宁

阜新(Fù)

内蒙古

巴彦淖尔盟(nào)　磴口(Dèng)

青海

湟源(huáng)　亹源(mén)

山东

莒县(Jǔ)　茌平(Chí)　莘县(Shēn)　乐陵(Lào)
东阿(ē)　汶上(Wèn)　沂水(Yí)　单县(Shàn)

[①] 旧地名,今改称新晃(Xīnhuǎng)侗族自治县。

即墨(Jímò)　临朐(qú)　冠县(Guàn)　费县(Fèi)
郯城(Tán)　菏泽(Hézé)　郓城(Yùn)　栖霞(Qī)
掖县(Yè)　鄄城(Juàn)　峄县(Yì)

山西

隰县(Xí)　繁峙(shì)　长子(Zhǎng)　屯留(Tún)
曲沃(Qūwò)　应县(Yìng)　汾阳(Fén)　沁水(Qìn)
岢岚(Kělán)　临猗(yǐ)　崞县(Guō)
解①州(Xiè)　洪洞(Hóngtóng)

陕西

邠县(Bīn)　华阴(Huà)　佛坪(Fó píng)　沔县(Miǎn)
吴堡(bǔ)　郃阳(Hé)　柞水(Zhà)　汧阳(Qiān)
栒邑(Xún)　乾县(Qián)　略阳(Lüè)　郿县(Méi)
雒南(Luò)　鄜县(Fū)　鄠县(Hù)　澄城(Chéng)
盩厔(Zhōuzhì)　耀县(Yào)

上海

莘庄(Xīn)

四川

郫县(Pí)　珙县(Gǒng)　犍为(Qiánwéi)　什邡(Shífāng)
北碚(Bèi)　邛崃(Qiónglái)　乾宁(Qiánníng)　越嶲(xī)
筠连(Jūn)　阆中(Làng)

西藏

日喀则(kā)

---

① 当地人口头读为 hài，当地路牌上的注音既有 hài，也有 xiè。

新疆

于阗(tián)　　和硕(Héshuò)　和阗(Hétián)　莎车(Shāchē)
尉犁(Yùlí)　　婼羌(Ruòqiāng)　喀什(Kāshí)　焉耆(Yānqí)
鄯善(Shànshàn)　巴音郭楞(léng)

云南

宁蒗(Nínglàng)　畹町(Wǎndīng)　漾濞(bì)　綦江(Qí)

浙江

天台(tāi)　　台州(Tāi)　　乐清(Yuè)　　嵊县(Shèng)
鄞县(Yín)　　诸暨(Zhūjì)　丽水(lí)

北京

奋斗屯(Hǎbātún)　潮县(Huǒ)　峒峪(Tóngyù)
大栅栏(Dàshílàn,"栏"约定俗成读成儿化音)

上海

陆家浜(bāng)

天津

泃河(Jū)

重庆

涪陵(Fú)

香港

尖沙咀(zuǐ)

澳门

凼仔(Dàngzǎi)

四、易读错的中药名

二画

人参(shēn)

三画

大戟(jǐ)　　大蓟(jì)　　大黄(dà)①　　山栀子(zhī)　　川芎(xiōng)

四画

巴戟天(jǐ)　　文蛤(gé)　　　木天蓼(liǎo)　　毛茛(gèn)
水蛭(zhì)　　牛蒡(bàng)　　丹参(shēn)　　　瓦楞子(léng)
乌桕(jiù)

五画

代赭石(zhě)　　玄参(xuán shēn)　白术(zhú)　　白蔹(liǎn)
白僵蚕(jiāng)

六画

全蝎(xiē)　　戎盐(róng)　　肉苁蓉(cōng róng)
血竭(xuè jié)　朴树(pò)　　羊踯躅(zhí zhú)　老鹳草(guàn)

七画

没药(mò)　　　没食子(mò)　　牡蛎(mǔ lì)　　苎麻(zhù)
芫花(yuán)　　芜菁(wú jīng)　芍兰(sháo)　　芡实(qiàn)
诃子(hē zǐ)　　连翘(qiáo)　　苣荬菜(qǔ·mai)　杜蘅(héng)

---

① 旧读为 dài。

八画

狗脊(jǐ) 羌活(qiāng) 青葙子(xiāng) 苤蓝(piě·lan)
苴麻(jū) 苦楝皮(liàn) 钗子股(chāi)

九画

枳椇子(zhǐjǔ) 枸杞子(gǒuqǐ) 省藤(shěngténg) 胡荽子(suī)
降真香(jiàng) 香薷(rú) 香蕈(xùn) 香橼(yuán)
荠菜(jì) 荨麻(qián) 柽柳(chēng) 茯苓(fú líng)
荆芥(jīngjiè) 蚤休(zǎo) 茺蔚子(chōngwèi)

十画

桑螵蛸(piāoxiāo) 栝楼(guālóu) 秦艽(jiāo) 莎草(suō)
莨菪(làngdàng) 荸荠(bí·qi) 莪术(ézhú) 荇菜(xìng)
桔梗(jiégěng) 莜麦(yóu) 莼菜(chún)
桧柏(guìbǎi) 豇豆(jiāng) 栒子(xún) 莱菔(láifú)
都捻子(dūniǎn) 莴苣(wōjù) 鸭跖草(zhí)

十一画

梓实(zǐ) 梣木(qín) 淫羊藿(huò)
麻蕡(fén) 菹草(zū) 菟丝子(tù)
葳蕤(wēiruí) 黄耆(qí) 萚叶(tuò)
雪里蕻(hóng) 黄檗(bò) 罗勒(lè)

十二画

斑蝥(máo) 蛞蝓(kuòyú) 萱草(xuān) 靰鞡(wù·la)
葛根(gé) 棣棠(dì) 酢浆草(cù)

十三画

赪桐(chēng) 蒟蒻(jǔruò) 蒺藜(jí·li) 蒴果(shuò)
蓍草(shī) 蒯草(kuǎi) 榉树(jǔ) 楝树(liàn)

榅桲(wēn·po)　　楷树(jiē)　　楸树(qiū)
椴树(duàn)　　稗子(bài)

十四画

箬竹(ruò)　　蔓菁(mán·jing)　　蔊菜(hàn)
槟榔(bīng·láng)　　榝子(bīn)　　榧树(fěi)　　樏李(zuì)
豨莶(xīxiān)　　蝉蜕(tuì)　　罂粟(yīngsù)
蘡薁(yīngyù)

十五画

蕲艾(qí)　　蕙兰(huì)　　蕺菜(jí)　　樗(chū)
槲栎(húlì)　　缬草(xié)

十六画

薄荷(bò·he)　　薏苡(yìyǐ)　　蕹菜(wèng)　　薤白(xiè)
薜荔(bì)　　鏨菜(zàn)

十七画

藁本(gǎo)　　螺蛳(luó·sī)

十八画

瞿麦(qú)　　藨草(biāo)　　檫木(chá)　　檵木(jì)

十九画以上

蟾酥(chán)　　蘘荷(ráng)　　鳢肠(lǐ)　　蘼实(lǐ)

五、易读错的姓氏、少数民族名称

(一)姓氏

乜(Niè)　　仇(Qiú)　　殳(Shū)　　乐①(Yuè/Lè)

---

① 两音分别为来源不同的两个姓。

朴(Piáo)	华(Huà)	曲(Qū)	任(Rén)
那(Nā)	冼(Xiǎn)	柏(Bǎi)	哈(Hǎ)
员(Yùn)	查(Zhā)	过(Guō)	郄(Qiè)
区(Ōu)	盛(Shèng)	单①(Shàn/Dān)	
解(Xiè)	葛(Gě)	燕(Yān)	缪(Miào)
盖(Gě/Gài)	褚(Chǔ)	戚(Qī)	邹(Zōu)
韦(Wéi)	鄷(Fēng)	岑(Cén)	卞(Biàn)
卜(Bǔ)	尹(Yǐn)	邵(Shào)	臧(Zāng)
纪(Jǐ)②	樊(Fán)	昝(Zǎn)	应(Yīng)
干(Gān)	诸(Zhū)	於(Yū)	覃(Qín/Tán)
长孙(Zhǎngsūn)	尉迟(Yùchí)	澹台(Tántái)	
诸葛(Zhūgě)	万俟(Mòqí)		

(二)少数民族名称

僮(Zhuàng)	侗(Dòng)	傣(Dǎi)	彝(Yí)
佧佤(Kǎwǎ)	柯尔克孜(Kē ěr kè zī)		傈僳(Lìsù)
侬(Nóng)	拉祜(Lāhù)	羌(Qiāng)	仫佬(Mùlǎo)
达斡尔(Dáwò'ěr)	仡佬(Gēlǎo)		

(三)历史上的民族

吐蕃(Tǔ bō)

注音依据:①中国社会科学院语言研究所词典编辑室. 现代汉语词典:第7版. 商务印书馆,2016.
②何九盈,王宁,董琨. 辞源:第三版. 商务印书馆,2015.
③各地政府网站注音.

---

① 两音分别为来源不同的两个姓,今 shàn 姓居多。
② 近年也有读 Jì 的。中国社会科学院语言研究所词典编辑室. 现代汉语词典:第7版. 商务印书馆,2016:613.

参考书目

《普通话水平测试实施纲要》,商务印书馆2004年版。
《艺术语言发声基础》,周殿福著,中国社会科学出版社1980年版。
《普通话语音知识》,徐世荣著,文字改革出版社1980年版。
《播音发声学》,徐恒著,北京广播学院出版社1985年版。
《中国播音学》,张颂主编,北京广播学院出版社2003年版。
《普通语音学纲要》,罗常培、王均著,商务印书馆2002年版。
《播音员主持人语音发声教程》,吴洁茹、王璐著,中国传媒大学出版社2006年版。
《实用播音教程》第1册《普通话语音和播音发声》,吴弘毅主编,中国传媒大学出版社2002年版。
《轻声和儿化》,鲁允中著,商务印书馆2001年版。
《简明语言学词典》,内蒙古人民出版社1985年版。
《汉语普通话语音图解课本》教师用书,金晓达、刘广徽编著,北京语言大学出版社2006年版。

第1版后记

广播电视有声语言艺术,是艺术化的有声语言传播,区别于"大自然"的表达。同时也应是建立在一定规范之上的大众传播,即使在审美多元化的今天,也不能因追求所谓"个性"而抹杀"规范"。在如何纯正普通话语音、如何科学用声方面,师长们积累了诸多有益的经验。在此基础上,我愿意把自己在教学中的心得和发现梳理成册,与读者分享,希望能够更科学高效地指导播音专业教学和播音实践。

成书过程中,我得到了校内外专家的指点。我的导师李钢先生对本书的结构体系以及主要观点提出了建设性意见,为这本书的形成付出了大量心血。李钢老师从事播音实践和播音专业教学几十年,理论与实践融会贯通,学问"化到骨子里",听他的课是享受,也是福气!李钢老师亲自示范朗读了本书的附录普通话声韵配合表,毫无疑问可以作为标准普通话语音的样板。

我还要感谢儒雅、乐业的凤辉师兄抽出宝贵时间为我的这本书作序;感谢寿柯力老师和王裕民老师不厌其烦地校稿;感谢杨俊英女士认真仔细地修改插图;感谢家人无微不至的关爱;感谢学生的信任和读者的期待;特别感谢责任编辑赵欣在怀孕和哺育宝宝的特殊时期给予的大力支持!

扎根于学院这片沃土,我愿意实实在在做一些研究,恳请专家、学者和广大读者给予指正!

作者电邮:bywangzheng@hotmail.com

王峥
2008年12月

图书在版编目(CIP)数据

语音发声科学训练/王峥编著.—2版.—北京:中国传媒大学出版社,2014.11(2019.4重印)
(新编播音员主持人训练手册)
ISBN 978-7-5657-1221-0

Ⅰ.语… Ⅱ.王… Ⅲ.①播音-发声法 ②主持人-发声法 Ⅳ.①G222.2

中国版本图书馆 CIP 数据核字(2014)第247086号

语音发声科学训练(第2版)
YUYIN FASHENG KEXUE XUNLIAN(DI-ER BAN)

编　　著	王　峥
责任编辑	赵　欣
责任印制	阳金洲
封面设计	风得信书籍装帧·阿东
出版发行	中国传媒大学出版社
	北京市朝阳区定福庄东街1号　邮编:100024
	电话:65450528　65450532　传真:65779405
	http://www.cucp.com.cn
经　　销	全国新华书店
印　　刷	艺堂印刷(天津)有限公司
开　　本	850mm×1168mm　1/32
印　　张	13.25
字　　数	369千字
版　　次	2014年11月第2版
版　　次	2019年4月第5次印刷
书　　号	ISBN 978-7-5657-1221-0/G·1221
定　　价	36.00元(附CD一张)

版权所有　　翻印必究　　印装错误　　负责调换

普通话声韵配合表

声母\韵母	a	o	e	ê	er	ai	ei	ao	ou	an	en	ang	eng	i	ia	ie	iao	iou	ian	in	iang	ing	u	ua	uo	uai	uei	uan	uen	uang	ueng	ong	ü	üe	üan	ün	iong
b	ba 巴	bo 玻				bai 白	bei 杯	bao 包		ban 般	ben 奔	bang 邦	beng 绷	bi 逼		bie 别	biao 标		bian 边	bin 宾		bing 兵	bu 布														
p	pa 爬	po 坡				pai 拍	pei 胚	pao 抛	pou 剖	pan 潘	pen 喷	pang 旁	peng 烹	pi 批		pie 撇	piao 飘		pian 偏	pin 拼		ping 平	pu 铺														
m	ma 妈	mo 摸	(me)么			mai 买	mei 梅	mao 猫	mou 谋	man 瞒	men 闷	mang 忙	meng 蒙	mi 迷		mie 灭	miao 秒	miu 谬	mian 棉	min 民		ming 名	mu 木														
f	fa 发	fo 佛					fei 非		fou 否	fan 帆	fen 分	fang 方	feng 风										fu 夫														
d	da 搭		de 德			dai 呆	dei 得	dao 刀	dou 兜	dan 担		dang 当	deng 登	di 低		die 爹	diao 习	diu 丢	dian 颠			ding 丁	du 都		duo 多		dui 对	duan 端	dun 敦			dong 东					
t	ta 他		te 特			tai 胎		tao 掏	tou 偷	tan 摊		tang 汤	teng 腾	ti 梯		tie 贴	tiao 挑		tian 天			ting 听	tu 秃		tuo 托		tui 腿	tuan 团	tun 吞			tong 通					
n	na 拿		ne 讷			nai 奶	nei 内	nao 脑		nan 男	nen 嫩	nang 囊	neng 能	ni 泥		nie 捏	niao 鸟	niu 牛	nian 年	nin 您	niang 娘	ning 宁	nu 奴		nuo 挪			nuan 暖				nong 农	nü 女	nüe 虐			
l	la 拉		le 勒			lai 来	lei 雷	lao 老	lou 楼	lan 兰		lang 郎	leng 冷	li 梨	lia 俩	lie 列	liao 撩	liu 溜	lian 连	lin 林	liang 良	ling 零	lu 炉		luo 罗			luan 乱	lun 论			long 龙	lü 吕	lüe 掠			
g	ga 嘎		ge 哥			gai 该	gei 给	gao 高	gou 沟	gan 干	gen 根	gang 刚	geng 庚										gu 姑	gua 瓜	guo 郭	guai 乖	gui 规	guan 官	gun 棍	guang 光		gong 工					
k	ka 咖		ke 科			kai 开		kao 考	kou 口	kan 看	ken 肯	kang 康	keng 坑										ku 枯	kua 夸	kuo 阔	kuai 快	kui 亏	kuan 宽	kun 困	kuang 筐		kong 空					
h	ha 哈		he 喝			hai 海	hei 黑	hao 耗	hou 侯	han 寒	hen 很	hang 杭	heng 哼										hu 呼	hua 花	huo 活	huai 怀	hui 灰	huan 欢	hun 昏	huang 荒		hong 轰					
j														ji 鸡	jia 家	jie 街	jiao 交	jiu 纠	jian 间	jin 斤	jiang 江	jing 京											ju 居	jue 决	juan 捐	jun 均	jiong 窘
q														qi 欺	qia 恰	qie 切	qiao 敲	qiu 秋	qian 千	qin 亲	qiang 腔	qing 青											qu 区	que 缺	quan 圈	qun 群	qiong 穷
x														xi 希	xia 瞎	xie 歇	xiao 消	xiu 休	xian 先	xin 新	xiang 香	xing 星											xu 虚	xue 学	xuan 宣	xun 勋	xiong 兄
zh	zhi 知	zha 渣		zhe 遮		zhai 摘	zhei 这	zhao 招	zhou 舟	zhan 占	zhen 针	zhang 张	zheng 争										zhu 朱	zhua 抓	zhuo 桌	zhuai 搋	zhui 追	zhuan 专	zhun 准	zhuang 庄		zhong 中					
ch	chi 吃	cha 插		che 车		chai 拆		chao 超	chou 抽	chan 产	chen 陈	chang 昌	cheng 成										chu 出	chuo 戳	chuai 揣		chui 吹	chuan 川	chun 春	chuang 窗		chong 充					
sh	shi 诗	sha 沙		she 奢		shai 筛	shei 谁	shao 烧	shou 收	shan 山	shen 身	shang 商	sheng 生										shu 书	shua 刷	shuo 说	shuai 衰	shui 水	shuan 栓	shun 顺	shuang 双							
r	ri 日			re 热				rao 绕	rou 柔	ran 然	ren 人	rang 嚷	reng 扔										ru 如		ruo 弱		rui 锐	ruan 软	run 闰			rong 绒					
z	zi 滋	za 杂		ze 则		zai 灾	zei 贼	zao 遭	zou 邹	zan 簪	zen 怎	zang 藏	zeng 增										zu 租		zuo 昨		zui 嘴	zuan 钻	zun 尊			zong 宗					
c	ci 雌	ca 擦		ce 测		cai 猜		cao 操	cou 凑	can 参	cen 岑	cang 仓	ceng 层										cu 粗		cuo 搓		cui 催	cuan 窜	cun 村			cong 葱					
s	si 司	sa 萨		se 色		sai 腮		sao 骚	sou 搜	san 三	sen 森	sang 桑	seng 僧										su 苏		suo 所		sui 虽	suan 酸	sun 孙			song 松					
零声母	a 阿		e 鹅		er 儿	ai 哀		ao 熬	ou 欧	an 安	en 恩	ang 昂		yi 衣	ya 鸭	ye 耶	yao 腰	you 优	yan 烟	yin 因	yang 央	ying 应	wu 乌	wa 娃	wo 窝	wai 歪	wei 威	wan 弯	wen 温	wang 汪	weng 翁		yu 迂	yue 约	yuan 渊	yun 晕	yong 拥

①此表收录普通话400个常用音节,不包括某些语气词或不常用的音节,如 o(噢)nou(耨)eng(鞥)等。②me(么)本是 mo,轻声音节弱化为 me。不计数,加括号列入表格备用。③ong 按照实际发音列入合口呼音节。④iong 按照实际发音列入撮口呼音节。